精品课程配套教材

21世纪应用型人才培养"十四五"规划教材

"双创"型人才培养优秀教材

U0741201

主编 陈 晶 黄孝鹏 侯 杰

创新创业基础

双色版

CHUANGXIN
CHUANGYE
JICHU

湖南大学出版社·长沙

内 容 简 介

本书主要包括创业时代、创业的思考、创业设计、初创企业管理、创业网络平台构建、大学生创业指导等内容。

本书可作为高等院校公选课的基础教程，也适合对创新创业感兴趣的读者自学。

图书在版编目（CIP）数据

创新创业基础/陈晶，黄孝鹏，侯杰主编. — 长沙：
湖南大学出版社，2021.1（2022.8 重印）
ISBN 978-7-5667-2089-4

Ⅰ. ①创… Ⅱ. ①陈… ②黄… ③侯… Ⅲ. ①创业-
研究 Ⅳ. ①F241.4

中国版本图书馆 CIP 数据核字（2020）第 240689 号

创新创业基础
CHUANGXIN CHUANGYE JICHU

主　　编：陈　晶　黄孝鹏　侯　杰
责任编辑：张建平
印　　装：北京俊林印刷有限公司
开　　本：787mm×1092mm　1/16　印张：15　字数：334 千
印　　次：2022 年 8 月第 2 次印刷
书　　号：ISBN 978-7-5667-2089-4
定　　价：49.00 元

出 版 人：李文邦
出版发行：湖南大学出版社
社　　址：湖南·长沙·岳麓山　邮　　编：410082
电　　话：0731-88822559（营销部），88820006（编辑室），88821006（出版部）
传　　真：0731-88822264（总编室）
网　　址：http://www.hnupress.com
电子邮箱：371771872@qq.com

《创新创业基础》微课二维码

1.创新的过程　P2

2.创新思维的特征　P14

3.创新创业　P27

4.创业者　P41

5.创业素质　P47

6.创业机会　P56

7.商业模式的要素　P87

8.电子商务的定义　P91

9.企业创办流程　P106

10.创业团队　P118

11.财务管理　P124

12.产品定位　P131

13.网络销售平台的基本功能　P159

14.网络营销　P160

15.产品组合概述　P173

16.大学生创业注意风险　P214

17.创业者必须具备的创业精神　P224

18.大学生创业规划　P228

《创新创业基础》编写委员会

主　编：陈　晶　黄孝鹏　侯　杰

副主编：李小鹏　幸姚李顺　邹　艳　刘宗正

　　　　孙金彪　王亚璇　喻　琦　王思语

　　　　陈　颖　欧阳志　林　莹　李进东

　　　　陈政华　李梅村　王　利

前　言

2015 年 3 月 5 日的政府工作报告中，"大众创业、万众创新"被提升到中国经济转型和保增长的"双引擎"之一的高度。中国大地上正席卷着一股创新创业的新浪潮，中国已进入"全民创业"的时代。

创业以特有的魅力改变着一个又一个国家或地区的经济发展轨迹，已成为这个时代的主旋律和最强音。创业，引领了科学技术创新，塑造了当代商业繁荣，成为经济增长的推进器，科技创新的孵化器，就业岗位的增容器。创新创业教育课程作为创业教育的主要载体与工具，是创业教育理念、教育原则转化为具体教育实践的主要载体之一，也是培养具有创业素质人才的关键。

本书作为"创新创业基础"在线课程配套的一体化教材，是根据教育部关于创新创业教育的最新精神，在借鉴国内外成功经验的基础上组织内容，吸纳了当代创新创业教育的最新成果，立足当前实际，对创业的基本知识、基本理论、实务操作进行了系统分析和全面讲解。本书结构合理、思路清晰、语言简练流畅、示例翔实。全书内容深入浅出、简明易懂，既包含对创新创业的传统理论、基础内容和实务知识的介绍，又涉及对当前创新创业领域中新的热点问题及未来发展方向的探讨；每一章的情景导入及知识目标、技能目标概述了本章的学习内容及要求；在每一章的正文中，结合所讲述的关键知识，穿插了大量极富实用价值的案例分析；每一章的知识点学习结束后，附有课后案例分析、技能实训，有助于读者巩固所学的基本概念和知识，培养读者的独立分析能力，增强读者对相关知识的理解和实际应用能力。

本书参阅、使用和引证了国内外的大量文献资料，在此谨对其作者、编者和出版社表示诚挚的谢意！

由于编者水平有限，书中不足和谬误之处在所难免，敬请读者不吝指正，以便我们在今后的工作中修改完善。

编　者

目　　录

创业时代

知识目标：

(1) 掌握创业的定义、创新的定义；

(2) 掌握创新与创业的关系；

(3) 理解创业的意义；

(4) 了解中国六次创业浪潮及特点。

技能目标：

(1) 正确认知创新与创业的意义；

(2) 能有意识地培养自己的创新及创业理念。

情景导入

创业时代的来临

创业活动正在世界范围内蓬勃兴起，以独特的姿态变革着这个时代。突出的表现为：创业活动异常活跃；新企业大量涌现，且通常具有强大的市场竞争力，比历史上的任何时期更容易成长为大型企业，这也迫使老牌大公司不得不更多地寻求创新。

从 20 世纪 80 年代开始，一系列新的时代特征为引爆这场创业革命提供了有利的契机。第一，各国纷纷放松管制，降低各种税率，大力推行各种鼓励创业的措施；第二，进入知识经济时代，以信息技术为代表的大量新技术的出现创造了众多新的商业机会，并使得规模经济所要求的最小规模大大降低，这种技术上的特点为许多新企业的诞生提供了良好的机遇；第三，随着收入的提高，人们的需求变得更为个性化和多样化，因而创造出大量的商机，需要规模较小的企业去满足。第四，资本市场变得相当发达，大量的新兴的金融创新，特别是风险投资获得了空前的发展，为新兴企业克服资金障碍提供了新的可能。在这些变化的"合力"推动下，创业的浪潮席卷国民经济的各个领域。创业变革浪潮作为一种体现时代精神的新特点、新迹象，是各种变化着的社会经济力量综合作用的产物，因此可以用来标识或注解这个新时代的特征。管理学家彼得·德鲁克将之概括为"创业型经济"。

近年来，一批为创业者实现梦想提供便利的"众创空间"似雨后春笋般在我国各地涌现。从众创空间的数量来看，我国众创空间数量呈逐步增多的态势。2018年，我国众创空间数量达6959家，较2017年增加1200多家，2019年，我国众创空间数量进一步增多，约为8855家。借助互联网和新工具，创客们实现了产品自设计、自制造，成为创新时代的造物者。创客们站在彼此的肩膀上，越站越高。人类工业文明、商业文明，当然还有人自身，正在发生巨变。

（资料来源：前瞻产业研究院，《中国众创空间发展模式与投资战略规划分析报告》，2020）

思考与讨论

（1）各国是如何促进创业活动在全世界的兴起？

（2）创业时代具有哪些特征？

（3）未来的发展趋势是什么？

任务 1.1   关于创新

只有那些能够创造出一些新的、与众不同的，并能创造价值的活动才是创业。世界目前的经济已由"管理型经济"转变为"创业型经济"，企业唯有重视创新与创业精神，能再创企业生机。——彼得·德鲁克（Peter F. Drucker）

一、创新的定义

创新是人类特有的认识能力和实践能力，是人类主观能动性的高级表现，是推动民族进步和社会发展的不竭动力。

创新是一个经济学概念，按照创新理论的创始人、经济学家熊彼特的观点，创新就是企业家"建立一种新的生产函数"。具体包括：（1）产品创新，引入一种新产品或提供一种产品的新质量；（2）工艺创新，采用一种新的生产方法；（3）市场创新，开辟一个新市场；（4）资源开发与利用创新，获得一种原材料或制成品的新供应来源；（5）体制与管理创新，实行一种新的组织形式，如建立一种垄断地位或打破一种垄断地位。

美国国家科学基金会（National Science Foundation of USA）在其1969年的《成功的工业创新》中将创新定义为技术变革的集合。该机构认为技术创新是一个复杂的活动过程，从新思想、新概念开始，通过不断地解决各种问题，最终使一个由经济价值和社会价值的新项目得到实际的成功应用。我国的技术创新研究始于20世纪80年代，学者们对于

创新的界定多从"技术"角度，强调创新主要是从技术着手，对产品或工艺进行改进或变革，从而创造新的价值。

社会学认为，创新是指人们为了发展需要，运用已知的信息和条件，突破常规，发现或产生某种新颖、独特的有价值的新事物、新思想的活动。创新的本质在于突破，即突破旧的思维定式、旧的常规戒律，改进或创造新的事物（包括但不限于各种方法、元素、路径、环境等），从而创造出有价值的成果。创新活动的核心是"新"，它或者是产品的结构、性能和外部特征的变革，或者是造型设计、内容的表现形式和手段的创造，或者是内容的丰富和完善。

概括而言，创新是指人们为了发展需要，运用已知的信息和条件，以现有的知识和物质，在特定的环境中突破常规，发现或产生某种新颖、独特的有价值的新事物、新思想的活动。

随着知识经济时代的到来，科学技术的进步与创新已经成为经济社会发展的决定性力量。越来越多的企业用实践证明，高效率的生产、优质的质量、品牌等已经不足以让一家企业永远获得持续的市场竞争优势，创新才是各类企业生存与发展的自然选择。

案例导读

王永庆卖米

大家知道，台塑集团的创始人王永庆先生倍受各界推崇，是令人尊敬的华人企业家，被誉为"经营之神"。虽然现在台塑集团的生意做得很大，但早年王永庆却是从卖米开始的。下面我们看看王永庆早年卖米的故事，看看他卖米和别人卖米有什么不同。

王永庆早年因家贫读不起书，只好去做买卖。16岁的王永庆从老家来到嘉义开了一家米店。那时，小小的嘉义已有近30家米店了，竞争非常激烈。而他的米店开办得最晚，规模最小，没有任何优势。怎么办呢？怎样才能打开销路呢？

那时，所有的米店都是坐等顾客上门的，只有王永庆沿街去推销。那时候的台湾，农业还处于手工作业状态，由于稻谷收割与加工技术落后，很多小石子之类的杂物很容易掺杂在米里。人们在做饭之前，都要淘洗好几次米，还得拣出石子，很不方便。但大家都已见怪不怪，习以为常。王永庆就从这司空见惯中找到了突破口。他和两个弟弟一起动手，一点一点地将夹杂在米里的砂石之类的杂物拣出来，然后再卖。一时间，小镇上的主妇们都说，王永庆卖的米质量好，买他家的米做饭省去了很多麻烦。这样，一传十，十传百，王永庆米店的生意日渐红火起来。

另外，王永庆还增加了"送货上门"的服务，这在当时也是一项创举。更重要的是，在送货上门时，他还做了以下工作。

第一，在送米上门的同时，他还总是见缝插针地做一些精心的统计，如这户人家有几口人，每天用米量是多少，需要多长时间送一次，每次送多少，他都一一列在本子上，据此估计该户人家下次买米的时间。到时候，不等顾客上门，他就主动将相应数量的米送到对方的家里了。

第二，在送米的时候，王永庆还细心地为顾客擦洗米缸，记下米缸的容量；如果米缸里还有陈米，他就将陈米倒出来，把米缸擦干净后，再把新米倒进去，然后将陈米放回米缸上层，这样陈米就不至于因存放过久而变质。王永庆这一细心的服务令顾客深受感动，赢得了很多顾客的心。

第三，王永庆还会了解顾客家发工资的日子，并记录下来，然后在他们发工资后一两天内去收米钱。

王永庆这些精细、务实、跟别人不同的服务，使嘉义人都知道在米市马路尽头的巷子里，有一个卖好米并送货上门的王永庆。王永庆就是这样从小小的米店生意开始了他后来问鼎台湾首富的事业。

（资料来源：客户关系管理经典案例，2018）

思考与讨论

（1）面对激烈的市场竞争，王永庆是如何寻找突破口，打开销路的？他采取了哪些别人没有采取的创新举措？

（2）王永庆的创新属于什么创新？对你有什么启发？

二、创新的分类

近几年，创新的分类在不同背景下，有着不同的思考。人们对创新的理解，主要集中在产品创新和技术创新两个方面。本书从创新自身的内涵出发，大致将其分为思维创新、产品（服务）创新、服务创新、技术创新、组织与制度创新、管理创新、营销创新、商业模式创新。

（一）思维创新

思维创新是一切创新的前提，任何人都不应该封闭自己的思维。若思维成定式，就会严重阻碍创新。有些部门或企业提出"不换脑筋就换人"，就是这个道理。有的公司不断招募新的人才，重要原因之一就是期望其带来新观念、新思维，不断创新。国内外近年来还出现了"思维空间站"，其目的就是进行创新思维训练。

（二）产品创新

产品创新是指通过改善或创造产品，以进一步满足顾客需求或开辟新的市场。产品创新的价值在于创造性地解决了用户的问题，同时兼顾了用户价值和商业价值，既满足了用户的需求、创造了用户价值，又达成公司的商业目标、创造了商业价值。成功的产品创新通过在功能、外观、质量、安全等各方面不断改进以满足顾客的需求，从而争取更多的用

户基础，实现企业的市场竞争优势。产品创新的方式可分为以下六种。

（1）全新产品。这类新产品是同类产品的第一款，并创造了全新的市场，此类产品占新产品的10%。

（2）新产品线。这些产品对市场来说并不新鲜，但对于有些厂家来说是新的，约有20%的新产品归于此类。

（3）已有产品品种的补充。这些新产品属于工厂已经有的产品系列的一部分。对市场来说，它们也许是新产品。此类产品是新产品类型中较多的一类，约占26%。

（4）老产品的改进型。这些不怎么新的产品从本质上说是工厂老产品的替代品。它们在性能上比老产品有所改进，提供更多的内在价值，该类新改进的产品占26%。

（5）重新定位的产品。适于老产品在新领域的应用，包括重新定位于一个新市场，或应用于一个不同的领域，此类产品占新产品的7%。

（6）降低成本的产品。将这些产品称作新产品有点勉强，它们被设计出来替代老产品，在性能和效用上没有改变，只是成本降低了，此类产品占新产品的11%。

案例导读

海尔洗衣机的产品创新

海尔曾通过在洗衣机的排水管处增加一个泥沙过滤网，从而使自己的洗衣机在农村市场上销量大增。这个功能并不是经营者凭空设想的，而是源于大量消费者的售后反馈：那时，海尔的客服部门总接到消费者投诉，海尔洗衣机的排水管总是被堵。服务人员上门维修时才发现，很多农村地区的人居然用洗衣机来洗地瓜、土豆，都是泥土，当然容易堵了！后来，厂家就给洗衣机加了一个简单的泥沙过滤网，这个问题就轻松解决了。

海尔因为发现了顾客投诉的根本原因，进而把用户的投诉变成了实际需求，并借此机会顺势推出了一款新产品——能洗大地瓜的洗衣机。该产品一经推出就异常畅销，因为这款产品意外地满足了餐饮市场的一个需求：很多饭店买来不是用来洗衣服，而是用来洗地瓜，甚至用来洗非常难洗的龙虾！海尔的大地瓜洗衣机意外地填补了一个市场空白。

（资料来源：海尔"蜕变"记，《小康》，2017）

（三）服务创新

服务创新是企业为了提高服务质量和创造新的市场价值而发生的服务要素变化，对服务系统进行有目的、有组织的改变的动态过程，是一种技术创新、业务模式创新、社会组织创新和需求、用户创新的综合。服务创新能通过新的设想、新的技术手段转变成新的或者改进的服务方式，使顾客或潜在顾客感受到不同于从前的崭新内容。服务创新的途径如下。

（1）全面创新。借助技术的重大突破和服务理念的变革，创造全新的整体服务。其比例最低，却常常是服务观念革新的动力。

（2）局部革新。利用服务技术的小发明、小创新或通过构思精巧的服务概念，而使原有的服务得到改善或具备与竞争者服务存在差异的特色。

（3）形象再造。服务企业通过改变服务环境、伸缩服务系列、命名新品牌来重新塑造新的服务形象。

（4）改型变异。通过市场再定位，创造出在质量、档次、价格方面有别于原有服务的新的服务项目，但服务的核心技术和形式不发生根本变化。

（5）外部引入。通过购买服务设备、聘用专业人员或特许经营等方式将现成的标准化服务引入本企业中。

案例导读

海底捞的服务创新

网上流传着很多关于海底捞为顾客服务的故事，甚至有人用"地球人无法阻止海底捞了"，"人类不可战胜的海底捞"造句，创造各种夸张的"海底捞体"。海底捞的特色服务贯穿于从顾客进店到离店的整个过程中：顾客等候过程中有免费上网、棋牌、擦皮鞋、美甲等服务，并可享用免费饮料、水果、爆米花、虾片等；就餐过程中，服务员进行微笑服务，为顾客擦拭油滴，下菜捞菜，递发圈、眼镜布、15分钟一次的热毛巾，续饮料，帮助看管孩子、喂孩子吃饭，拉面师傅现场表演；店里还设有供小孩玩耍的游乐园；洗手间增设了美发、护肤等用品，还有免费的牙膏牙刷。甚至顾客打个喷嚏，就有服务员送来一碗姜汤。

（资料来源：海底捞服务营销策略优化研究，郑州大学，2019）

（四）技术创新

就一个企业而言，技术创新不仅指应用自主创新的技术，还可以是创新地应用合法取得的、他方开发的新技术，或已进入公有领域的技术，从而创造市场优势。技术创新是企业发展的源泉和竞争的根本。但创业者要认识到，技术上的领先不等于创新成功。

知识拓展

工艺（流程）创新的类型

（1）围绕提高产品质量等级品率的工艺创新。产品质量等级品率是表征质量水平和技术规格符合度的指标。为提高产品质量等级品率，企业必须在工艺技术、工艺管理和工艺纪律三个方面协调创新，忽视其中哪一方面，都可能使产品质量和优等品产值率无法得到

保证。

（2）围绕减少质量损失率的工艺创新。质量损失率是一定时期内企业内部和企业外部质量损失成本之和占同期工业总产值的比重，是表征质量经济性的指标。为降低废品、减少损失，企业工艺要在设计、工艺技术等软件方面和材料、设备等硬件方面进行协调配套创新。

（3）围绕提高工业产品销售率的工艺创新。工业产品销售率是一定时期内销售产值与同期现价工业产值之比，它反映产品质量适应市场需要的程度。通过工艺创新，企业既能生产独具魅力的产品，又能提供优质的服务，从而吸引顾客、拓展市场、扩大销售。

（4）围绕提高新产品产值率的工艺创新。产品产值率是一定时期内新产品产值与同期工业产品产值之比，它反映新产品在企业产品中的构成情况，体现企业的技术进步状况和工艺综合性水平。现代企业的生产往往需要由多种学科、多种技术综合成的工艺技术，尤其是技术密集型创新产品，需要荟萃机、电、光、化学、微电子、计算机、控制及检测等技术工艺，特别需要 CIMS（Computer Integrated Manufacturing System，计算机集成制造系统）技术，实现对产品寿命周期信息流、物质流与决策流的有效控制与协调，以适应竞争市场对生产和管理过程提出的高质量、灵活响应和低成本的要求。

（5）围绕节约资源、降低成本的工艺创新。传统的自然资源日益匮乏，通过改进原有工艺，科学、合理、综合、高效地利用现有资源，或采用新工艺、开发利用新资源，可以使企业节约能源、降低物耗能耗，降低产品成本。

（6）围绕有益于环境的工艺创新。低污染或无污染成为社会、政府和人民对企业生产及其产品的越来越突出的要求。通过工艺创新，企业可以减少生产过程的污染，提供无污染的产品。

（五）组织与制度创新

典型的组织变革和创新是指通过员工态度、价值观和信息交流，使他们认识和实现组织的变革与创新。在企业中没有一个一成不变、普遍适用的最佳管理理论和方法，企业中人的行为是组织与个人相互作用的结果。通过企业的组织变革和创新，可以改变人的行为风格、价值观念、熟练程度，同时也能改变管理人员的认知方式。组织与制度创新主要有以下三种。

（1）以组织结构为重点的变革和创新，如重新划分或合并部门，进行流程改造，改变岗位及岗位职责，调整管理幅度等。

（2）以人为重点的变革和创新，即改变员工的观念和态度——知识的变革、态度的变革、个人行为乃至整个群体行为的变革。通用电气公司（General Electric Company，GE）总裁韦尔奇执政后采取了一系列措施来改革 GE 这部"老机器"。有一个部门主管工作很得力，所在部门连续几年盈利，但韦尔奇认为他可以干得更好。这位主管不理解，韦尔奇便建议其休假一个月：放下一切，等你再回来时，变得就像刚接下这个职位，而不是已经做了4年。休假之后，这位主管果然调整了心态，像换了个人似的。

（3）以任务和技术为重点，即将任务重新组合分配，更新设备，进行技术创新，达到组织创新的目的。

（六）管理创新

管理创新是指企业把新的管理要素（如新的管理方法、新的管理手段、新的管理模式等）或要素组合引入企业管理系统以更有效地实现组织目标的活动。

（七）营销创新

营销创新是指营销策略、渠道、方法、广告促销策划等方面的创新，海尔集团的"亲情营销"和"事件营销"都属于营销创新。海尔集团由一个亏空147万元的集体小厂，最终发展成为享有国际声誉的世界百强企业；同时，"海尔"这两个字的价值也从无到有，从小到大，目前已发展成为一个涵盖所有家电产品、市场占有率领先的中国家电优秀品牌，其成功的背后离不开不断创新的营销理念。

（八）商业模式创新

商业模式创新是指企业把新的商业模式引入社会生产体系，并为客户和自身创造价值。通俗地说，商业模式创新就是指企业以新的有效方式赚钱。新引入的商业模式，既可能在构成要素方面不同于已有商业模式，也可能在要素间关系或者动力机制方面不同于已有商业模式。阿里巴巴凭借电子商务商业模式的不断创新，成了中国乃至世界最大的电子商务企业。

案例阅读

同样是卖花，售价却是普通玫瑰花的1379倍

伦敦一家高端鲜花公司正在出售"100%纯天然"的"美女与野兽"玫瑰，声称只要将玫瑰保存在原装的玻璃罩内就可以永不凋谢，如果暴露在空气中，这种玫瑰可以在没有阳光和水的条件下保存三年之久，起售价高达200美元（约1379元人民币）。就像1991年迪士尼动画电影《美女与野兽》中那朵神奇的玫瑰一样，伦敦永恒玫瑰公司出售的这种玫瑰似乎和常理背道而驰。该公司的玫瑰有30种颜色和多种不同的造型，不过拥有专属于你的魔法玫瑰并不便宜，每一款价格在200～4000美元，价格取决于花朵的大小和造型的复杂程度。在云南鲜花集市，一束玫瑰花售价是0.01～0.3元不等，当地花农还是采用原始的销售方式，把鲜花通过空运销往各地，各地中间商再加价进行销售，价格是1～10元不等。

那么这些真实的"美女与野兽"玫瑰背后的秘密是什么呢？公司宣传是采用"秘密药水"来保存鲜花，但不愿意透露任何配料。伦敦这家公司把保鲜技术应用于鲜花，使其

观赏性和艺术性大大提高，通过创新价值实现价值千倍的提升。所以，重要的不是卖什么，而是用什么方式卖，创新永无止境。

（资料来源：创新案例库，https：//zhuanlan.zhihu.com/p/26577404）

三、创新的方法

创新的方法是指创新活动中带有普遍规律性的方法和技巧。它是通过研究一个个具体的创新过程，如创新的题目是怎样确定的、创新的设想是怎样提出的、设想又是如何变成现实的等，从而揭示创新的一般规律和方法。

应用创新的方法，能诱发人们潜在的创新能力，使长期以来被人们认为是神秘的、只有少数发明家或创新者所独有的创新设想，为普通人所掌握。创新的方法多达数百种，但常用的方法大概只有十几种，对此我们必须有选择地进行学习。这里，我们选择了用途最广泛、最实用的六种方法。

（一）属性列举法

所谓属性列举法，就是通过对已有的、熟悉的事物进行深入的分析，在对其属性一一进行列举的基础上，找出相应的解决方案，从而找到创新的方法。

属性列举法可以帮助我们突破"问题感知障碍"，启发我们发现问题，找出事物的缺点和不足，从而有针对性地进行创新和发明。而对于企业来说，如果能站在消费者的立场上，切实改进产品的缺点，就能进一步满足消费者的需求，赢得市场的认可，从而为企业带来可观的经济效益。

（二）奥斯本检核表法

所谓检核表，就是围绕需要解决的问题或者创新的对象，把所有的问题罗列出来，然后一个个讨论，以打破旧的思维框架，引出创新设想。

检核表法几乎适用于任何类型与场合的创新活动，因此享有"创新方法之母"的美称。不同的领域流传着不同的检核表，但知名度最高的还是要数奥斯本检核表。

虽然奥斯本检核表是围绕产品设计进行的，但也广泛适用于其他领域。下面是奥斯本检核表的内容。

（1）现有的东西有无其他用途？保持原状不变，能否扩大用途？稍加改变，有无别的用途？这需要运用发散思维的方法，想方设法地广泛开发现有东西的用途。

夜光粉是一种用量少、用途不算广的发光材料，过去多用于钟表上。后来，人们扩大了它的用途，设计出了夜光项链、夜光玩具、夜光壁画、夜光钥匙扣、夜光棒等，应有尽有；还有人制成了夜光纸，将其裁剪成各种形状，贴在夜间或停电后需要指示其位置的地方，如电器开关处、火柴盒上、公路转弯处、楼梯扶手和应急通道及出口处等。

（2）能否从别处得到启发？能否借用别处的经验和发明？过去有无类似的东西可供模仿？谁的东西可模仿？现有的发明能否引入其他的创造设想之中？

建房时，要安装水暖设备，经常要在水泥楼板上打洞，既慢又费力。山西省的一位建筑工人就想到用能烧穿钢板的电弧机来烧水泥板，经过改造，发明了水泥电弧切割器。这种切割器在水泥上打洞又快又好，这就借用了其他领域的创新。

（3）现有的东西是否可以做某些改变？改变一下会怎样？可改变一下形状、颜色、声音、味道吗？是否可改变一下型号模具或运动形式？改变之后，效果如何？

1898年，亨利·丁根把滚柱轴承中的滚柱改成了圆球，发明了滚珠轴承，大大降低了摩擦力。有人把自行车的轮子做成椭圆形，使人骑起来可以一上一下地起伏，犹如骑在马上奔驰一般，使这种自行车成了一种新的运动器械，使生活在城市里没有机会骑马的人也能领略到骑马的滋味。

（4）现有的东西能不能增加一些东西？能否添加部件、拉长时间、增加长度、提高强度、延长使用寿命或加快转速？

在两层玻璃中间加入某些材料，就制成了防弹、防震、防碎的新型玻璃。五年级学生贝明刚在半导体收音机上加装了一个磁棒，研制成了半导体收音机。

（5）缩小一些会怎样？现在的东西能否缩小体积、减轻重量、降低高度，使之变小、变满？能否省略？能否进一步细分？

荷兰的马都洛夫妇为纪念他们死在集中营的爱子，投资将荷兰的典型城镇缩小1/5建成世界上第一个小人国——"马都洛丹"，从而开创了世界主题公园的先河。中国率先采用这种形式的公园是深圳的"世界之窗"和"锦绣中华"。"锦绣中华"的开幕为中国园林的发展提供了一个新方向，也为旅游业的发展创造出了一种新的手段，其惊人的游人量（高峰期每日达1.5～2.0万人次）和巨大的收益彻底打消了许多人对这种新形式的疑虑。一时间各地纷纷效仿。

（6）可否用别的东西代替？可否由别人代替？可否用别的材料代替？可否用别的方法、工艺代替？可否用别的能源代替？可否选取其他地点？

瓶盖里过去用的是橡胶垫片，后改为低发泡塑料垫片。据统计，仅海南省一年就可以节约橡胶垫片50多吨。

（7）有无可互换的成分？可否变换模式？可否更换顺序？可否变换工作规范？

重新安排通常会带来很多创造性设想。房间内家具的重新布置；商店柜台的重新安排；营业时间的合理调整；电视节目的顺序变动；车间机器设备的重新布局可能产生更好的生产效果。

（8）上下是否可以倒过来？左右、前后是否可以对调位置？里外可否对换？正反可否倒换？是否用否定代替肯定？

这是一种运用反向思维的发明创造法。小学生一般是先识字后读书，黑龙江省有三所

小学的语文课在教学中将次序倒过来，让孩子们先读书后识字。在读书过程中，遇到不认识的字，用拼音标注。实验结果是，先读书后识字的学生的识字、阅读、写作水平均超过了先识字后读书的学生。

（9）组合起来怎样？能否装配成一个系统？能否把几个目的进行组合？能否将各种想法进行组合？能否将几个部件进行组合？

南京某中学生利用组合的办法，发明了带水杯的调色盘，并将杯子设计成可伸缩的，固定在调色盘的中央。用时拉开杯子，不用时倒掉水，使杯子收缩。

（三）组合法

所谓组合法，就是将两种或两种以上的事物的部分或全部进行有机的组合、变革、重组，从而诞生新产品、新思路或形成独一无二的新技术。

据统计，现代技术创新中组合型成果已经占到了 60%～70%。这也验证了晶体管发明者之一肖克莱所说的一句话："所谓创造，就是把以前独立的发明组合起来。"

组合创新是最常见的创新活动，许许多多的发明和革新都是组合的结晶。且不说领域与领域之间的组合（如机电一体化）以及高精尖的科技成果的诞生，单看在我们生活中，组合的产品随处可见。下面是一些组合产品的例子。

- 牙膏+中药=药物牙膏。
- 电话+视频采集+视频接收=可视电话。
- 毛毯+电热丝=电热毯。
- 台秤+微型计算器=电子秤。
- 照相机，模/数转换器+存储器=数码相机。
- 电池+电机=电动自行车。
- 电子技术=数控机床。

（四）移植法

中国有句古话叫"他山之石，可以攻玉"，说的就是移植法。

所谓移植法，就是指将某个领域中已有的原理、技术、方法、结构、功能等，移植应用到其他领域，导致新设想诞生的方法。

英国生物学家贝弗里奇说："移植法是科学研究中最有效、最简便的方法，也是应用研究中运用得最多的方法。""重大科学成果有时来自移植。"中国四大发明之一的造纸术，其技术就来自移植，即把丝加工技术移植到造纸中，不改变技术本身，只是改变了加工对象，由加工丝改成了加工植物纤维。

再看我们身边熟悉的东西，汽车发动机上化油器的原理来自香水喷雾器；声音除尘器的构造类似于高音喇叭；外科手术中用来大面积止血的热空气吹风器，其原理和结构与理发师手中的电吹风相同。

（五）头脑风暴法

头脑风暴法又称脑力激荡法、智力激励法、自由思考法，是由美国创造学家奥斯本于1939年首次提出的，使用并发表之后就风行全球，成为在进行创新活动时常用的方法之一。

1. 头脑风暴法的由来

大家知道，通电导体周围会产生磁场。若将两个通电导体并列在一起，当它们的电流方向一致的时候，其周围的磁场强度就会随之增强；当它们的电流方向相反时，其周围的磁场强度则会随之减弱。这就是磁场叠加效应。

人在进行思维活动时有没有叠加效应呢？答案是肯定的。当许多人在一起讨论问题时，各自以不同的思路思考问题，可以突破各种局限，具有"互补效应"；各种思想相互启发，互激升华，能形成"互激效应"。这种"互补效应"和"互激效应"使得集体思维能力大大高于个人思维能力，起到增强思维能力的作用。

头脑风暴法就是根据这一现象而设计的，它是以小团体会议（5~10人）的形式，即头脑风暴会议来提出或者解决问题的。

2. 头脑风暴会议的基本原则

为了更好地运用头脑风暴法，更好地发挥"互激效应"，在进行头脑风暴会议时必须严格遵守以下几项基本原则。

（1）延迟评价。在提出设想阶段，只能专心提设想而不能对设想进行任何评价。这是因为创造性设想的提出有一个诱发深化、发展完善的过程，有些设想在提出时杂乱无章、不合逻辑，似乎毫无价值，然而它却能够引发许多有价值的设想，或帮助在以后的分析中发现开始没有发现的价值。因此，过早地评价会使许多有价值的设想被扼杀。

延迟评价既包括禁止批评，也包括禁止过分赞扬。头脑风暴法首先必须禁止任何批评或指责性言行。这是因为会议成员的自尊心使他们在自己的设想遭到批评或指责时，就会不自觉地进行"自我保护"，因而就会只想如何保护自己的设想，而不去考虑新的甚至更好的设想。批评和指责是创新思维的障碍或抑制因素，是产生"互激效应"的不利因素。同样，夸大其词的赞扬也不利于创造性的发挥，如"你这个想法简直太妙了"，这类恭维话会使其他与会者产生被冷落的感觉，且容易让人产生已找到圆满的答案而不值得再考虑下去的想法。

延迟评价原则是头脑风暴法的精髓。

（2）鼓励自由想象。自由想象是产生独特设想的基本条件。这原则要求与会者尽可能解放思想，无拘无束地思考问题并畅所欲言，敢于突破，敢于"异想天开"，不必顾虑自己的想法或说法是否"离经叛道"或"荒唐可笑"，使思想保持"自由奔放"的状态。本原则下要熟练应用求异、想象、联想、发散等多种创新思维方法。

（3）以数量求质量。要相信提出的设想越多，好设想就越多，因此要强调在有限的时间内提出尽可能多的设想。会议安排中可规定数量目标，如每人至少要有 3 个设想或更多。这样做可使与会者在追求数量的活跃气氛中，不再注意评价了。

1952 年，华盛顿地区有 1000 多千米的电话线由于大雾造成树挂，使通信中断。为了在短时间内恢复通信，当时政府指派空军解决这一问题。在进行头脑风暴的讨论中，第 36 个设想是用直升机螺旋桨的垂直气流吹落树挂。采用这个方法后，通信很快恢复了正常。如果在讨论中，提出第 5 个、第 10 个、第 35 个设想时，就戛然而止，那么就不可能找到用直升机解决这一问题的设想了。

奥斯本认为，会议的初期往往不易提出理想的设想，在后期提出的设想中，有实用价值的设想所占的比例要高得多。

（4）鼓励巧妙地利用并改善他人的设想。已经提出的设想不一定完善、合理，但却往往能提出一种解题的思路。其他人可在此基础上进行改善、发展、综合，或由此启发得到新的思路，从而提出更好的设想。

头脑风暴会议要遵守以上 4 项基本原则，才能充分发挥大家的创造性，保证会议气氛轻松愉快，从而能够起到"互激效应"，使大家想出更多、更好的解决问题的方案。

3. 头脑风暴会议流程

（1）明确会议的主题或目标，千万不能无的放矢。一般要将会议讨论的问题提前 1~5 天告诉与会者。

（2）会议人员以 5~10 人为佳，包括主持人、记录员和参加者。

（3）选择合适的主持人。主持人是头脑风暴会议的领导，会议的成功与否在很大程度上取决于主持人掌控会议的能力和艺术。主持人的职责如下：使会场保持热烈的气氛，把握住会议的主题，保证全员献计献策。

主持人怎样才能做到这几点呢？首先要做好充分的准备，其次要有一定的会议主持技巧。主持人一般不能直接发表意见，只能简单地说"很好，继续进行"或"很好，现在让我们改变一下方向，考虑下一轮干些什么"等。

（4）确定记录员。记录员要把与会人员提出的所有设想一个不落地记录下来。设想是进行综合改善的素材，每个设想都要编上号，以防止遗漏和方便评价。

（5）会议时间一般在一小时以内，最好不超过两小时。

（6）对设想的评价。对设想的评价不能在同一天进行，最好过几天再进行，这样有利于继续提出新的设想。

（六）菲利普斯 66 法

菲利普斯 66 法，也叫小组讨论法，该方法以头脑风暴法为基础，采用分组的方式，限定时间，每 6 人一组，围绕主题限定只能进行 6 分钟的讨论。该方法是由美国密歇根州希尔斯代尔学院校长菲普斯发明的，因此命名为菲利普斯 66 法。

这种方法的最佳应用场所是大会场，因人数很多，可通过分组形成竞争，使会场气氛热烈，犹如"蜜蜂聚会"，因此也有人把这种方法称为"蜂音会议"。

著名的"黑板擦改进方案"就是菲利普斯本人应用这种方法的案例。当年，菲利普斯为底特律某制造公司做"创新思维"的演讲时，突然向听众提出了"怎样把黑板擦改进得更好"的问题，然后将听众分成了若干6人小组，实施6分钟头脑风暴会议。

会议的效果非常惊人。"使用海绵制作黑板擦，防止粉尘飞扬""设计一种能换芯的黑板擦""可以像电熨斗一样给黑板擦安装一个把手"等，6分钟之内诞生了许多改进黑板擦的设想，其中有些设想很快被企业采用并变成了新产品上市。

四、创新型人才应具备的素质

创新型人才是时代产物，赋予了新的内涵。在具体实践中，创新型人才应具备哪些素质条件，对创新型人才的界定，是我们应该重点研究的内容。创新型人才应具备以下基本素质：

（一）知识储备

知识储备对提高人的综合素质和创新能力具有至关重要的作用，是一个人能取得创新性成果的重要基础。需要指出的是，这里的知识储备，不是狭隘的仅仅专指"专业"领域内的知识，而应当是一个复合性的知识体系。不但要对自身专业领域内相关学科知识要能够做到融会贯通，还要了解其他专业领域的相关知识。成为行业内的"专家"，专家里面的"行家"。

（二）创新思维

所谓创新思维，就是创新人才在思维活动中所表现出的思维的独创性、灵活性、敏锐性、严密性和预见性等思维品质。创新活动是一种探索性的活动，表现为对客观事物发展变化本质的认识和对客观事物发展变化规律的揭示。它需要走前人、别人没有走过的路，做前人、别人没有做过的事，提出前人、别人没有提出过的想法和见解。要做到这些，就要求创新型人才具有创新思维。

创新思维的培养需要时间和自身特点的充分配合，更多地依赖于平时的观察、思考、累积，在潜移默化之间获得灵感，主要体现在以下方面。

1. 好奇心

好奇心是人对新奇刺激事物的一种探究反应，当新奇刺激事物出现时，人们会注意它，进而接近、了解它，并思考相关的问题，尝试解决"这是什么""为什么"等问题。从不同角度，尤其是从新的角度思考问题的能力，以及改变自己思考角度的意愿与能力，是创造性思维非常重要的方面。创新型人才就应具有强烈的求知欲和敏锐的好奇心，不满足于一成不变的事物、现象和行为，从往往在常人看来司空见惯的现象中看出不平常的东西和其中所包含的特殊意义。

可自我修复的手机屏

智能手机尺寸越来越大，用户使用手机的时间越来越长，随之而来的就是各种意外的发生，手机掉落或者磕碰到坚硬物质上，导致手机屏幕破碎。

为了解决这个问题，来自加州大学河滨分校化学系的科学家们研发出一种具有自我修复功能的新型材料。该材料可以应用于手机屏幕、人造肌肉及其他更多领域。这并不是一个全新的概念。早在 2013 年年底，LG 公司推出的 G Flex 手机便在其背壳中使用了一种自我修复材料，该材料可在几分钟之内自动修复划痕及其他表面磨损，但因为不具备导电性，所以无法应用于手机屏幕。

这种新型材料的自我修复能力不仅限于划痕。新材料是一种可拉伸聚合物和离子盐，自我修复功能是因为特殊的离子与分子相互吸引而实现的。更神奇的是，当这种材料被分成两半后，可以在 24 小时内自主修复和重新连接。若将切开的两端摆放在一起，则 5 分钟左右便会结合起来。

该新型材料生产容易，成本不高，因此应用在手机上不会提高手机售价。研究团队正在各种恶劣条件下测试这种材料，以确保它可以适应各种环境，相信能够自我修复的手机屏幕很快就会推向市场。

手机市场处于品类成熟期，创新是"内""外"结合。对外，厂商的创新针对细分人群需求不断定位精准的手机：拍照手机、音乐手机等；对内，厂商通过新技术、新材料来降低手机制造成本。这类新型材料的推出到市场接受需要经历一段跳跃式过程，一旦市场接受新材料，手机厂商降低成本的同时又多了一个卖点，而新型材料顺利进入市场实现商业化，又可以产生一个新的品类。

（资料来源：新材料能让显示屏自我修复，《化学推进剂与高分子材料》，2017）

2. 兴趣效应

兴趣可以对一个人的行为产生持久的驱动力。人们有了兴趣的推动，就能提高感知的效果，就能耐心细致地去观察，就能大胆设想，就能勤于动脑、积极思考。所以，兴趣是一种特殊的认识倾向。当这种认识倾向进一步与所从事的实际活动相关时，工作也会变成一件乐事。在身心愉悦的前提下工作，往往会使人思维活跃、想象丰富、精力充沛，自然创造能力就高、创新能力就大。从事创新工作需要付出很大的体力、脑力劳动，它需要坚韧不拔的意志和持久的毅力，兴趣则可以有效地激发人的耐力。

3. 想象力

想象力是一种由已有形象创造新的形象的能力，是一种举一反三的创造性思维能力，是一种由不知到知的发散、思维能力。亚里士多德曾精辟地指出："想象力是发现、发明等一切创造性活动的源泉。"想象力，无疑会对人进行创造活动和掌握新的知识经验起到重要的作用，其影响乃至决定创新的方向和水平。

（三）行动力

创新型人才不仅要能够发现问题，敢于提出问题，而且要具备解决问题的能力，这就是创新行动力。有了知识储备，运用创新思维，具备行动力，就可将创新思维的成果付诸实践。具体来说，创新行动力主要表现在持之以恒的信念、高效的行动力。

1. 持之以恒的信念

持之以恒的信念包含恒心和毅力。恒心就是一种持之以恒的精神。因为所有的创新型成果的产出都有一个从量变到质变的过程，量变的不断积累才能达到质变的飞跃。毅力就是在追求目标的过程中，抵抗各种挫折、压力、痛苦的能力。因为任何创新型成果的取得都需要一个过程。所以，持之以恒的信念是所有创新型人才必备的素质。

2. 高效的行动力

许多人在计划了某一件事之后，却迟迟不能开始行动，这些人往往还有无数个理由和借口，最终一事无成。所谓"成功者在行动，失败者找借口"，创新型人才做出创新成果的过程实际上就是"有条件要上，没有条件，创造条件也要上"的过程。只有行动起来，才能取得实质性的进展。

（四）合作意识

创新需要借助集体的智慧、团队的力量，需要不同学科、不同专业、不同层次的人相互配合、通力合作才有可能完成。"闻道有先后，术业有专攻"，因此，在实现创新项目的过程中，往往需要很多人的参与，参与者的合作意识必不可少。

创新型人才的成长不是一蹴而就的，其素质的锻造来源于个人平时的积累和周边良好环境的熏陶。完善创新型人才应具备的素质内容，有利于个人对照素质要求在日常学习或工作中逐步学习和提高，有利于组织内部按照相应创新型人才的素质内容，制订合理的管理制度与确定相应的教育机制，有利于社会各界按照创新型人才的素质内容选贤任能，切实发挥创新型人才的重要作用。

任务 1.2　关于创业

案例导读

"选择了就要坚持"——百度公司创始人李彦宏

或许你不关注时政，不关注金融股市，也不关心娱乐时尚，可只要你接触过网络，你就一定用过它——百度。作为现今实力最强劲的中文搜索引擎，十多年来百度经历了从无到有、从小到大的发展壮大过程。下面，让我们来看看百度创始人李彦宏的创业故事。

中国的网民大都是百度的客户。百度能取得今天的成就，得益于李彦宏独到的眼光和坚定的信念，用他的话说就是："认准了，就去做！"十多年前，他放弃了美国"硅谷"的优厚待遇选择回国创业，一心想要创建一个中文搜索引擎。依据当时中国所处的国际、国内环境，他觉得中文搜索引擎一定会有大发展。但他身边的很多人却并不看好这个项目，有些人甚至表示反对。但他并没有因为别人不理解就轻易放弃，他表示之所以选定这个项目是基于对市场的深入调查和分析，正是因为别人还没注意到这块有潜力的市场，他才要去做。"既然认准了，就不能轻易掉头，更别说放弃。"他笑言。

创业是一个高风险、高回报的事，就好比百慕大三角，它神秘、迷人，但想要走出来，既要有运气又要有技术。这个过程总是伴随着艰辛和阻碍，从来没有什么一帆风顺。百度也一样，经历了困境和艰难。2001年、2002年，所有的互联网企业都很艰难，面对全球的泡沫经济很多企业选择掉头或是压缩成本以求盈利，这种做法限制了那些公司的发展。李彦宏说："直到2001年，我们还在大规模投入，并没有急于赢利，但不急于赢利并不代表一直不赢利，如果企业不追求利益的话，那它就去做慈善了。"

同时，李彦宏一直坚持少承诺、多兑现的原则。百度的第一笔融资是120万元，李彦宏告诉投资人他要用6个月时间做出世界上最好的搜索引擎。没想到对方问他，如果投更多的钱，能不能用更快的时间完成？李彦宏回答不能。后来证明，李彦宏诚实的回答令对方很满意。而他真正做出来也只用了4个月时间。正是他的诚实帮助百度积累了信誉。

创业过程中，一定要具备独立的思考能力和判断力。李彦宏的这两种能力是在大学期间培养出来的，并在以后的创业途中深深地影响着他。例如，2005年百度上市；2008年百度在日本运营搜索，开始尝试国际化；2010年继续受到他独立思考能力的影响。就像他回答一位大一女生"大学期间要为成功创业准备什么"时所说："一定要具备独立的思考能力和判断力，那样你才不会轻信别人。"创业需要很多能力，而这两种能力应算是成大事者必备的吧！

（资料来源：百度创始人李彦宏的三次失败，《职业》，2016）

思考与讨论

（1）李彦宏创业成功的因素有哪些？哪些因素是他个人的素质和能力？你觉得创业者应该注意培养和锻炼哪些素质和能力？其中哪些是最重要的因素？

（2）对于百度的成功，很多人说是因为百度是最先做的，所以它成功了。你的观点是什么？

一、创业的定义

在汉语中，创业一词最早出现于《孟子·惠王下》："君子创业垂统，为可继也。"这里"创业"的意思是"开创基业"。所以，在《辞海》中，创业被理解为"开创基业"。

在英文中，创业一词有多种表述方式，具有丰富的内涵，涉及创业企业（business-venture）、创业者（entrepreneur）、创业行为（entrepreneurial behavior）和创业精神（entrepreneurship）等层面。

从创业者层面看，第一个含义是企业家，我们通常理解为在一个企业中负责经营和决策的领导人；另外一个重要的含义是创办人，我们通常理解为即将创办新企业或者是刚刚创办新企业的领导人。

从创业行为层面看，表示"创业行为（创业活动）"，又可划分为广义创业和狭义创业两类。狭义创业是指从零开始创建企业。广义创业除包含狭义创业的概念外，还包括从一个有问题的企业开始创建出一个重焕生机的企业，多强调公司内的创业。公司内部创业是指在观念、市场、技术、制度、管理等方面创新的影响下，使企业的生产和经营能力提高的过程。

到底什么行为是创业呢？目前对创业的定义都还是众说纷纭，没有统一的标准。对创业的定义可以归纳成如下的三类：

第一，强调创新精神和创业精神的培育和拓展；

第二，强调创业机会的识别和开发；

第三，强调通过创业组织来创造价值的过程。

（一）创业是创新精神和创业精神的驱动过程

创新精神是指要具有能够综合运用已有的知识、信息、技能和方法，提出新方法、新观点的思维能力和进行发明创造、改革、革新的意志、信心、勇气和智慧。创业精神是创业群体所共有的创新、冒险、开拓进取等特质和价值观体系。创业精神的实质是一种变革和创新精神，创新则是创业精神的核心。例如，美国管理大师、经济学家德鲁克把创业精神明确界定为社会创新精神、革新行为，并把这种精神系统地提高到社会进步的杠杆作用的地位。只有坚持对创新精神与创业精神的追求，尤其是对高技术创业精神的追求，才能推进新产品、新市场、新产业的发展，从而促进经济的增长。

对个人利益的追求是激发创业精神的内在动力，市场竞争压力是激发创业精神的外在压力；创业精神是影响经济增长的重要因素。在创业过程中，创新是创业活动的本质。创业精神是创业成功的灵魂，创业精神依赖于创新精神。因此，创新精神与创业精神的互动融合贯穿于创业实施的全过程。

（二）创业是机会识别和开发的过程

目前学者们们倾向于认为创业者是发现和利用机会，负责创造新价值（一项创新或一个新的组织）这一过程的人。因此，创业的内涵被界定为个体创造新价值的过程。在这个过程中，个体发现和利用机会，创建和管理某些事务（如一个企业、一项创新等），同时该个体也被所构建的对象所限制和塑造，因而创业的实质也就是创业精神实现的过程。在

百森商学院的代表杰弗里·蒂蒙斯所著的创业教育领域的经典教科书《创业学》的定义中，创业是一种思考、推理和行为方式，它为机会所驱动，需要在方法上全盘考虑并拥有和谐的领导能力。由此看出，蒂蒙斯强调创业不仅能为企业创造价值，也能为所有的参与者和利益相关者创造、提高和实现价值，或使得价值重生。商机的创造、识别和捕捉是创业过程的核心，随后就是抓住商机的意愿和行动。而且该定义也强调了创业是创业精神的价值创造过程。

有的学者还强调创业包含两个过程，其一是创业机会识别，其二是创业机会开发。所以按照这一定义，创业不仅指创建一个新企业，还包括在新企业创立后能够成功地经营下去，也就是所谓的公司内创业，如开拓新业务、新的管理模式，开发新的技术等使得公司重焕生机，做大做强。

（三）创业是创造价值的动态过程

国外学者莫里斯通过对创业的不同定义总结得出，创业者最关键的特征是开创新事业、创建新组织、创造资源的新组合、创新、捕捉机会、风险承担和价值创造。创业可以通过以下相关的企业活动加以理解：发现机会、战略导向，致力于机会和资源配置的过程、资源控制的概念和回报政策。创业就是通过奉献必要的时间和努力，承担相应的经济、心理和社会风险，并得到最终的经济报酬、个人满足和自主性地创造出有价值的新东西的过程。上述定义强调了在创业过程中，创业资源配置和创业组织创建的重要性，创业最终要体现为价值创造，所以是对人类有益的过程。

综合国内外学者们对创业的定义有：

（1）创业是不拘泥于当前资源约束条件下的机会追求进而实现价值创造的行为过程。

（2）创业是一种思考、推理和行动的方法，它不仅要受到机会的制约，还要求创业者有完整缜密的实施方法和讲求高度平衡技巧的领导艺术。创业不仅为企业主，也为所有的参与者和利益相关者创造、提高和实现价值，或使价值再生。

（3）创业是一个涉及远见、改变和创新的动态过程。它需要投入精力与热情来进行创新并实施新的构想和新的解决办法。创业的必要因素包括能承担一定风险——时间、财产或职业的风险；有能力成立一个高效的风险团队；整合所需资源的创造性技能；制订一份稳固的商业计划的基础技能；具备一种远见，在别人认为是混乱、矛盾和迷惑的地方发现机遇。

（4）创业是一个复杂的创造性的事业，创业不仅需要创业的精神、创业的素质和创业经验，而且是一个需要奉献、长期坚守和不断创新的过程。

（5）创业是一个发现机会和捕捉机会并由此创造出新颖的产品或服务，实现其潜在价值的过程。这其中的"发现和捕获机会"的"机会"指的就是消费者的潜在市场需求。创业者需要具备这样的能力，以此为前提，才可发现创业的方向，进而进行创业的实践，从而实现整个创业活动的发展流程，达到实现创业活动的最终目的。

（四）本书对创业的定义与内涵

综合上述定义，我们认为，创业是具有创新精神和创业精神的创业者，在特定的创业环境下，识别和开发创业机会，整合创业资源，从而开创新的事业，实现价值创造的动态过程。

本书创业的定义主要强调三个方面的内涵：

（1）创业者是创业的主体要素。创业过程与创业者的行动高度相关，是创新精神和创业精神的价值体现。

（2）创业机会是创业的核心要素。其中，创业机会识别和开发是创业者通过组织创业资源旨在创造出新颖的产品、服务或实现其潜在价值。创业机会识别和开发过程，也是创业者、创业资源和创业机会三者的平衡互动过程。

（3）创业是一种实现价值创造的独特管理活动。传统企业管理活动强调计划、组织、领导和控制，是一种标准化的、常态化的管理活动。与之相比，创业管理强调的是对机会识别和开发的管理，是一种不确定性的管理。创业管理表现出与传统企业管理不一致特点。

二、创业的要素

创业要素是指那些开展创业活动必需的各种社会资源的总称。任何创业活动都是一系列创业要素组合的结果，创业者创业能力的高低取决于其能有效控制的创业要素的数量、质量、种类以及这些要素间的相互匹配程度。各种创业要素通过相互作用推动新企业的演化过程，任何创业要素性质的变化、不同要素间结构构型的变化，都会影响创业活动的绩效，并最终导致所创事业面临飞跃式成长或创业失败两种截然不同结果的出现。研究表明，创业成功是一系列创业要素科学组合的结果，创业者可以通过改善这些创业要素的组合来提高其创业成功的可能性。

（一）蒂蒙斯的创业三要素模型

美国著名的创业研究者 Timmons 认为，创业过程是一个高度动态的过程，其中商机、资源和创业团队是创业过程最重要的三大要素。如图 1-1 所示，创业过程依赖于这三大要素的匹配和均衡，它们的存在和成长决定了创业过程向什么方向发展。创业过程的起点是商机，而不是资金、战略、关系网路、工作团队和商业计划。商机的形式、大小和深度决定了资源与团队所需的形式、大小与深度。创始人和创业团队的作用是利用其创造力在模糊、不确定的环境中发现商机，并利用资本市场等外界理论组织资源，领导企业实现商机的价值。在这个过程中，资源与商机是"适应→差距→再适应"的动态过程。

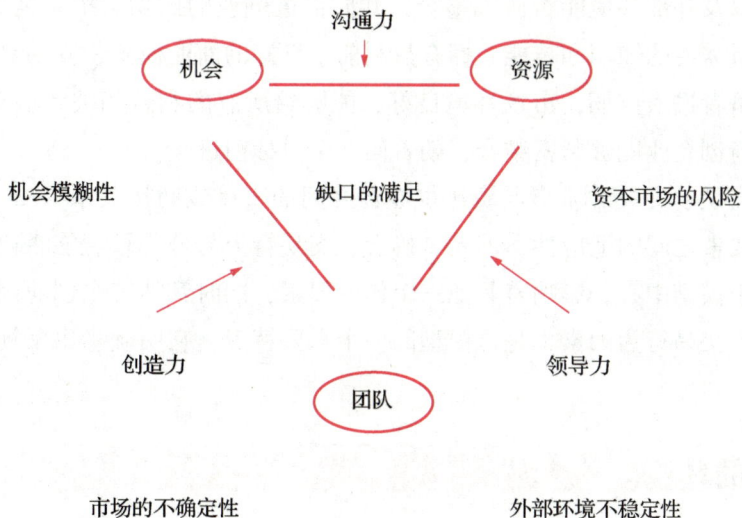

图 1-1 创业核心要素组合模型

（二）萨尔曼的创业核心要素模型

萨尔曼认为，在企业创业过程中，为了更好地开发商业机会，提升企业价值，创业者需要把握四个关键要素：人和资源、机会、外部环境以及创业者的交易行为。如图 1-2 所示。

（1）人和资源：指为创业提供服务或资源的人员，包括经理、员工、律师、会计师、资金提供者、零件供应商等与新创企业直接、间接相关的人员；他们所提供的资源包括工作经验或非工作经验、经营管理及技术技能等相关的知识。

（2）机会：指任何需要投入资源的活动，这种活动不单是企业亟待开发的技术、市场，也包括创业过程中所有需要创业者投入资源的事物。当然，投入资源的根本目的是企业将来的赢利。

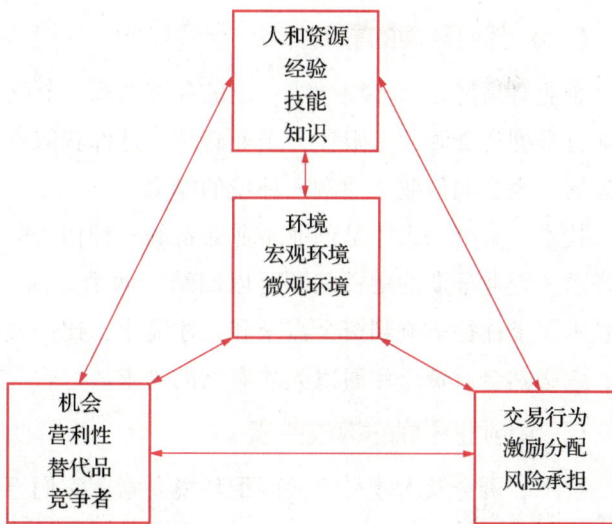

图 1-2 萨尔曼创业要素组合模型

（3）外部环境：包括宏观环境和微观环境两部分，指所有影响机会产出，又在管理者的直接控制之外的因素，诸如银行利率水平、相关政策法规、宏观经济形势，一些行业因素如替代品的威胁等。萨尔曼分析模型的核心思想是要素之间的适应性，也就是人、机

会、交易行为以及外部环境能否协调整合，共同促进创业的成功。招聘良好的人才资源，管理团队拥有所需要的知识和技能，拥有盈利前景良好的商业模式，容易获取高额利润又能防止潜在竞争者进入市场，市场环境良好，能够给所有的利益相关者以充分的激励等，这些要素使得新创企业能够紧密结合，朝着同一个目标前进。

（4）交易行为：是指创业者与资源供应者之间的直接或间接关系。Sahlman 创业模型的核心思想是要素之间的适应性，即人、机会、交易行为与外部环境能否协调整合、相互促进。环境处于模型中心，影响着其他三个创业要素，同时其他三个创业因素也会反过来影响环境。考虑交易行为因素也是该模型的一个重要特点，它明确指出了社会网络对创业的重要性。

三、创业的环境

创业活跃程度的一个重要决定因素是创业的环境条件。创业环境与创业活跃程度有较强的联系，即创业活跃程度受到创业环境的制约。创业企业的关闭率高一方面是由于创业能力不足、创业技能缺乏，同时也与创业环境的制约紧密联系，因此，对创业活动而言，培育一个良好的创业环境是保障其顺利进行的关键。目前，对创业环境表示悲观的创业者比较少，可见，当代社会分工体系健全的前提下，创业环境已经逐步得到了改善。

本书认为创业环境是指在创业者创立企业的整个过程中，对其产生影响的一系列外部因素及其所组成的有机整体。

（一）创业环境的重要作用

企业必须努力与环境构成一定的和谐关系，企业对外部环境具有很强的依赖性。由于企业自身拥有资源的有限性，企业必须从外部获取资源，因此，外部环境影响企业的生存和发展，也影响创业企业融入环境的能力。

技术、资金、人才是创业企业必备的三种初始资源，创业企业必然对这三类初始资源有需求。企业早期的融资问题可以归结于两个方面，即资金的需求量和资金的来源渠道；而技术需求往往影响到资金需求和人才需求，比如说企业在早期要通过自主研发来获得技术，它必然会对资金和研发人才有大的需求。

（二）创业环境的构成要素

技术、资金及人才是直接匹配环境要素，它们直接提供创业企业所需的资源；政策法规、中介服务体系、文化、市场、信息化等是间接匹配环境要素。它们共同保障创业企业所需资源的获取。

技术环境要素包括技术研发环境和作为技术转移和扩散的技术市场环境，一方面，研究开发主体直接影响着技术创新活动的数量、频率和水平；另一方面，科技成果的生产能力要转化为现实的生产力还有赖于市场环境，它决定了科技成果转化的速度和效率。

　　融资环境要素主要体现在金融机构和非金融机构对创业企业所需资金的供给，资金供给目前也成为金融企业与创业企业结合的最佳途径。

　　人才环境要素对创业企业人才需求的供给主要体现在大专院校、科研院所和企业为主的人才储备。不同的区域有不同的人才环境，形成了不同的人才结构。

　　文化环境要素主要指社会对创业行为和价值所持的认同和倡导的态度，以及由此形成的鼓励、推崇创业和容忍失败的氛围。良好的社会文化氛围是企业创业的灵魂，保障企业资源的获取。

　　政策法规环境主要包括政府出台的与创业相关的政策法规及其执行。创业扶持政策的出台和有效执行保障了创业企业技术、资金、人才等资源的获取，有效地促进了创业企业的创建和成长。政府颁布的政策法规一般分为三类：人才政策法规、技术政策法规和融资政策法规。

（三）创业环境承载主体

　　创业环境承载主体主要包括大学及科研机构、关联企业、融资机构、中介机构及政府。它们都发挥各自的功能。大学及科研机构的功能主要表现在两个方面，一是大学及科研机构可通过教育培养人才，二是大学及科研机构能够创造和扩散技术机会；关联企业的功能主要体现在创造和扩散技术机会上；融资机构主要包括银行、证券公司、风险投资公司等金融机构或非金融机构，它们主要的功能是为企业提供企业所需的初始资金。中介机构主要包括高新技术企业孵化器、人才交易中心、技术交易中心、企业融资信用担保机构，它们主要的功能在于便利企业对人才、技术和资金的获取。政府影响企业的创生，其主要功能体现在制定相关的政策法规扶持和保障企业的顺利创新与发展。

四、创业的意义

　　创业是一个国家经济活力的象征，一个国家的经济越繁荣，它的创业活动就越频繁。西方发达国家的经济繁荣发展史，伴随着一轮又一轮的创业史。因此，创业被认为是一个国家经济发展的推动力，我国改革开放四十多年以来，经济发展取得举世瞩目的成就，各类经济主体对我国经济发展做出了巨大的贡献。如今，创业已经成为一个全球性的话题，并日益受到重视。创业活动对全球经济增长、技术进步和产业化、提供就业等方面有着重要意义。

（一）创业是经济发展的"发动机"

　　无论是在发达国家，还是发展中国家，创业都成为一个国家经济发展中最具活力的部分，是经济发展的原动力。在西方发达国家，新一代的创业者创造了全新成长型企业，对经济产生了巨大的影响。在过去的50年里，美国出现了创业革命，高新技术与创业精神相结合是美国保持世界经济"火车头"地位的"秘密武器"。在20世纪70年代，美国每年只有5 000万至1亿美元的风险资本投资，现在这个数字已经上升到了680亿美元。当今美国95%以上的财富是在1980年后创造出来的。

随着知识经济时代的到来，创业活动对经济复兴、革新和增长的贡献日益显著，创业已成为一国经济繁荣的基础。企业创业意味着向社会提供了新的产品和服务，增加了社会供给。创业还伴随产生新的活力，扩大了有效需求，增加就业，促进了经济的发展。创业对于现代市场体系的完善，对于资源更合理的配置，对于整个经济国际竞争力的提升都有着非常重要的作用。

21世纪是"创业时代"，全球经济正在从管理型经济向创业型经济转化。创业型经济可以为经济发展方式的转变提供有效途径，创业型经济以知识和创业家精神为核心生产要素，可以为传统产业注入新的发展动力。同时，创业型经济的发展对第三产业结构也有巨大的提升和催化作用，创业企业的产品技术含量较高，经济附加值较大，通常以其科学的生产方式和较低的资源消耗赢得竞争优势，逐渐取代传统的产业或生产方式，使经济发展方式由资源、投资拉动型向内生性的效益型、创新型转变，从而创造出新的需求，培育出新的经济增长点，最终促进经济的全面协调发展。

（二）创业促进社会生产力的发展

创业伴随的技术创新，推动了社会的技术进步和生产方式与手段的变革。由于创业的作用，科学技术向现实生产力的转化过程得以加快，人类获得了先进的科技手段，极大地提高了社会生产力。有关专家提出：眼下的中国，正处在需要一场伟大商业变革的艰难时刻。过去30年的"世界工厂"模式已无法持续下去，内需时代正在来临。可是已经习惯了"为全球制造低附加值产品"的大企业，一时很难转型。走向下一个30年将是能够创造出新的技术、新的商业模式的新兴产业。

20世纪90年代以来，创新型小企业承担了美国全部创新的67%，成为美国经济发展的创新推动者。就我国而言，专利的65%是由中小企业发明的；75%以上的技术创新由中小企业完成；80%以上的新产品是由中小企业开发的。新创的中小企业加速了科技成果向生产力的转化，推动着技术进步，成为各种新兴产业的主要创造者。所以，正是通过企业家的创业活动，才将技术和市场联系起来，可以认为创业是科学技术和市场的纽带。

（三）创业创造了大批新的企业家

新企业，尤其是那些快速成长的初创企业，除了创造就业机会之外，在另外一个方面对于我们的经济也至关重要：他们创造出了更新更好的企业发展方式，使旧有的系统逐步瓦解。

从美国硅谷到中国的中关村，新经济时代的典型特征是涌现了一大批年轻的成功的创业者，他们拥有知识、技能和团队的智慧。他们不仅依靠自我积累，更依靠外部资金的支持，在较短的时间内为自己和社会创造了大量的财富，成为新时代的"知识资本家"。美国微软公司（Microsoft）的比尔·盖茨（Bill Gates）、亚马逊网上书店（Amazon）的杰夫·贝泽斯、苹果电脑公司（Apple Computer）的史蒂夫·乔布斯（Steve Jobs）、电子港湾公司（Ebay）的梅格·惠特曼（Meg Whitman）等，中国百度公司的李彦宏、中兴微电子公司的邓中翰、盛大网络公司的陈天桥、阿里巴巴公司的马云等，这些中外成功的创业者是

潜在创业者的偶像，他们以创新、责任、影响力、推动力正在改变着商业世界。

（四）创业创造大量的就业机会

创业创造就业机会，缓解就业压力，促进国家经济发展。创业者通过创办企业，不仅可以解决自身的就业问题，而且可以为社会创造新的就业岗位，缓解国家沉重的就业压力，促进国民经济发展。据最近几年的统计数据，在美国，新兴企业在第一年平均创造300万个就业岗位。研究表明，这些创业型企业对于就业增长不仅仅有重要贡献，而且也是唯一贡献。如果没有创业型企业，美国就不会有就业数量的净增长。

同样，该作用在我国广东、江苏、浙江等沿海发达地区也得到了充分的显示。在上述这些地区，私营企业等非公有制经济的蓬勃发展，不仅有效地解决了当地政府的就业压力，而且为社会创造了巨大财富，增加了国家和地方政府的税收收入，促进了地区经济和国家经济的发展。例如，阿里研究院发布的《2018云上创业就业趋势研究报告》指出，云计算驱动创新创业潮，阿里云生态创造的就业机会增长迅速，其中七成以上为创业型企业，近六成是首次创业。创业就业机会主要集中于电商、网站、IT与软件开发、音视频领域，四者占比超过70%。

（五）创业推动社会进步

创业可以创造富有而充满活力的创业社会。从全球范围来说，人类进入了21世纪，创业已成为经济发展的原动力，创业让贫穷变富有，创业创造平等机会而非平等收入。创业让经济和社会发生转变：穷人正以较快的速度变得比较富有。根据福布斯富豪榜显示，最富有名单揭示：86%的富人是自我（创业）造就的。因此，创历史纪录数量的创业者（及员工）正在变得富有。

其次，创业活动有利于培养全社会的创新创业精神和形成鼓励创业、容忍失败的社会氛围。《城市高成长科创企业培育生态指数（2019）》报告发现，长三角城市群有更多数量的城市在高成长科创企业培育生态方面，在全国处于优势地位。指数结果表明，长三角城市群是我国高成长科创企业培育沃土，是高成长科创企业最佳栖息区域。同时，长三角城市群城市相对更多，需要加强城市群之间的协同和互补，共同推动城市群高质量发展，从而保障高成长科创企业培育生态有效发挥作用。珠三角城市群内城市数量相对长三角较少，更容易协同，因此，更高质量的发展阻力相对较低，有利于高成长科创企业培育生态协同作用的发挥。

最后，创业在成就创业者个人财富的同时，创业者也在社会贡献个人之力，为社会创造更多的财富，从而推动社会不断向前迈进。放眼当今世界，处在强国位置的一些发达国家，在它们发展的过程中，无一不是靠着个人创业，从而带动社会经济的发展、促进社会进步的。由此可见，对于全社会来说，创业是一种推动其不断前进的根本动力之源。社会中的各种群体或者个人，通过各种内容和形式不一的创业活动，在为自身创造美好生活的同时，对社会政治、经济、文化等方面均有着不同的向前推动的作用，从而最终带动社会的整体前行。

现在你具备创业的基本素质吗?

创业充满了诱惑,但并非每个人都适合走这条路。美国创业协会设计了一份测试题,可以帮助你在做出决策前对自己有一个初步的了解。以下每题都有 4 个选项:A. 经常;B. 有时;C. 很少;D. 从不。你可以在每题后面填写相应的选项。

(1) 在急需决策时,你是否在想"再让我考虑一下吧"(　　　)

(2) 你是否为自己的优柔寡断找借口说"得慎重,怎能轻易下结论呢?"(　　　)

(3) 你是否为避免冒犯某个有实力的客户而有意回避些关键性的问题,甚至有意迎合顾客?(　　　)

(4) 你是否无论遇到什么紧急任务都先处理日常的琐碎事务?(　　　)

(5) 你是否非得在巨大压力下才肯承担重任?(　　　)

(6) 你是否无力抵御妨碍你完成重要任务的干扰和危机?(　　　)

(7) 你在决策重要的行动和计划时,常忽视其后果吗?(　　　)

(8) 当你需要做出很可能不得人心的决策时,是否找借口逃避而不敢面对?(　　　)

(9) 你是否总是在晚上才发现有要紧的事没办?(　　　)

(10) 你是否因不愿接受艰巨的任务而寻找各种借口?(　　　)

(11) 你是否常来不及躲避或预防困难情形的发生?(　　　)

(12) 你总是拐弯抹角地宣布可能得罪他人的决定吗?(　　　)

(13) 你喜欢让别人替你做你自己不愿做而又不得不做的事吗?(　　　)

计分:选 A 得 4 分,选 B 得 3 分,选 C 得 2 分,选 D 得 1 分。

分析:

得分 50 分以上,说明你的个人素质与创业者相去甚远;

40-49 分,说明你不算勤勉,应彻底改变拖沓、低效率的缺点,否则创业只是一句空话;

30-39 分,说明你在大多数情况下充满自信,但有时犹豫不决,不过没关系,这是稳重和深思熟虑的表现;

15-29 分,说明你是一个高效率的决策者和管理者,有望成为成功的创业者,你还等什么!

(资料来源:中国大学生创业网)

任务 1.3　创新与创业

虽然创业与创新是两个不同的概念,但是两个范畴之间却存在着本质上的契合,及内涵上的相互包容和实践过程中的互动发展。第一个提出创新概念的美籍奥地利著名经济学

家熊彼特认为，创新是生产要素和生产条件的一种从未有过的新组合，这种新组合能够使原来的成本曲线不断更新，由此会产生超额利润或潜在的超额利润。创新活动的这些本质内涵，体现着它与创业活动性质上的一致性和关联性。

知识拓展

创业者创新的层次

（1）制度创新：能够使创新者获得追加或额外利益的、对现存制度（指具体的政治经济制度，如金融组织、银行制度、公司制度、工会制度、税收制度、教育制度等）的变革。促成制度创新的因素有三种：市场规模的变化，生产技术的发展，以及由此引起的一定社会集团或个人对自己收入预期的变化。

（2）技术创新：是以创造新技术为目的的创新，或以科学技术知识及其创造的资源为基础的创新。

（3）理论创新：适时地总结、归纳、提高、升华，将零散琐碎的事实经验上升到系统化、规范化的理论高度，作为今后工作的借鉴和出发点。

（4）风险态度创新：创业者对风险的态度发生改变，从经典的风险厌恶型向中性甚至是风险偏好型转化。

创业和创新的融合是一个动态整合、集成与优化的过程，并非只发生在新企业的启动或创建阶段，而是伴随整个创业和企业成长的过程。在这一过程中，创新精神、创业能力和市场意识始终是创业成功和企业持续成长的内在动力。

一、创新是创业的基础，而创业推动着创新

从总体上说，一方面，科学技术、思想观念的创新，促进了人们物质生产和生活方式的变革，产生了新的生产、生活方式，进而为整个社会不断地提供新的消费需求，这是创业活动之所以源源不断的根本动因；另一方面，创业在本质上是人们的一种创新性实践活动。无论是何种性质、类型的创业活动，它们都有一个共同的特征，那就是创业是主体的一种能动的、开创性的实践活动，是一种高度的自主行为，在创业实践的过程中，主体的主观能动性将会得到充分的发挥，正是这种主观能动性充分体现了创业的创新性特征。

二、创新是创业的本质与源泉

熊彼特曾提出："创业包括创新和未曾尝试过的技术。"创业者只有在创业的过程中，具备持续不断的创新思维和创新意识，才能产生新的富有创意的想法和方案，不断寻求新的模式、新的思路，最终获得创业的成功。

三、创新的价值在于创业

从一定程度上讲，创新的价值就在于将潜在的知识、技术和市场机会转变为现实的生产力，实现社会财富的增长，造福于人类社会。而实现这种转化的根本途径就是创业。

四、创业推动并深化创新

创业可以推动新发明、新产品或新服务的不断涌现，创造出新的市场需求，从而进一步推动和深化各方面的创新，因而也就提高了企业甚至是整个国家的创新能力，推动了经济的增长。

通过以上对创业与创新关系的论述，我们知道二者是密不可分，并且了解创业与创新的联合，对于解决我国目前的就业问题至关重要。由于创新与创业的密切关系，我国高等院校的创业与创新教育应该相互渗透融合。我们应弘扬创新与创业的精神，健全创新与创业的机制，完善创新与创业的环境，加强创新与创业的交叉渗透和集成融合，并且不断地与实践相结合，推动社会的可持续发展。

知识拓展

技术创新与其他概念的区别

技术创新与其他概念的区别见表1-1。

表1-1　技术创新与其他概念的区别

概念名称	简要定义	与技术创新的显著区别
发明	第一次提出新概念、新思想、新原理	缺少大量生产与市场化的活动
基础研究	认识世界，为推动科技进步而进行的探索性活动，没有特定的商业目的	缺乏深入的试制、生产与市场化活动
应用研究	为增加科技知识并为某一特定实际目标而进行的系统性创造活动	与生产和市场化联系不足
开发研究	运用基础研究与应用研究的知识来开发新材料、新产品、新装置	仍未考虑市场化的工作
技术引进	引进新设备、人才，以提高生产与市场能力	能否进入市场不能保证
技术改造	主要是对生产设备进行系统或部分的更新	可以完善生产能力，但能否市场化尚不得知
技术变革	严格意义上是从发明到技术创新、技术扩散的全过程	比技术创新的过程更长，属于经济学概念，现实中操作较难
技术进步	若干年内技术创新的累积与综合性过程	对技术创新的后期总结

任务 1.4 创业在中国

我们正处在一个创业黄金时代，在中国的历史上，从来没有哪个时代能像今天这样为创业者提供如此广阔的活动舞台和发展空间。当前，中国已经慢慢成长为一个创业和创新大国。通过创业和创新，中国必将实现经济高速发展和解决民生问题。自改革开放以来，中国经历了六次创业浪潮，而每一次创业高潮的到来都使得中国人的创业水平登上一个新的台阶，从而把创业活动推向新的阶段。

第一个时期（1978—1985 年）：城市个体户和农村专业户创业爆发期

该时期的特点是城乡个体户和农户开始自主经营，自负盈亏。个体户就是当时城镇业的一种主要形态。这些个体户抢占了机会，慢慢成长，有些成为中国社会的第一批富翁。从 1982 年到 1985 年这四年中，个体创业迅速发展，1980 年只有 80 万户，但 1985 年就突破了 1000 万户，达到 1171 万户。在农村产生了早期的私营经济和挂上集体企业牌的乡镇企业，典型代表如美的集团的何享健、希望集团的刘永好四兄弟。

案例导读

希望集团刘永好四兄弟创业

1982 年，刘永好四兄弟经过激烈的讨论，三天三夜的家庭会议做出决定：辞去公职干个体。创建希望集团，从事家禽养殖，后来从事猪饲料生产，开始艰难的创业历程。经过十多年的开拓，希望集团先后被国家工商行政管理局等权威机构评为"中国 500 家最大私营企业第一名""中国民营科技企业技工贸收入百强第一名""中国最大私营制造企业百强第一名"，成为中国民营企业的一面旗帜。1995 年，刘永好四兄弟明晰产权，进行资产重组，分别成立了大陆希望集团、东方希望集团、华西希望集团、南方希望集团，各自在相关领域发展。大陆希望集团作为希望集团的高科技板块，开始了新的征程。从事农牧事业的新希望六和 2016 年销售额有望达到 1 000 亿元。

（资料来源：成功人士的创业故事，学习啦网站，2016）

第二个时期（1985—1991 年）：乡镇企业和国营企业承包租赁经营兴起（产品经济时代）

该时期在城乡除部分个体户或专业户成长为私营企业外，私营企业开始发力，创业者们各显神通，创造了空前的神话。此时期人们的创业的激情终于得到爆发，除个体户或专业户成长为私营企业外，在国营企业里的技术人员或有管理经营经验的人开办私营企业，1988 年底注册登记的私营企业有 23.5 万多户。柳传志、李经纬、褚时健等为代表的国营企业负责人也不甘寂寞，带领所在的企业开始内部创业，取得空前的成功，树立起振兴民族品牌的大旗。以任正非、王文京、叶澄海等为代表的早期官员成为辞职创业的典型。

案例导读

华为老总任正非的创业故事

任正非，一个44岁的男人，在经营中被骗了200万，还背负200万债务。1987年，任正非与几个志同道合的中年人，以凑来的2万元人民币注册资本创办深圳华为技术有限公司，在一间破旧厂房里，主营电信设备。三十年来，在任正非的带领下，华为一路高歌猛进，将通信行业众多国外跨国巨头甩在背后，2007年仅为920亿元的销售额到2011年已经达到2 039亿元，翻了一番还多。2012年销售额首次超过瑞典的爱立信，预计2015年全年销售收入约3 900亿元人民币，华为已经成为全球通信设备排名第一的企业。

（资料编自：华为从两万到千亿的创业故事，青年创业网，2015）

第三个时期（1992—1996年）：全国上下刮起下海狂潮，全民经商

以1992年春邓小平视察南方并发表社会主义也可发展市场经济和党的十四大为转折点，全国上下刮起下海经商的狂潮，国人渴望经商致富的激情得到空前的释放，这次创业的人群，不少是素质相对比较高的机关干部、教师、科研人员、国营企业骨干，他们在多领域，比如在家电、皮具、鞋、食品、服装、小商品、电器、金属、五金、服务等领域创业。1992年登记注册的私营企业比1991年增加3万户，1993年登记注册的私营企业比1992年增加9万户，以后的1994、1995、1996、1997四年又分别比前一年增加19.4万户、14.09万户、22.25万户、16.5万户。这波浪潮奠定中国廉价工业品走向世界，成为世界加工厂的地位。企业的规模超常规发展，造就了很多富翁。当中的佼佼者有汇源朱新礼、新东方俞敏洪、复星郭广昌、爱国者冯军、太平洋严介和、广东欧神诺鲍杰军、比亚迪王传福等。

案例导读

比亚迪总裁王传福的创业历程

王传福，一名木匠的儿子，于1987年从中南工业大学冶金物理化学系毕业，1990年在中国有色金属研究总院获得硕士，留在该院301室工作，按部就班地历任副主任、主任、高级工程师、副教授。

他发现作为自己研究领域之一的电池面临着巨大的投资机会后，因此29岁的王传福毅然下海经商，1995年2月，王传福向其做投资管理的表哥借款250万元，注册成立了比亚迪科技公司，领着20多个人在深圳莲塘的旧车间里扬帆起航。2009年10月13日胡润百富榜发布，比亚迪掌门人王传福以350亿元财富成为新一届的中国首富。

（资料来源：王传福的创业路，https://www.sohu.com/a/208364537_116062）

第四个时期（1997—2002 年）：捷足先登互联网，主要特点是知识分子创业高峰

20 世纪 90 年代中后期以来，我们走进互联网时代，世界已进入了一个新时代，财富的概念已经发生了深刻的变化。财富不再以占有土地、矿产、工厂、劳动力等有形资产的多少来衡量；而是以拥有信息、知识、智慧、比特等无形资源的多少来衡量了。

据估算，包括大学教授、作家、学者、艺术家、自由职业者在内，我国目前共有 3800 万专业知识分子，其中有 1 000 万人在民营企业工作或兼职，或者自己开公司，积累了大量的个人财富。继早期的个体户、乡镇企业家、中间商、民营企业家之后，中国正迎来了第六代富裕阶层——学有专长的各类知识分子。

案例导读

互联网时代的弄潮儿

马化腾 1993 年于深圳大学毕业后进入深圳润迅公司，成为软件工程师，主要从事寻呼软件的开发工作；1998 年 11 月，马化腾和同学注册了腾讯公司，自此之后，马化腾就在成就自己的 QQ 传奇，引领出了一种新的营利模式。

陈天桥先生毕业于复旦大学经济系，曾先后任上海陆家嘴集团下属投资公司副总经理、集团公司总裁助理，金信证券总裁办公室主任，1999 年创办上海盛大网络发展有限公司。

周鸿祎先生毕业于西安交通大学管理学院系统工程系，获硕士学位。1998 年 10 月，周鸿祎先生创建 3721 公司，他是中国最大网络平台提供商和中文关键词搜索提供商 3721 公司的创始人。

丁磊 1993 年毕业于中国电子科技大学，1993-1997 年就职于浙江省宁波电信局、Sysbase 广州公司和广州飞捷公司，1997 年创办网易公司。

（资料来源：钟岳睿，我国改革开放以来的五次创业潮评析，《现代商贸工业》，2012）

第五个时期（2003—2014 年）：电子商务和创意创业潮

2000 年以来，这是一个号称技术无极限的网络时代。同时也是一个消费时代。迎来了真正的消费者时代，消费就是投资，消费者才能创造世界上最大的利益。消费引导人们创造高质量生活、享受生活，即致富于消费之中。21 世纪的今天财富的竞争是一场以电子商务为服务平台的消费终端之战。因而信息时代的财富必然掌握在电子商务人的手里，财富的金矿就在身边的人群里，消费者就是取之不尽，用之不竭的财富之源，每个人都可以把身边的人群转化为财富。

互联网改变消费的观念和习惯，做一个分享型消费者就可以轻松创业了。网上开店潮就此兴起，出现了如 B2B/B2C/C2C 等商业模式。数字显示，2010 年仅 B2B 电子商务成交额就达 3.8 万亿。为此，比尔．盖茨一语道破这场电子商务争夺战的背后逻辑："要么电子商务，要么无商可务。"

马云创业经历

马云，1988 年毕业于杭州师范学院外语系，同年担任杭州电子工学院英文及国际贸易专业教师，1995 年创办中国第一家互联网商业信息发布网站"中国黄页"，1998 年出任中国国际电子商务中心国富通信息技术发展有限公司总经理，1999 年创办阿里巴巴。阿里巴巴现已成为全球最大网上贸易市场、全球电子商务第一品牌。2014 年 9 月 19 日阿里巴巴在纽约证券交易所正式挂牌上市，股票代码"BABA"，市值达到 2383.32 亿美元。

（资料摘编：马云创业经历，百度百科，2015）

此外，创业创造生意。在创业面前生意是不平等的。在竞争白热化的情况下，只有依靠创业独辟蹊径才能获得成功，创业可以创出新的产业，创造出新的消费需求，创造出新的顾客群体，创造出新的产品或服务，从而获取高额的利润。只要企业创造了新市场新需求，就能在市场上一马领先。

真功夫全球华人餐饮连锁的创意

创意全在"蒸"，保留食物的营养，差别于高热量的以油炸为主的洋快餐，并创新中餐标准化。1997 年，蔡达标（真功夫创始人之一）委托华南理工大学研发了电脑程控蒸汽柜，解决中式快餐品质不统一、标准化作业难的问题，一举建立起一个在品质、服务、环境完全与国际标准全面接轨，可以和洋快餐一较高下的中式快餐。并实现后勤生产标准化、烹制设备标准化、餐厅操作标准化，从而迅速成为行业中式餐饮第一大品牌。截止到 2015 年 6 月，真功夫连锁直营门店已达到 607 家，遍布全国 57 个城市，每年收入已经超过 30 亿元。

近来，互联网行业的生态圈战略给传统行业展示了一种有别于过往的规模化发展模式，真功夫也正在打造"中式快餐孵化器"创业平台，这是依托真功夫多年标准化体系建立起来的，包括 O2O 营销系统、供应链系统、智能门店营建系统、互联网金融和真功夫米饭学校五大支柱。真功夫以平台化模式支持和帮助创业者，借助真功夫+互联网金融，真功夫和创业者一起拥抱互联网金融，预计规模还会持续扩大。

（资料来源：陆琨倩，真功夫再创业：卖饭之余还要孵化"竞争对手"，第一财经网，2015）

第六个时期（2015 年—至今）："大众创业、万众创新"的创客时代

目前，我国已经进入"以互联网为特征"的新经济时代和"以大众化为特征"的创业黄金时期，整个社会处在前所未有的创业热浪之中，创新创业将为中国经济的新一轮增长提供持久动力。创客，源自《连线》前总编克里斯·安德森创造的英文单词"Maker"，

是指出于兴趣爱好，把各种创意转变为现实产品的人。创客空间，也就是指兴趣相投的创客们自发组建的聚集平台。顺应网络时代大众创业、万众创新的新趋势，这一创自硅谷的创业模式进入中国后，迅速生根发芽，诞生出像新车间、北京创客空间、柴火创客空间等知名机构。良好的创新创业生态环境激发了亿万群众创造活力。

据天眼查专业版数据显示，目前全国小微企业数量已达到 8000 万家，数量大约占到全国企业总数的 70% 左右。2019 年，全国新增小微企业数量达到近 1500 万家。2017 年—2019 年，每年小微企业新增注册数量都超过了 1000 万家。过去十年，电商因为便捷、性价比高等因素，很好地补充了线下购物体验，深深改变了大家的生活方式。天眼查专业版数据显示，我国目前共有超过 296 万家电商相关企业。从地域分布来看，广东省的电商企业最多，超过 63 万家，占总数的 22%，其余的电商企业也较多集中在沿海地区，如浙江、上海、福建、山东、江苏等。

案例导读

海尔创客经典案例

天樽空调是海尔最近推出的一款颠覆式创新空调。这款空调源起于 673 372 名网友和海尔研发平台的交互，通过网友对传统空调的使用痛点，即：空调病、风太冷、自然风、远程控制等问题，海尔创客团队整合全球资源，致力于研发出一种具有颠覆性的空调产品，并最终推出了天樽空调。天樽空调最大的颠覆之处就是让空调具备了"自主思考"的能力，其不再是以往单纯根据使用者指令制冷制热的工具，而成了能够根据外界环境变化自动调节运行状态的"智能空气管家"。

洗衣机还能手持？单看名字，手持洗衣机就已经颠覆了用户们的思维模式。而谈到手持洗衣机的洗护方式，其采用了最传统的洗衣模式——拍打模式，通过"咕咚""咕咚"地拍打，将衣物上的污渍转移出去。目前，手持洗衣机还是一款洗护市场上的产品，但是放眼未来，整个团队则希望创造一个全新的市场，将颠覆做到极致。我们常说，梦想还是要有的，而看到手持洗衣机诞生的时候，才会更加感叹，原来真的会有实现的那一天。

（资料摘编：海尔创客经典案例，搜狐公众平台，2017）

能力训练

一、案例分析

案例一 滴滴打车的创业之路

"滴滴打车"的出现改变了传统的路边拦车的打车方式，利用移动互联网的特点，将线上与线下相融合，从打车初始阶段到下车使用线上支付车费，建立培养出大移动互联网时代下引领的用户现代化出行方式。滴滴打车创立 24 个月，上线仅 18 个月，成长为估值 10 亿美元的公司。滴滴打车创始人程维分享了滴滴打车如何利用移动互联网撬动一个封闭保守的行业？如何在短短两年内成长为 10 亿美元的公司？

◆处处碰壁的初创期

在北京，打车非常痛苦，北京的冬天太冷，创业团队觉得做基于地理位置的打车产品是能解决用户痛点的。一共投了 80 万进去，刚创业时却处处碰壁，灰头土脸的。刚立项时我们就去见了 VC（风投公司），一共见了中国大约 23 家以上的 VC 吧，由于项目太过于早期，而且产品没有上线，这个概念又很新，几乎找不到市场上对标的模式，没有一家 VC 要投资我们。

那时候真的很惨。我们产品只能用于演示，我们坚持这么往前走。当时我们对技术的认识还很粗浅，后来花了很大力气补足了技术力量，很快公司 80 万人民币花完了，最后借了 30 万。大概花了 110 万人民币的时候，所有的员工月薪 5000 元，只要来我这里就 5000 元，不来就走。

◆火箭速度般地冲刺

移动互联网比互联网速度还要快 5 倍。互联网是飞机，移动互联网是火箭，要么一飞冲天，要么狠狠地摔下来，死得比谁都快。关于商业模式，我们一开始就非常清晰，要做可以规模化、上量的平台。如果产品的量没直线上升，那就说明需求点找得不准，因为用户变迁是井喷的东西。做滴滴打车时，有几个不做。第一个是滴滴打车先不做硬件，如每台出租车上放一台 pad 或者智能终端。第二，不做支付，大家都喜欢说交易的闭环，要把支付绑定起来，但是 2012 年的社会大环境中，移动支付还不普及，用户支付有障碍的话，也会影响规模化起量。第三，不做加价……滴滴打车做着做着，市场上就有了越来越多的竞争对手，要把一个最简单的产品做到全国范围，这是在创业早期，对于我们来说最艰难和最重要的事情。

公司的很多业务都是平台业务，平台业务只有一个壁垒，就是规模。在这个市场上，要把规模做到极致，每天都要往前冲。我们当初争抢司机时，所有的方法都用了，包括去出租公司宣讲、去各大火车站守着、去各大宾馆、司机吃饭的地方和加油的地方，凡是能去的地方我们都去了，我们想哪种方法效率最高；后来我们得帮司机装 App。

我们有几个移动互联网产品的核心原则，一是紧紧抓住应急需求，消灭二级菜单、实现用户零等待；二是让所有的小白用户都要用起来方便；三是要把距离因素用到极致。刚开始做滴滴打车时，第一版的产品体验很差劲，页面下面有导航、车流提醒等等，后来产品进行改版，坚持把语音做到极致。做预约订单，你会看到下面有两个按钮，一个做即时订单，一个是预约，就这两个按钮，简简单单，一目了然。关于用机器音叫车，还是每个用户真实的声音，订单的真实性立刻就上去了，司机们也能听到各种各样的声音，还有方言，他们觉得有趣和真实。

◆拼刺刀中成长

滴滴打车在飞速成长，市场上也有其他的打车应用在飞速成长，大家自然会碰到一起。各种竞争自然是免不了的，我们经历了区域战、价格战、融资战……每一场战斗都是，拼刺刀，刀刀见血，但每一场竞争后，我们的团队都有成长，而且用户整体都被教育

了。可怕的是，市场渗透率也因为价格战，两个月就渗透完了！新的创业者很难从这个市场再进入了。这个事情为我们市场奠定了非常好的基础。

（资料改编：攸攸，创业故事：滴滴打车的创业之路，3158 重庆分站，2014）

【问题】

（1）请分析滴滴打车创业不同阶段面临的风险是什么？

（2）滴滴打车取得创业成功的原因有哪些？

案例二　彭小峰："创业要勇于冒险"

彭小峰，1975 年出生于江西省安福县，1993 年毕业于江西外语外贸职业学院国际贸易专业（原江西省外贸学校），2002 年毕业于北京大学光华管理学院 EMBA。在 1997 年 3 月建立了苏州柳新集团，当时是亚洲领先的个人劳保用品生产企业。2005 年 7 月创立江西赛维 LDK 太阳能高科技有限公司，担任董事长兼首席执行官，开始抒写令业内惊讶的"赛维神话"，2012 年黯然退出赛维集团。2014 年 5 月出任绿能宝集团（SPI）董事长。他三次传奇创业，已经成为企业界大为称赞的传奇人物。

回忆当初创业的挫折经历，彭小峰说，"无论如何，经验的积累是慢慢沉淀的，无论成败都是学习。""创业，一定要从门槛进入低、资金需求小的行业介入，因为这样比较容易"彭小峰这样介绍自己的经验，"李嘉诚开始是做塑料花，王永庆开始卖大米，成功之后再介入难度大的行业。"彭小峰认为，选择什么行业创业不重要，重要的是积累经验。

彭小峰失败之后再次出山，不仅获得更多朋友的鼓励，反而得以进入许家印、史玉柱等商界大佬的朋友圈。2015 年 1 月 20 日绿能宝能源集团新闻发布会上，彭小峰打出了巨人集团史玉柱、恒大集团许家印、联合金融蔡朝晖、动向体育陈义红等商界名人，"我为 SPI 代言"的视频。因为这些商界大佬也曾经有过相同的经历和体验，中国现在的商业环境，让彭小峰始终充满冒险精神和不怕失败的勇气。由于彭小峰的信用没有破产，最艰难的时期是他的韧性打动了周围人，所以才有了彭小峰再次出山的传奇故事。

在当今环境问题严峻、雾霾天气席卷全国的背景下，作为一位公民不能只限于对"坏环境"声讨，更在于通过行动来改善环境，人人参与其中，这样"好环境"才可能真正到来。

彭小峰创建的 SPI 绿能宝能源互联网核心产品"绿能宝"——首期年化收益率高达 10%的理财产品"美桔一号"，1000 块钱起售，资金用于认购河北巨鹿的一个光伏电站。旗下公司绿电通诞生的灵感来源，正是因为苹果的核心价值在于环保事业上的努力。苹果目前在中国和美国各项运营设施的电能供应，100%来自可再生能源。原来，这只炫酷的苹果，也是低碳的苹果。他希望可以号召大家行动起来向苹果公司学习，通过使用、推广绿色电能改善环境。其突出亮点是第一次让普通中国百姓使用绿色电能。

（资料来源：大学生创新创业基础案例教程，百度文库，2018）

【问题】

（1）你对彭小峰屡战屡败、屡败屡战创业传奇案例如何思考？

（2）你如何评价彭小峰的创业冒险精神？

（3）彭小峰为什么在成功时饱受非议，却在失败后赢得了认可？

二、技能实训

1. 实训项目：国内创业案例分享

根据所学的创业相关知识，完成以下创业案例资料的分析。

王文京的软件服务王国

从 1988 年以 5 万元借款与苏启强先生合伙创办用友软件公司开始。在王文京领导下，用友公司从 2 个人的软件服务社逐步发展成为中国最大的财务软件公司、中国最大的管理软件公司、中国最大的独立软件厂商。用友财务软件市场占有率居中国第一，用友管理软件市场占有率居中国第一，用友 ERP 市场占有率居国产品牌第一。这本身就是值得探询的奥秘。

1. 辞职创业

1988 年 12 月 6 日，只有 24 岁的王文京和现任连邦董事长苏启强从国务院机关事务管理局辞职，在中关村海淀南路一个居委会租了 9 平方米的房间，用借来的 5 万元资金开始创业。辞了职的王文京，关系全在街道，成了待业青年。所以，他们以最低的企业形式个体工商户注册了"用友财务软件服务社"，白天出去做软件推销或者上门给用户做服务，晚上回来编程序，每天忙到十一二点。

王文京喜欢上做企业是因为他认为做企业是一个创造的过程，而且发挥创造性的余地很大。"企业往什么方向发展？希望怎么管理？招怎样的人？以及希望大家都做什么？都可以发挥，实现自己很多的想法。"另外，"通过做企业可以团结一批人一起做共同的事情，这种感觉比较好。"做企业也有做企业的难度，做企业也有做企业的苦衷，王文京认为最重要的是要调整心态。"做企业的人一睁开眼睛看到的就是问题、困难和压力，但如果你认为问题、困难和压力是一个企业领导人职业生涯中不可或缺的一部分，企业领导人的职责就是要处理问题，要解决困难，那么，你就不会感到辛苦了。"

用友真正在市场立住脚主要靠 1990 年发布的两个产品：一是王文京开发的 90 版用友账务软件；一是苏启强负责开发的 UFO 财务报表软件。1991 年，用友成长为财务软件第一，并占住第一的位置，一直没有下来过。

2. 公司上市

1997 年，用友成立的第九个年头，上市计划被正式写进了用友的发展规划。此时用友已经是中国最大的财务软件公司了，年销售额超过 1 亿元。董事长王文京在接受媒体采访时说："用友要在 1997 年底启动资产经营，为上市做好准备，力争在 2000 年上市。"到 1998 年下半年，用友上市进入了实质性的操作阶段。

用友最初的目标是到香港主板上市，但王文京和用友的高层们有一个预感：国家一直在强调科技兴国的战略方向，在政策大环境上，对用友这样的高科技企业也是很支持的。因此在上市融资的问题上，国家也应该会有一些支持的力度。

　　事情不出所料，在 1998 年的 10 月、11 月间，国家科技部就推荐用友第一批以高新技术企业的身份在内地主板上市。得到消息后，用友董事会马上调整了上市的方向——把在香港上市调整为在国内主板上市。1999 年 12 月初，用友完成了企业的改制工作，设立了股份公司，进入辅导期，向中国证监会提出上市申请、申报相关材料。到 2000 年 9 月底，用友上市的准备工作基本完成了，中国证监会的审查工作也基本上完成了。实际上，用友可以按照当年计划的那样，在 2000 年 10 月正式上市。

　　就在这个时候，国内盛传二板（创业板）市场即将推出的消息。根据当时披露的情况看，二板市场的运作规则比主板市场更加市场化一些。用友高层认为，作为一个市场化的企业，也许用友更适合到二板市场去上市。所以用友再次调转船头，申请到二板市场上市。

　　此后的三四个月，用友公司积极地为二板上市重新准备资料、文件，但是二板市场却总是"只听楼梯响不见人下来"。这个时候，与用友类似的软件企业基本上都已经得到了各种各样的资本支持，有的取得了境外的风险投资，有的由国内上市公司参股，也有的在海外上市，而用友还是在靠自有的积累发展。"我们能等多长时间？这是一个机会成本的问题。"王文京认为，"我们判断这个机会成本太大了。整个产业正处在一个高速成长的阶段，对用友来说，今年拿到资金支持和明年拿到资金支持的效果是不一样的。早点拿到钱的话，我们的产业价值可以更大，和在创业板上市可能带来的好处相比，早一点上市的好处更大。"因此在 2001 年春节前，王文京和用友高层就初步拟定：转回主板上市。新年之后，看到创业板还没有推出的迹象，用友第三次调转船头，返回主板上市。

　　2001 年 5 月 18 日，"用友软件"在上海证券交易所正式挂牌，成为国内 A 股市场的上市公司，从此用友获得了产业和资本的双轮驱动，王文京也由此跻身于各种富豪排行榜的前列。

3. 二次转型

　　2001 年上市后，用友掀起一轮并购热潮，其中对 ERP 厂商的并购直接助推用友的第一次业务转型。然而，收入增长缓慢成为用友近年发展的瓶颈。在此背景下，2007 年初，用友携手日本移动运营商 NTTDoCoMo 作为移动商务的战略合作伙伴，拓展中国移动商务市场。

　　选择移动商务业务正是瞄准了即将到来的 3G 数据业务，这也是王文京的全局意识。用友自 2007 年下半年起就将兼并收购作为公司的关键业务，为第二次转型做长足准备。他表示，公司未来的并购乃至资本操作原则，将围绕用友的两大主业管理软件和移动商务进行。

　　2008 年 2 月 27 日，用友正式对外宣布成为了微软首家全球独立软件开发商合作伙伴（Global ISV），这也是微软在中国的第 8 家全球战略合作伙伴。

　　王文京说："用友成为微软 Global ISV，将深度利用微软全球领先的技术与平台架构，结合用友在中国及亚洲地区企业应用设计和客户服务的优势，与微软展开全面合作，进行联合创新，为客户提供世界级的企业应用产品、解决方案和服务；同时，微软将与用友分享其产品发展方向和规划，提供深度技术开发支持，对用友新产品开放性能测试实验室，并对相关产品进行认证，使用友的产品保持业界领先的技术地位。"

　　在用友此次携手微软之前，用友已经和 IBM 建立了良好的合作关系。用友的产品现在主要是两个平台，一个是微软的 . net，还有一个是 IBM 的 J2EE。用友与 IBM 的合作主要在高端产品领域，而与微软的合作主要在中低端产品领域。显然，与两大巨头的合作带来的好处不仅是得到了良好的开发平台，在一定意义上还为用友提供了对抗 SAP、Oracle 等老对手的强大武器。

王文京认为，"在大型高端应用上对手们进入早，模型建立丰富，在开展全球化业务上也更成熟，用友在新产品、新技术的挖掘等方面并不落后国际厂商，通过和微软的合作有助于推动新的商业模式的建立，希望建立起新的竞争优势"。

4. 再次变革

2015 年 1 月 31 日，王文京在首届中国企业互联网大会以及用友 2015 伙伴大会上，宣布将自己一手创办的用友软件，更名为用友网络，"2014 年是企业互联网元年，2015 年将是企业互联网进入实质性发展的一年，未来 5 年将是中国企业互联网市场爆发性成长的黄金时期。"王文京说。

2010 年以前，用友曾连续 6 年在 ERP（企业资源管理软件）市场占有率第一。但是，自 2010 年以后，软件行业开始出现整体下滑趋势，尤其是在海外市场。2012 年，用友发布的年度财务报告中显示，用友软件全年营收仅增 2.7%，同时，净利润同比 2011 年下降 29.3%，创造了近 10 年以来最低的纪录。

"互联网化已经成为企业发展的新常态。通过互联网化，企业可以通过重新定义自身的运营模式、产品服务，甚至改变一个个传统行业。可以预见，未来所有的企业将成为数据驱动的企业，成为互联网企业。"王文京说。

"在经历了以浏览器和信息门户为代表的第一浪潮，以搜索引擎、电子商务、网络游戏为代表的第二次浪潮后，现在进入以移动终端、社交网络、互联网金融和企业互联网为代表的第三次浪潮。"王文京说。用友正在向企业互联网转型，而这种转型的成功，在王文京看来，必须打造一个成功的企业互联网生态圈。

在核心关键应用方面，用友通过合资成立友金所，主要进行 P2P 业务，这其中包括对合作伙伴、渠道商提供资金借贷支持。在通信领域，用友拿到虚拟运营商牌照，已经为企业级客户提供通信应用服务，不仅如此，用友的应用还包括畅捷通的工作圈、优普的企业空间、畅捷支付、易代账等。而在平台方面，用友推出了开放 iUAP 平台，据了解，通过该平台可以将企业内部的运营管理数据与已有的互联网应用连接起来，而且企业可以依据这个平台开发全新的企业内部或基于互联网的应用。

王文京希望用这些新产品的互联网特性黏住新老用户，迅速得到市场认可，打通用友的"任督二脉"，打造企业互联网的生态圈。但是，对于用友这样根植于渠道的传统管理软件厂商，转型并不像换个名字那样简单。用友在互联网的环境下如何转型，将是对王文京的新的挑战。

2. 实训要求

根据以上资料，结合教材中对创新、创业、创业者、创业意义写一份感想，要求不少于 800 字。

项目二

创业的思考

知识目标：

(1) 掌握创业者的概念和类型；

(2) 熟悉环境条件等创业准备内容；

(3) 掌握创业机会的定义、类型和来源；

(4) 掌握创业机会的识别和评估标准；

(5) 掌握创业资源获取的一般途径和方法；

(6) 掌握培养创业意识的途径。

技能目标：

(1) 正确分析创业动机的影响因素；

(2) 能有意识地培养创业心理素质；

(3) 能正确地判断创业的自我条件和分析外部环境；

(4) 能较准确地洞悉创业机会；

(5) 能运用策略和技巧获取创业资源；

(6) 能较准确评估创业机会。

情景导入

创业机会的来源

在日常生活中，谁都会碰到或大或小让人烦恼的问题，有人埋怨几声就息事宁人，有人则从自身经历或朋友的困境中发现了解决问题的商机。

如何从尚未解决的问题中发现创业商机呢？科特勒曾说："去寻找问题。比如人们抱怨夜里很难入睡，家里那些乱糟糟的东西很难收拾、很难找到物美价廉的度假方式、很难追溯家族血统、很难除去花园里的杂草等等。"每个问题都隐藏着创业机会。发现问题，然后努力去解决问题，商机由此而出。

消毒牛奶瓶诞生的灵感就是来自马利特一次给孩子喂奶的经历。一天，马利特夫妇决定带孩子到海德公园游玩，可谁都没有想到给孩子带奶瓶。当需要给孩子喂食时，他们正想从药店买一个奶瓶，但售货员建议必须对奶瓶进行消毒。无奈之下，他们只好买了一小袋即食奶，挤着喂进孩子的嘴里。而制造消毒奶瓶的念头，由此闪现。经过研发，一种可回收的消毒奶瓶终于面世。产品大受欢迎，年销售量超过400万个。

旅行箱的发明者罗伯特·普拉斯曾是一名飞行员，经常携带行李包飞来飞去。行李包移动不是太方便，他便琢磨着寻找一个更舒适方便的方式来做此事。他利用相关工作经验和知识发明了一种带轱辘的旅行箱新产品，并开创了一个箱包生产的新行业。

因此，创业者必须有目的地寻找创业商机的来源，才可能成功实现创业的"惊险一跳"，而好的创业商机往往需要从经济、社会、技术、政策等变化的环境趋势、尚未解决的问题以及市场缝隙中去发掘。

（资料编自：贺尊，创业商机的来源，《北大商业评论》，2018）

思考与讨论

通过该案例，你认为创业机会的来源是什么？如何发现创业机会？

任务 2.1　创业者

一、创业者的概念

创业者的概念经历了一个演变的过程：法国经济学家坎蒂隆（Cantillon）1755年首次提出并引入经济学范畴；法国经济学家让巴蒂斯特萨伊（JeanBaptisteSay）1880年首次给"创业者"作出定义，认为创业者是经济活动过程中的代理人；美国经济学家熊彼特（Peter）提出创业者应为创新者；欧美经济学中，创业者定义为一个组织、管理生意或企业并愿意承担风险的人；香港创业学院院长张世平对创业者的最新定义为：创业者是一种主导劳动方式的领导人；创业者是具有使命、荣誉、责任能力的人；创业者是组织、运用服务、技术、器物作业的人；创业者是具有思考、推理、判断的人；创业者是能使人追随并在追随的过程中获得利益的人；创业者是具有完全权利能力和行为能力的人。

目前，业内对于创业者的认为是：创业者是组织、管理一个生意或企业并承担风险的人。创业者对应的英文 Entrepreneur 有两个基本含义：一是指企业家，即在现有企业中负责经营和决策的领导人；二是指创始人，通常理解为即将创办新企业或刚刚创办新企业的领导人。

创业者与企业家、核心技术专家、职业经理人的关系如下。

创业者与企业家具有较大交集，创业者本身就需要具备企业家的潜质，创业者随着企

业的发展壮大会成长为企业家；而企业家在本质上也是创业者。创业者与核心技术专家的关系较微妙，技术专家往往是创业团队中的关键人物，但在企业经营中通常只负责专业领域的工作，只有当其投身于企业的管理中才可称为创业者。创业者与职业经理人的区别比较明显，职业经理人为企业主管理企业，但他只是企业的雇员而非企业的创立者或所有者。

由此可以看出创业者是一种人，这种人具有强烈的责任感和冒险精神，这种人的商业触觉非常敏感，这种人肩负着经营管理企业的重担，这种人注定要承担更大的社会责任。

二、创业者的类型

（一）按照创业模式划分

复制型创业者：在创办企业时几乎没有任何创新性，通常按照某个成熟企业现有的运营管理模式，简单复制出另外一个企业。一般只能扮演"补缺者"的角色，创新能力很弱，缺乏创业精神，对社会的贡献很低，不可能成为推动社会经济发展的主要力量，如目前市场上的一些山寨产品：康帅傅方便面、营养直线饮料等。

模仿型创业者：通常以借鉴为主，对于市场同样无法带来很大的创新价值，但此类创业者开办和运营企业的过程是在不断思考和摸索中进行的；但如果能够吸取成功企业的经验，设计适合自身发展的经营模式，同样可以得以长足发展，如蒙牛的牛根生。

安定型创业者：选择进入自己较熟悉的领域从事熟悉的业务，对此类创业者而言，创业不一定要开创多大的事业，仅仅是自身创业精神的实现。他们可以创建较稳定的企业，对市场和社会起到一定的作用，如上海最世文化发展有限公司董事长郭敬明。

冒险型创业者：在创业过程中敢想敢做，不断挑战自我，在创业过程中成长非常明显，独特的想法会给市场带来很大的创新价值。他们一般有想法、有能力、有技术，但没有钱，需要有资金的风险投资家支持。创业难度和失败率都很高，但成功所得到的报酬也很惊人，所以，冒险型创业者是一群游走在地狱与天堂之间的勇士。

（二）按创业目标划分

生存型创业者：此类创业者创办企业的目的不是发现了商机，也不是为了自我价值的实现，而是为了保证自己能够以此为业生存下去。此类创业者多为下岗工人、转业军人、待业大学生、失地农民等；选择创业进入领域多集中在小规模的商业贸易、技术含量低的加工业或进入成本较低的电商市场；企业发展潜力不大，但在保证市场的活跃性方面具有积极作用。

变现型创业者：指手上掌握着一些无形资源，通过把握一定的时机而将无形资源转变为有形货币的创业者。包括两类变现者：一是曾经在党、政、军、行政、事业单位就职并掌握了一定权利、信息、人脉的人员；二是在国企、民企担任经理人时获得了大量资源和经验的人员。

主动型创业者：指本身就具有强烈创业意愿的创业者。此类创业者既不为了生存也不为了变现自身资源，而是为了追求自身理想或实现自我价值。他们一般有充分的思想和物质准备，是创业者中最理性的一种；他们创业动机积极、创业经验丰富，因此，创建企业的成功率也相对较高，能够承担较大的社会责任。

三、创业的动机

(一) 创业动机的含义

动机主要是指激发人的行动的心理过程，是一种内在的驱动力。通过激发和鼓励，使人们产生一种内在驱动力，使之朝着人们所期望的目标前进的过程。创业动机是指引起和维持个体从事创业活动，并使活动朝向某些目标的内部动力。它是鼓励和引导个体为实现创业成功而行动的内在力量。

行为心理学认为："需要产生动机，进而导致行为。"创业活动是一种综合性很强的社会实践活动，它源于人的强烈的内在需要，这种内在需要是创业活动最初的诱因和动力。创业的直接动机就是需要。创业动机就是有关创业的原因和目的，即为什么要创业，为何创业的问题。

(二) 创业动机的作用

第一，创业动机会使创业者朝目标方向努力。由于创业是十分庞杂的系统，创业动机使个体不迷失目标。创业动机就是推动创业者从事创业实践活动所必备的积极的心理状态和动力。一旦创业者拥有了这一积极的心理状态和动力并将其付诸实践，他就会坚持不懈，勇往直前。

第二，创业动机能激发创业者有意识关注创业商机信息、搜寻机会、判断机会的价值、整合资源、开发机会。现实创业中，创业者在何种行业以及怎样创业与创业者获取的信息、创业者自身的知识与经验密切相关。只有当创业需要上升为创业动机时，才能形成创业者竭力追求和获得最佳效果和优异成绩的心理动力，才会激发创业者去主动搜寻创业机会、整合资源，着手创业。

第三，创业过程充满风险，创业者会遇到很多不可测的困难，对个体的心理素质是极大的考验，创业动机可以维持个体创业的激情和信心，继续创业行为。总之，创业动机不仅是个体创业行为发生的起点和推动力，而且是创业中克服困难继续创新行为的心理保障，它在整个创业过程中起十分重要的决定作用。

(三) 创业的动机

创业活动主要受到创业动机的影响，尽管每个创业者的创业动机不尽相同，事实上，存在两种积极因素影响创业：拉力因素和推力因素。"拉力因素"是依靠创业行为自身的吸引力激发出创业者的创业兴趣；相反，"推力因素"是通过削弱传统职业的吸引力来激发创业行为。同时，创业者是否选择创业还会受到"阻碍因素"的影响，阻碍因素是指那些阻碍潜在的创业者选择创业的各种因素。

　　尽管存在各种影响创业者进行创业的因素，但是否进行创业活动却是创业者基于满足自身内在需求的基础上所做出的决定。我们可以把创业者自身的需求分成以下三大类。

　　（1）经济需求。包括需要赚取一定数量的金钱，有稳定的、可预见的收入；希望获得的金钱数量反映了经济生存、追求个人兴趣爱好和承担责任的需要，比如家庭责任。

　　（2）社会需求。反映了个人渴望成为更广大的集体中的一部分，融进集体并得到集体的承认，以及在集体中受到尊重。社会需求的满足体现在人们发展并维持友谊及其他社会关系的过程之中。

　　（3）发展需求。这是关于一个人渴望实现个人目标以及在智力方面或者精神方面不断获得发展的需要。人们在设法满足自己的这些需求时会面临大量的可能性，比如可以在两种或者更多类型的传统职业之间进行选择，也可以在传统职业与创业者的事业之间进行选择。创业者的事业本身又有多种表现方式，人们怎样选择，取决于每种选择可能满足其需求的程度大小，如果选择创业可以最大限度地满足其需求，他们就会选择进行创业。根据统计资料，图2-1列出了创业者的创业动机分布。

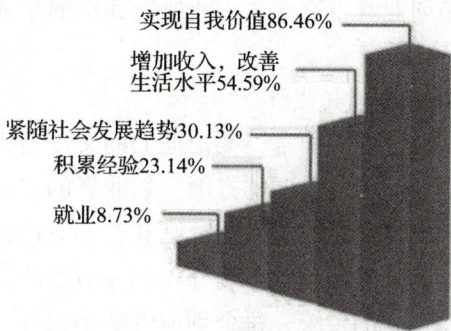

实现自我价值86.46%
增加收入，改善
生活水平54.59%
紧随社会发展趋势30.13%
积累经验23.14%
就业8.73%

图2-1　创业者的需求分布

（四）创业动机的影响因素

　　创业者的创业动机主要受到以下四个因素的影响：创业方面的知识，成功创业的可能性，面临的风险以及对选择的期望值。

1. 创业知识

　　个体必须知道存在创业这种选择，并且清楚它的潜力。就开创风险事业而言，首先必须找到某个特定的商业机会，并且知道如何利用这一机会创造利润等创业方面的知识。创业的愿望毕竟是要通过经营一个具体的商业企业来实现，而不可能存在于真空中。

2. 成功可能性

　　个体要实现创业，还必须具备一定的可能性，也就是说对创业活动不能有法律上的限制。此外，创业必须获得必要的资源——启动资金和人力资源，并且能够利用自身的社会网络关系。最后，创业者还必须具备必要的经验和技能以取得创业的成功。

3. 创业风险

　　创业者或许对某个商业机会十分了解，并且能够获得必要的资源，利用这一机会实现创业，但是只有当风险在可以接受的范围内时，创业者才会做出创业的决定。创业者必须能够轻松应对商业冒险必然导致的一定程度的风险，他们必须确保他们的风险事业能够获得足够的预期报酬，从而使他们的冒险是值得的。区分创业过程中实际的风险大小和创业者自我感觉的风险大小十分必要，创业者常常过分自信以至于低估了风险；创业者除了让自己相信之外，还必须让资助他们创业的投资人相信，风险在可以接受的范围之内，承担风险，无论是经济风险、社会风险还是心理风险，都是创业过程的一个组成部分。

4. 对创业选择的预期

不同的人会以不同的方式在各种需求之间权衡利弊以获得最大的满足，许多人都把安全放在第一位，优先考虑经济需求，但是并非每个人都这样，有些人最看重的是社会需求，即使他们能获得一份薪酬更高的工作，也还是会继续留在他们喜欢的企业里，与他们喜欢的人一起工作；也有一些人即使经济窘迫也要追求个人的发展。类似的，尽管选择创业要面临更大的经济风险，而且在可以预见的未来其收入可能要低于传统管理者的收入，但是创业者可能因为创业所能提供的个人发展机会而被吸引选择创业这条路。

5. 其他因素

（1）家庭背景。

对创业者而言，无论他们的父母是否是创业者，父母可能是影响个人创业活动期望的家庭环境中最重要的方面。创业者的父母必须支持和鼓励，这对创业者尤为重要。创业者常常来自有创业历史的家庭和有创业传统的地区，一般是受到与他们有密切联系的企业家和其他相关人士的影响开始创业活动的，如温州地区，由于受自然条件的限制，很久以前就有经商的传统；每个创业者从小就有一个经商的环境，长大后是一边干一边学，积累经验和相关知识，在这个过程中，其个人能力逐渐发挥出来，如团结和影响团队的能力、战略思维能力和社会交往能力等，最终相当一批人走上了创业之路。

（2）年龄。

从生理年龄看，大部分创业者在22—45岁间开始他们的创业生涯，因为创业者需经验、经济支持和充沛的体力才能成功地创办和管理新企业。

（3）教育程度。

创业者的教育程度同样得到了大量的研究。教育在创业者的培养过程中起着至关重要的作用，它的重要性不仅反映在其所接受的教育程度上，而且也反映在它帮助创业者克服创业所面对的问题所起的主要作用上。

（4）工作经历。

工作经历往往在新企业成长和最终成功中起十分重要的作用。原先的技术和行业经验在一旦做出创业决策后就显得很重要。当我们观察成功的创业者时，我们会发现他们的企业档案中记录着丰富的经历，他们一般都积累了十几年的丰富经验，建立了人际关系，拥有实践知识，并在其行业、市场和技术方面做出了业绩，最终建立了自己的企业。通常他们通过市场营销的经验来获得对顾客、销售渠道和市场方面的知识。例如，蒙牛公司的创始人牛根生来自另外一个成功的同行业企业"伊利公司"。一方面是创业人员非常了解本行业企业运行的情况，知道该行业运行中最重要的部位，能够在创业时切中要害，做到事半功倍，降低企业初创时期的摩擦成本；另一方面，创业者知道企业运行中的劣势和不足，做到心中有数，在新创的企业中及早避免风险的产生。

东方惠乐的创业动机

随着我国老龄化人口规模的快速膨胀，养老问题是事关公平与稳定的重大社会问题。而养老产业并不是传统产业，是随着人口年龄结构转变，为满足这样一群人需求而出现的新兴产业。中商情报网 2013 年的研究数据表明，截至 2012 年底，我国 60 岁及以上老年人口已达 1.94 亿，其中，95 岁以上人口为 1.27 亿。其在发布的《2013-2018 年中国养老院市场分析及投资前景咨询报告》中提到，到 2025 年，中国老年人口总数将达到 3 亿，到 2050 年，我国将有 4.3 亿老年人，也即每三个人中就有一个是老年人。中国老年人口规模之大，老龄化速度之快，高龄人口之多，都是世界人口发展史上前所未有的。当今，老龄化已经成为不可抗拒的趋势，身体和心理健康已成为老年人的共同需求。巨大的养老需求将日益凸显，政府公办的养老机构仍远远不能满足需求，中国养老机构的发展前景十分可观。

党的十八大报告提出要积极应对人口老龄化，大力发展老龄服务事业和产业；全国老龄办的老龄养老是国家层面文件明确支持的产业，江苏东方惠乐健康科技有限公司就是基于国家政策进行的养老项目的模式创新。东方惠乐与全国老龄办等部门进行深入合作，目前已经成为全国中老年健康养生行动领导小组"健康养生示范基地"和"全国异地养老华东基地"，为了保障老年人的合法权益，东方惠乐专门聘请北京盈科（上海）律师事务所作为公司的常年法律顾问。以上活动都说明，公司的养老项目得到了政府部门的肯定和支持。中国自古以来崇尚孝道，东方惠乐积极倡导孝爱文化，建立老年人的幸福家园，积极打造银发产业链，这种行为完全符合社会普遍的价值观和道德规范；东方惠乐的这一项目充分迎合了老年人的需求，其行为获得了老年人的积极参与和支持。从以上分析中我们可以总结出东方惠乐的社会创业动机来源于广泛存在的养老需求和国家重要文件和相关部门的政策支持。

（资料来源：腾运升，《金融经济期刊》，2016）

任务 2.2 创业准备

创业只有"知己知彼"，才能"百战不殆"，因此创业者必须从自身出发，开始思考需要做好哪些创业的准备。创业的准备包括：提升创业素质、寻找创业机会、获得创业资源和进行创业评估。

一、创业素质提升

创业是极具挑战性的社会活动，是对创业者自身智慧、能力、气魄、胆识的全方位考验。一个人要想获得创业者的成功，必须具备基本的创业素质。在市场经济条件下，企业之间的竞争是非常激烈的，创业者不能只凭着一股热情，认为别人能成功的自己也一定能成功，结果往往是以热情开始，以失败告终。作为大学生，我们涉世经验不足，又缺乏企业管理方面的知识和经验，因此，在创业前一定要做到深入了解创业应具备的素质，注重创业素质的培养，为创业成功打下坚实的基础。

良好的创业素质不仅可以使创业者明确创业目标，拉拢广阔人脉，进行正确的决策，还可以帮助创业者在创业途中建立正确的价值观、人生观，克服种种挫折与困难，使创业之路更为顺畅。

（一）什么是创业素质

对于创业素质的定义，存在着不同的说法，目前有三种具有代表性的观点：一是认为创业素质是指人在后天接受教育和环境影响下形成和发展的，在社会实践活动中表现出来的比较稳定的个性特征；二是认为创业素质是在人的心理素质和社会文化素质的基础上，在环境和教育的影响下形成和发展起来，在社会实践活动中全面地、较稳定地表现出来并发挥作用的身心组织要素、结构及其质量水平；三是认为创业素质是以人的先天禀赋为基础，在环境和教育的影响下形成和发展起来的，在创业实践活动中表现出来并相对稳定地发挥作用的身心组织要素的总称。综合以上三种观点，创业素质是在一定的条件和基础上形成的，并不是先天性的存在于人群中的，环境和教育的作用是创业素质形成的必要条件，它一旦形成就具有相对稳定性，并在实践中表现出来。

案例导读

创业家（企业家）素质与能力排序表

美国的一个研究部门对数千名企业老板与最高管理层人员的调查结果显示，创业家（或企业家）最重要的20项素质与能力按重要程度排列顺序如表2-1所列。

表2-1　创业家（或企业家）素质与能力排序表

序	素质与能力内容	序	素质与能力内容
1	财务管理经验与能力	11	行业及技术知识
2	交流与人际关系能力	12	领导与管理能力
3	激励下属的能力	13	对下属培养与选择能力
4	远见与洞察能力	14	与重要客户建立关系的能力
5	自我激励与自我突破	15	创造性
6	决策与计划能力	16	组织能力
7	市场营销能力	17	向下级授权能力
8	建立各种关系的能力	18	个人适应能力
9	人事管理的水平	19	工作效率与时间管理水平
10	形成良好企业文化的能力	20	技术发展趋势预测能力

（资料来源：李时椿，《创业管理》第三版［M］，清华大学出版社2015年出版）

（二）创业者应具备的基本素质

概括地说，创业者创业素质是由多个要素组成的系统结构，在这个系统结构中，各要素相互依赖、相互作用，共同在创业实践中发挥作用，但在多个要素中，有支配作用的要素，也有被支配的要素。基于大学生这个特殊的创业群体，笔者认为心理素质、创业知识、创业意识是创业者创业素质中的核心素质。

1. 心理素质

（1）善于交流、合作的心理素质。

在创业道路上，创业者必须摒弃"同行是冤家"的狭隘观念，学会合作与交往。通过语言、文字等多种形式与周围的人们进行有效的交流与沟通，可以提高办事效率，增加成功的机会。在创业过程中，需要与客户和顾客打交道，与公众媒体打交道，与外界销售商打交道，与企业内部员工打交道，这些交往、沟通，可以排除障碍，化解矛盾，降低工作难度，增加信任度，有助于创业的发展。

（2）敢于冒险、敢于拼搏、勇于承担行为后果的心理素质。

在市场经济大潮中，机会与风险共存；只要从事创业活动，就必然会有某种风险伴随，且事业的范围和规模越大，取得成就越大，伴随的风险也越大，需要承受风险的心理负担也就越大。立志创业，必须敢闯敢干，有胆有识，才能变理想为现实。只要瞄准目标，判断有据，方法得当，就应敢于实践，敢冒风险。成功的创业者总是事先对成功的可能性和失败的风险性进行分析比较，选择那些成功的可能性大而失败的可能性小的目标。创业者还要具备评估风险程度的能力，具有驾驭风险的有效方法和策略。

（3）敢于克服盲目冲动和私利欲望的心理素质。

在创业过程中，创业者要善于防止冲动，克制是一种积极的有益的心理素质，它可使人积极有效地控制和调节自己的情绪，使自己的活动始终在正确的轨道上进行，不会因一时的冲动而引起缺乏理智的行为。创业者在创业过程中要自觉接受法律的约束，合法创业、合法经营、依法行事；自觉接受社会公德和职业道德的约束，文明经商、诚实经营、互助互利。当个人利益与法律和社会公德相冲突时，要能克制个人欲望，约束自己的行为。

（4）坚持不懈、不屈不挠的心理素质。

创业者需要百折不挠、坚持不懈的毅力和意志。能够根据市场的需要和变化，确定正确而且令人奋进的目标，并带自己的创业团队战胜逆境实现目标。创业者必须有一棵永远持之以恒的进取心，创业者的恒心、毅力和坚忍不拔的意志，是十分可贵的个性品质。遇事沉着冷静，思虑周全，一旦做出行动决定，便咬住目标，坚持不懈。创业过程是一个长期坚持努力奋斗的过程，立竿见影，迅速见效的事是极少的。在方向目标确定后，创业者就要朝着既定的目标一步步走下去，纵有千难万险，迂回挫折，也不轻易改变初衷，半途而废。创业是艰难的，在创业的过程中难免会遇到这样或那样的苦恼、挫折、压力甚至失败，这就要求创业者必须具备承受挫折、迎接挑战的心理素质，而这些素质的培养就是靠增强自己的创业信心。只有具有百折不挠的精神，才能到达胜利的彼岸。

如何培养坚强的意志和坚持不懈的毅力

古希腊思想家苏格拉底在教学中有过这样一件事发生，在开学的第一天，苏格拉底对他的学生们说："今天我们只做一件事，每个人尽量把手臂往前甩，然后再往后甩。"说着，他做了一遍示范。"从今天开始，每天做300下，大家能做到吗？"学生都笑了，这么简单的事，谁做不到呢。可是一年以后，苏格拉底再问的时候，他的全部学生却只有一个人坚持了下来，后来这个人继他之后成为新一代思想家，这个人叫柏拉图。要锻炼好身体，关键在于要有坚强的意志和坚持不懈的毅力。

身体是完成一切任务的基础，只有拥有良好的身体素质，才能使人心胸宽广、拥有一往无前的魄力。如果想创业，就必须要有一个健康的身体。要在日常生活中注意锻炼身体，方式很多，以对身体锻炼有效的项目为主，其他项目为辅，要有坚定的意志和志向。人能攀多高，不要问双手，要问意志；人能走多远，不要问双脚，要问志向。有志攀山顶，无志站山脚。

（资料来源：应届毕业生网）

（5）善于进行自我调节的心理素质。

面对市场的变化多端，竞争激烈，创业者能否因客观变化而"动"，灵活地适应变化，成为创业成功的关键所在。因而，创业者必须以极强的信息意识和对市场走向的敏锐洞察力，瞅准行情，抓住机遇，不失时机地、灵活地进行调整。在外部环境和创业条件变化时，能以变应变。善于进行自我调节，处理各种压力。能用积极态度看待来自工作和生活的压力，冷静分析、控制压力，找出原因，缓解压力，甚至消除压力。能够保持良好的心理，勇敢地面对压力，力争将不利变有利，将被动变主动，将压力变动力。具有较强的适应性，还应做到"胜不骄，败不馁"。要以变应变，必须具备创新精神。创新要有"求异"思维，求异就是要追求理念"个性化"，这是创业者最重要的素质特征。没有创新求异精神，企业就不会有个性；没有个性的企业往往停滞不前，容易在激烈的竞争中被淘汰，所以，创业者要有卓越远见、超前意识，从而适应变化莫测的市场。

优秀创业者的基本禀赋

全球创业管理教育和研究最著名的商学院美国百森学院企业管理研究中心主任、著名的管理学专家威廉·D.拜格雷夫曾将优秀创业者的基本禀赋归纳为10个"D"：理想（Dream）、果断（Decisiveness）、实干（Doers）、决心（Determination）、奉献（Dedication）、热爱（Devotion）、周详（Details）、命运（Destiny）、金钱（Dollar）和分享（Distribute）等。

我国《科学投资》杂志在研究了国内上千例创业者案例后提出，"中国成功创业者十大素质"是：欲望、忍耐、眼界、明势、敏感、人脉、谋略、胆量、与他人分享的愿望、

自我反省的能力。

西安交通大学张悦目、高山行等人曾对在校大学生进行创业素质的抽样调查，提出大学生创业的8种基本素质是：创业意识、冒险精神、创新意识、敬业精神、自制能力、管理意识、竞争意识和应变能力。表2-2为大学生创业素质指标、体系和相应权重。

表2-2　大学生创业素质指标体系和相应权重

指标体系	创业意识	冒险精神	创新意识	敬业精神	自制能力	管理意识	竞争意识	应变能力
指标权/%	19	18	16	15	9	9	8	6

（资料来源：张莉，张晓璐，王少红，对世界著名商学院创业管理课程的研究及启示——以美国斯坦福大学商学院及百森商学院为例，《中国商界月刊》，2019）

2. 创业知识

创业知识是大学生创业的源泉，也是大学生创业核心素质中的一个元素。创业知识主要表现为专业知识、经营管理知识、营销知识、财务税法的相关知识。

（1）专业知识。

专业知识对创业者确定创业目标具有直接的、至关重要的作用。要进行某一领域内的创业活动，就必须较为深入地了解它的活动及发展规律。那些从事高科技方面的创业，就是以新技术、新发明等知识资本作为创业核心，吸收风险投资的。新的发明、新的技术是以扎实的专业知识为基础的，没有专业知识，大学生创业就失去了其创业的优势，掌握专业知识越多越深，创业活动就越能有效地开展。当然，对于大学生创业，专业知识已基本具备，但还有一个多少和深浅的问题。创业并不是简单的谋生，而是对较高的理想境界的追求，要想到达理想的彼岸，就必须在专业方向上打下坚实的基础。

（2）经营管理知识。

据调查，80%以上的亏损企业是由于管理不善所致的。所谓的管理，就是指通过计划、组织、控制、领导等环节来协调人力、物力和财力资源，以期更好地完成组织目标的过程。在创业中，任何关系都最终表现为人与人的关系，任何资源的分配也都是以人为中心的，因而管理的关键就是要协调人与人之间的关系。企业中每个成员的行动方向与努力目标不一定相同，甚至可能相抵触，即使目标一致，没有整体的协调，也无法达到企业的目标。所以，管理知识的重要性是不言自明的。

（3）营销知识。

营销贯穿于企业经营活动的全过程，从产品或服务生产之前，一直延续到产品或服务销售之后。因此，营销对企业的发展至关重要，是大学生创业必须要掌握的知识。所谓营销知识，就是在复杂多变的市场环境中，为了满足消费者的需要和实现企业的目标，综合运用各种市场营销的手段，把产品或服务整体地销售给消费者的一系列市场经营活动。

（4）财务税法的相关知识。

有专家指出，缺乏财务、法律等相关知识是大学生创业的"软肋"所在。大多数学生创业只限于专业知识，缺乏财务、税法等方面的知识和经验，直接影响着创业的成功率。大学生创业者要掌握一些账目管理的基本知识，详细记录收入支出、进货销货以及成本核算等，此外，还要掌握必要的法律知识、工商注册登记知识、经济合同知识、税务知识、知识产权保护等，掌握这些知识可以帮助大学生创业者顺利走过创业路。但对于大多数的大学生，却往往忽视这些知识的学习。

（5）生活常识和阅历。

创业者往往不得不做很多不同领域的事情，比如销售、记账、设计广告、生产产品、送货等。创业者在第一次创业时，往往没有足够的经验，这不仅不利于企业的经营，而且很可能会使创业者犯下一些低级错误，但有时这些低级错误是致命的。因此，创业者至少应具备一些有关的社会政治、经济、文化、社会发展趋势、产品和服务市场、生活和消费水平、物资供应和价格水平等方面的常识。社会阅历也并非一定要大学毕业才能得到，大学生可充分利用课间、寒暑假的时间多接触社会，多参加社会实践活动。

3. 创业意识的确立

（1）创业意识的定义。

意识是人的精神活动的重要内容，是感觉、思维等各种心理过程的总和，是社会人对客观存在的主观印象。马克思主义认为，意识活动有能动创造性，人们不仅能描摹、复制当前的对象，而且能从感性经验中抽象出事物的本质、规律，形成理性认识，又运用这些认识指导自己有计划、有目的地改造客观世界。

创业意识是创业者必须具备的核心素质，它是在一个人根据社会和个体发展的需要所引发的创业动机、创业意向或创业愿望。创业意识是人们从事创业活动的出发点，是创业思维和创业行为的前提。需要和冲动构成创业意识的基本要素。创业意识是创业的先导，它构成创业者的创业动力，由创业需要、动机、意志、志愿、抱负、信念、价值观、世界观等组成，是人进行创业活动的能动性源泉，正是它激励着人以某种方式进行活动，向自己提出的目标前进，并力图实现它。

创业意识是人们从事创业活动的强大内驱力，是创业活动中起动力作用的个性因素，是创业者素质系统中的第一个子系统即驱动系统。创业实践中创业意识对人起动力作用的个性倾向，包括需要、兴趣、理想、信念和世界观等，是人们对创业这一实践的正确认识、理性分析和自觉决策的心理过程。创业意识是创业主体的主观愿望、能够激励和约束创业主体坚持不懈地从事创业活动。从本质上而言，创业意识是一种积极进取的、奋发向上的精神，集中表现了创业本质中的社会性质，支配着创业者对创业的态度和行为，并规定着态度和行为的方向、力度，是人们从事创业活动的强大的内驱力。正确发挥创业意识的能动作用，能为创业活动制定合理有效的行动方案和目标，为实现创业提供现实的理想和思想指导。

（2）创业意识的构成要素。

创业意识是创业思维和创业行动的必要准备。因此，每一个希望创业的人都必须首先强化创业意识。创业意识的形成，不是一时的冲动或凭空想象出来的，从其起源、发展、

形成，经历了一系列的过程。其中，创业需要是创业活动的最初诱因和动力，创业动机的产生标志着创业实践活动即将开始，创业兴趣使创业意识进一步升华，有了创业理想则意味着创业意识已基本形成，创业信念是创业者从事创业活动的精神支柱，而创业世界观是创业意识的最高层次。

①创业需要。这是指创业者对现有条件的不满足，并由此产生的最新的要求、愿望和意识，是创业实践活动赖以展开的最初诱因和最初动力。但如果仅有创业需要，就不一定是创业行为，想入非非者大有人在，只有创业需要上升为创业动机时，创业行为才有可能发生。

②创业兴趣。这是指创业者对从事创业实践活动的情绪和态度的认识指向性。它能激活创业者的深厚情感和坚强意志，使创业意识得到进一步的升华。创业兴趣是创业者创业选择的重要依据，人一旦对创业产生兴趣，就会对创业实践活动予以关注，进而热爱和追求，并由此走上创业实践之路。

③创业理想。这是指创业者对从事创业实践活动的未来奋斗目标较为稳定、持续的向往和追求的心理品质。创业理想属于人生理想的一部分，主要是一种职业理想和事业理想，而非政治理想和道德理想，创业理想是创业意识的核心。

④创业信念。这是创业者对创业实践有关的目标、见解、决策等形成的较为固定的思想和观念，坚信创业理想一定会实现，对美好未来持肯定态度的自我意识，是一种稳定的、强大的心理自我暗示。创业者为了实现创业理想，在创业活动中经过艰苦磨炼，逐渐建立起创业的信念。创业信念被强烈的创业动机和创业需要激发，有远大的创业理想为其指引方向，因浓厚的创业兴趣而日益坚定，是人们从事创业活动的精神支柱。

⑤创业世界观。这是由一系列创业信念组成的逻辑系统，是创业意识的最高层次，是随着创业活动的发展与成功而使创业者思想和心理境界不断升华而形成的，它使创业者的个性发展方向、社会义务感、责任感、使命感有机地融合在一起。大学生的创业价值观一般可以分为个人主义价值观和集体主义价值观。不同类型的价值观对创业主体的创业积极性的影响往往不同，创业价值观越明确，创业意识就越强烈，创业信念就越坚定，创业积极性就更加高涨。

（3）创业者应具备的创业意识。

对于创业者来说，不论创业做什么，都可能会遇到困难和挫折，可能出现意想不到的问题，一定要有充分的准备。一般来说，创业者应具备的创业意识包括以下几个方面。

①商机意识。创业是一个持续不断的过程，从创建新企业—促进企业发展—成功获得收效—再一次创建，这是一个循环往复的过程，因此，创业绝对不是开业，也不会是一次性的行为，更不是暂时的成功。真正的创业者，会在他创业之前、创业中和创业后，始终面临着识别商机、发现市场的考验。他必须有足够的市场敏锐度，才能看到别人看不到的机遇和危险，才能宏观地审视经济环境，洞察未来市场形势的走向，以便作出正确的决策来保证企业的持续发展。

②转化意识。仅有商机意识是不够的，还要在机会来临时抓住它，也就是把握机遇、

转化机遇，把自己的想法和感悟转化成实实在在的收入和利益，最终实现自己的创业梦想。转化意识就是把商机、机会等转化为生产力；把你的才能，你在学校学到的技术、知识转化为智力资本、人际关系资本和营销资本，了解市场的需要，整合市场和自身的资源，开启自己的创业之路。

③风险意识。在创业浪潮中，大学生是一支朝气蓬勃的主力军。作为校园新生代，像初生的牛犊，不畏艰难险阻；像初升的太阳，渴望事业成功。大学生创业是一个机会，但也存在风险。创业者必须明白，市场是无情的，不可能每一次都可以取得既定的成功。创业者在创业期间要时常未雨绸缪，加强自己的危机意识，认真分析自己在创业过程中可能会遇到哪些风险，以及这些风险出现时的应对化解方案。创业者是否具备风险意识和规避风险的能力，将直接影响到创业的成败。

④勤奋/敬业意识。李嘉诚说："事业成功虽然有运气在其中，主要还是靠勤劳，勤劳苦干可以提高自己的能力，就有很多机会降临在你面前。"大学生创业，一定要务实，要勤奋，不能光停留在理论研究上。可以从小投资开始，逐步积累经验，不能只想着一口吃成个胖子。没有资金，没有人脉都不要紧，关键你要有好的思路和想法，有勇气去迈出第一步，才会成功。古今之成大事业、大学问者，必须经过三种境界："昨夜西风凋碧树，独上高楼，望尽天涯路。"此第一境；"衣带渐宽终不悔，为伊消得人憔悴。"此第二境；"众里寻他千百度，蓦然回首，那人却在灯火阑珊处。"此第三境。成功不单纯依靠能力和智慧，更要靠每一个人自身孜孜不倦地认真工作。勤奋、敬业、诚信是成功创业的重要品质。在创业路上，只有不辞辛劳、勇于攀登的人，才能够到达光辉的顶点，才能成就一番事业。

案例导读

成功之路什么最重要

已故的台湾首富王永庆在90岁高龄时，应邀到台北大学为学生做演讲，一位大学生这样请教王永庆："您能告诉我，在您一生成功的路程中，到底是勤奋重要，还是运气重要呢？"王永庆答："年轻人，我可以负责地告诉你，我用一生的勤奋就是为了证明我的运气比别人好！"

（资料来源：全国大学生创业测评网）

（三）提升创业综合素质的方法和途径

1. 加大创业教育力度

大学生创业教育是一项提高国民素质、扩大就业渠道和激发青年创业热情的系统工程，是国家经济发展的"直接驱动力"。在发达国家大学生创业比例一般占毕业生总数的20%~30%，而我国不到1%。因此，要提高学生的创业能力和素质，学校必须尽快转变传统的教育理念，学习和借鉴国外成功的经验和已有的理论，切实地将创业教育与专业教育

紧密结合起来。首先，建立创业教育课程体系，建立健全的创业教育组织机构，优化创业教育师资队伍的建设。其次，加强创业实践活动环节，多视角地开展大学生创业教育，营造高校创业环境。最后，针对创业意向进行个性化辅导与开业跟踪扶持。学校通过过程辅导和政府、社会扶持等一条龙服务解决大学生创业过程中的相关难题，提高自主创业的成功率。

一般而言，大学生创业不仅可以实现创业者的自我价值，而且对社会的发展也有很大的促进作用。但是，我国大学生创业起步较晚，真正意义上的创业活动，是从 1999 年第二届清华大学创业设计大赛上，多个创业小组在清华科技园注册了公司开始。随之，全国各地的创业计划大赛此起彼伏，越来越多的大学生参与到创业计划大赛中。各地政府和高校相继推出了大学生创业的鼓励措施，如允许大学生休学保留学籍创办高新技术企业，以增强大学生的创业实践能力等，因此，越来越多的大学生走上了创业之路。据统计，截至 2000 年 2 月，在上海徐汇区，仅上海交大等 5 所大学，由师生创办的企业就达 101 家。然而，大学生创业的情况却并不理想。调查显示：大部分大学生创办的公司或卖或并，一半以上的公司由于资金问题根本无法投产。本科生创业成功率不到 1%，研究生创业的成功率也仅 5%。这其中，除了"经济基础"之外，"实践经验""政策支持"等是困扰大学生创业的难题。另外，这也与高校大学的创业教育欠缺有关，创业教育还未纳入大学教育体系，大学生创业意识和创业能力十分缺乏。

因此，加强创业教育的力度，对大学生进行创业所需要的知识和技能等素质的系统培养，是至关重要的。

2. 加大宣传引导力度

政府可以加强宣传力度，积极营造支持创业、鼓励创业、保护创业的社会舆论环境；积极宣传鼓励大学生自主创业的优惠扶持政策；积极策划开展"创业论坛""创业设计大赛"等创业主题活动。

3. 增加创业体验

从实践来看，通过亲身体验获得的知识最容易记忆和提取。同样，通过自身行动获得的创业体验越丰富，创业成功的可能性就越大。我们调查小组结合各高校的做法，建议可通过以下四种方式来加强学生的创业体验：一是依托创业园地或实习基地，给学生提供条件，使其主持或参与经营管理活动；二是制定创业计划，号召学生参与；三是鼓励和帮助学生参加劳务服务；四是组织和支持各种社团活动，鼓励学生参加社团活动。能力的产生需要通过一定的实践行动而形成。学校举行的一次次创业计划大赛、学校倡导的社会实践等校园文化活动对学生实际能力的形成将起到不可忽视的作用。也就是说提倡理论联系实际的校园文化氛围直接影响到大学生创业能力的形成。

4. 明确目标，提升自我

"身体是革命的本钱。"在校大学生平时应该加强身体锻炼，提高自身的身体素质。同样，非智力因素对创业者来说也很重要，伴随着创业过程的进展，大学生创业者会面临信心的反复摧毁和重建，大学生要树立不怕困难与挫折、敢于向困难挑战的精神，加强意志锻炼，使自己在创业之路上走得更远、更光明。

丰富社会实践经验。创业前利用兼职等机会进行大量的社会实践经验积累，这对于在校大学生今后的创业大有裨益。如今的社会，竞争越来越激烈，市场不断趋于饱和，如果没有足够的社会经验和企业管理能力，是无法在当今市场立足的。加之大学生创业初期缺乏资源和营销经验，对各种突发状况没有很好的应急措施，在创业过程中易冲动，承受不住打击，必然会导致最后的失败。

树立良好人际关系。在创业的路上，仅凭自己能力足够、知识全面、技术过硬远远不够，这当中忽略了创业中的一个重要因素——人际关系。成功创业来自70%的人际关系+30%的知识。在创业资源中，人际关系占了很大一部分，所以想创业，就必须广交朋友，积累各方面的资源。一个创业的过程就像是一个"人物链"，如果你会与不同的人打交道，那么在创业的过程中遇到困难，就可以立刻利用这些人脉资源来解决这些困难。

任务2.3　创业机会

美国经济学家熊彼特认为，创业机会是通过把资源创造性地结合起来，满足市场的需要，创造价值的一种可能性。大学生在创业准备阶段需要仔细寻找创业机会，找到一个有需求的市场，且未被其他竞争者满足的需求。那么，这个市场就是你创业的机会所在。

一、创业机会的含义

我国关于创业机会有几种不同的定义方式。

（1）创业机会是为购买者或使用者创造或增加价值的产品或服务，它具有吸引力、持久性和适时性。

（2）创业机会是引入新产品、新服务、新原材料和新组织方式，并能以高于成本价出售的情况。

（3）创业机会是一种新的"目的–手段"关系，它能为经济活动引入新产品、新服务、新原材料、新市场或新组织方式。

（4）创业机会主要是指具有较强吸引力的、较为持久的有利于创业的商业机会，创业者据此可以为客户提供有价值的产品或服务，并同时使创业者自身获益。

综合上述所叙述的，本书得出较为全面的概念：创业机会是指在市场经济条件下，社会的经济活动过程中形成和产生的一种有利于企业经营成功的因素，是一种带有偶然性并能被经营者认识和利用的契机。

二、创业机会的特征

一般而言，创业机会具有以下三个特征：

（1）普遍性。凡是有市场、有经营的地方，客观上就存在着创业机会。创业机会普遍存在于各种经营活动过程之中。

（2）偶然性。对一个企业来说，创业机会的发现和捕捉带有很大的不确定性，任何创业机会的产生都有"意外"因素。

（3）消逝性。创业机会存在于一定的时空范围之内，随着产生创业机会的客观条件的变化，创业机会就会相应的消逝和流失。大部分创业之所以失败，是因为创业者对他们所认为的"创业机会"看得太乐观，失败的根本原因并非创业机会不是机会，而是由于缺乏深思熟虑、盲目扩张、低效率决策等原因。

三、创业机会的类型

学者根据创业机会的来源和发展情况对创业机会进行了分类，形成了创业机会类型矩阵。创业机会类型矩阵中有两个维度：横轴以探寻到的价值（即机会的潜在市场价值）为坐标，这一维度代表着创业机会的潜在价值是否已经较为明确；纵轴以创业者的创造价值能力为坐标，这里的创造价值能力包括通常的人力资本、财务能力以及各种必要的有形资产等，代表着创业者是否能够有效开发并利用这一创业机会。按照这两个维度，把不同的机会划分成四个类型，如图2-2所示。

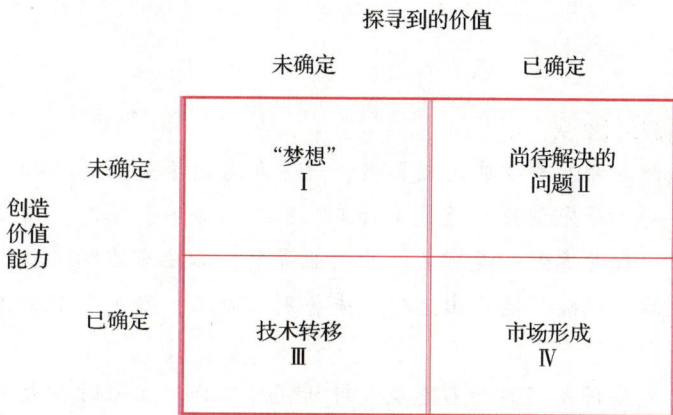

探寻到的价值

	未确定	已确定
未确定	"梦想" I	尚待解决的问题 II
已确定	技术转移 III	市场形成 IV

创造价值能力

图2-2　创业机会类型矩阵

左上角的第一象限中，机会的价值并不确定，创业者是否拥有实现这一价值的能力也不确定，称这种机会为"梦想"。右上角的第二象限中，机会的价值已经较为明确，但如何实现这种价值的能力尚未确定，这种机会是一种"尚待解决的问题"。对于左下角的第三象限，机会的价值尚未明确，而创造价值的能力已经较为确定，这一机会实际上是一种"技术转移"（创业者或者技术的开发者的目的是为手头的技术寻找一个合适的应用点）。右下角的第四象限中，机会的价值和创造价值的能力都已确定，这一机会可称为"业务或者说是企业形成"。比起右下角的创业机会，右上角的机会其成功的可能性不大。

四、创业机会的来源

创业机会有许多来源，较为典型的有以下几种：

（1）经验积累：经验的获取和积累，使得对某一事物的了解更加透彻，易于把握其运行规律。如：李兴平于1999年5月创建了网址导航站 hao123.com。

（2）意料之外：意外的成功、失败和外在事件。如：2008年9月爆发的"三聚氰胺事件"，让整个中国乳品行业全线低迷，小西牛却凭借"青海老酸奶"一款独创产品，迅速成名，逆市红遍中国大江南北。

（3）知识革命：科学技术高速发展导致的知识"大爆炸"，带来的世界运行方式（政治、经济、社会、工作和生活）的根本变化。如：谷歌无人驾驶技术和谷歌眼镜、新能源汽车。

（4）兴趣爱好：表现为对某些事物的热爱和执着，具有强大的内驱力，具有强烈的主观能动性，容易转化为创业项目。如：乔布斯的苹果、扎克伯格的Facebook。

（5）问题引发：问题即是机会。现实中的创业故事大多跟问题引发息息相关，问题存在说明有改变或改进空间，改变或改进是满足需求的过程，为创业提供机会。如：冬天的马桶盖让人不舒服，有人发明了可以调节温度的马桶盖。

案例导读

等待时机，成功出击

大四下学期，一方面忙着毕业论文答辩，一方面考虑毕业后的选择。那段时期，一串串问号困扰着我———是先创业，还是先打工？家里人会不会反对？创业资金哪里来？经过长时间思想斗争，我考虑到一没有足够的创业资金，二没有实际工作经验，家人、朋友不一定会支持。最后，我痛苦地作出选择：先替别人打工，赚足资金和工作经验，再独立门户创业。

大学毕业后，我应聘在市某知名建筑设计研究院工作。上班时我大部分时间埋头在电脑上设计方案。凭借我扎实的专业知识，每次设计的方案都深受客户的青睐。这更坚定了我自己创业的决心。在这家设计单位我一干就是三年，工作时间一长，认识的客户多了，对整套业务的操作流程也了解了，加上自己手头上掌握了一些客户，是时机成熟的时候了！我记得曾经有一个大客户找我设计，我脑子里突然闪过一个念头：为什么我不可以自己创立一家设计所？我可以挂靠在知名大学设计研究院。作为我开办的公司来说，先借知名品牌，搞贴牌设计，这点我深知非常重要。我是这样想的，我也决定这样做。

那时，我怀着年轻人少有的坚定信念，全然不顾家人的反对，作出决定：办自己的公司！创办公司谈何容易。起初，我面对的困难有很多，最难的是资金。这时，我想到大学同学刘某，他在一家知名设计公司做设计总监，年薪十几万。我抱着试一试的想法，给他打了电话，我把想法告诉他后，他非常兴奋，欣然答应投资入股。这事对我来说是多么重

要，真是雪中送炭。之后刘某又邀一个同学张某入股。最后，我们积累了50万元启动资金。

说干就干。首先，我们三个人分工：我负责办理有关证照手续，刘某负责办公室装修，购置办公用品、用具，张某负责与写字楼协商租用场地事宜。公司开业了，我们三个人既忙里，又忙外；既是老板，又是业务员。每天起早摸黑，自己做饭、洗衣服。一个月下来，我们三人都消瘦了很多。那时，摆在我们面前的头等大事是寻找业务。记得我们接的第一个业务，要坐火车到三千里远的一个县城现场考察，在火车上坐了好几天，全身脏兮兮的，一身的臭味，精神困倦。一下火车，没顾得上休息，就搭便车往施工现场赶。每日三餐，都是吃泡面。凭借我们不怕吃苦的精神，感动了施工单位，很快与我们签订了合同书。这次成功是我们人生之中最难以忘记的。从此，很多客户找到我们，我们的业务越做越多。如今，我们拥有自己的机构，树立了自己的品牌。

（资料编自：刘介明，中国创业与创业教育形势，2015）

【问题】

大学生的创业机会在哪寻找？

任务2.4 创业战略

一、创业企业战略的全面思考

大学生不能在公司成立后，再来开始思考企业的战略，制定未来的发展方向。而是在创业的准备阶段，就应该对此有一个清晰的认识。每个有竞争优势的公司都有一套优秀的战略。创业企业的战略是在创业资源的基础上，描述未来方向的总体构想，它决定着创业企业未来的成长轨迹以及资源配置的取向。创业者在创业前未必对所有方面都有具体的计划，但对于一些重大方向进行系统思考则非常重要。

（一）创业企业战略目标的内容

创业企业战略目标是创业企业在一定时期内所要达到的预期成果。战略目标分为长期和短期，一般创业企业战略目标都在三到五年。创业战略目标是创业者根据创立企业的使命，结合内外部环境条件制定的。一般包括：生产率目标（以单位产品生产成本来表示）、财力资源目标（用资本结构、现金流量等来表示）、人员及组织目标（用员工结构、数量、招聘、培训、任用和组织结构等来表示）、市场目标（用市场占有率、销售额、销售量等来表示）、组织结构目标、产品目标、盈利能力目标（用利润总额、利润率等来表示）、研究与开发目标、社会责任目标。

（二）创业企业战略的构成

市场营销战略。主要内容包括：使创业企业的产品或服务与顾客需求相适应；将产品或服务存在的信息传递给客户；在适当的时间和地点提供产品和服务；为产品和服务确定价格。

组织战略。为使新企业能有效运作，创业者要设计企业组织结构。包括：组织结构，计划、衡量和评价制度，激励机制，培训制度等。

生产战略。主要明确系统设计和作业计划及控制。其中，系统设计包括生产过程设计、工作方法设计、工作场地布置等；作业计划及控制包括计划生产水平、作业系统中的工作安排、系统中的人员安排等。

财务战略。主要包括筹集资金和对企业的经营成员实行记录、监督和控制。主要内容：从事经营活动所需要的资金数量和特征；最理想的融资渠道；最有效的资金使用方式；最有效的方式分配资源。

成长战略。主要是指企业抓住机会，充分发挥自身在产品、市场和技术等方面的优势和潜力，以求得企业快速成长的一种战略。既是销售收入的增长，也是利润的增长；既是企业成长对股东的回报，也是企业满意度、亲密度和忠诚度的增加。

竞争战略。是在企业总体经营战略导向下，为创建相对于竞争对手的战略优势而开展活动的规律体系。它涉及企业在竞争中带有全局性和长远性的问题，是企业把握竞争方向的指南。

二、创业目标市场定位与竞争战略

目标市场定位与竞争战略是创业前战略思考的重中之重，创业者首先要弄清创业企业的市场在哪里？我如何在市场上与已有的或潜在的竞争者进行竞争？这是创业企业能否立足市场的根本。

（一）进行市场调查

为避免盲目创业，创业者必须对创业方向以及创业项目进行深入、细致、认真的市场调查。只凭创业者自己的经验、兴趣、阅历和对社会的笼统认识而做出的决策，往往存在较大的风险。

（二）引入市场细分

市场细分是企业根据消费者需求的不同，把整个市场划分成不同的消费者群的过程。在市场调查的基础上，创业者要通过市场细分来定位目标客户群。首先，要选定产品（或服务项目）的大致市场范围；其次，分析各种类型潜在顾客的基本需要、共同需要与不同需要；最后，调查分析各细分市场的特点并测量其需求规模、增长潜力等。

（三）明确目标市场

要通过对众多的细分市场中各类细分市场的分析研究，根据自己的实力和优劣势，选

择一个或几个最有利于发挥创业者优势、最具吸引力和能达到经济效益的细分市场作为目标市场。

（四）确定提供的产品和服务

项目的选择一定要有发展前景，明确产品或服务，确定标准、质量、工作流程，制定产品或服务工作计划，要考虑目标客户的收入水准，注意客户的消费意识和品位。

（五）开展市场营销

一般来说，对于全新的产品和服务所建立的全新的市场，创业企业竞争者较少甚至没有，此时，创业企业面临的重要任务是如何通过种种营销手段来开发市场，吸引潜在的目标客户。对于大多数创业企业来说，其所面临的目标市场都会有一些竞争者，实际上，即使是全新的产品和服务，也会在将来吸引新的加入者，因而创业者应将营销战略作为创业前重点考虑的内容之一。根据目标市场的现状和未来发展变化趋势，制定相应的市场营销战略，如市场推广策略、营销渠道策略、营销战术等。

三、承担设立企业的责任义务

创业者成立企业后，就要承担作为企业的相应责任、义务。大致包括：

（1）公司是企业法人，有独立的法人财产，享有法人财产权。公司以其全部财产对公司的债务承担责任。

（2）合伙企业合伙人对企业承担连带责任。

（3）公司从事经营活动，必须遵守法律、行政法规，遵守社会公德、商业道德，诚实守信，接受政府和社会公众的监督，承担社会责任。

（4）要依法建立财务制度，依法纳税。

（5）依法进行公司登记与变更。

（6）保护职工的合法权益，依法与职工签订劳动合同，参加社会保险，加强劳动保护，实现安全生产。公司应采用多种形式，加强公司职工的职业教育和岗位培训管理，提高职工素质。

（7）为本公司党组织开展活动以及工会组建和活动提供必要的条件。如与工会就职工的劳动报酬、工作时间、福利、保险和劳动安全卫生等事项依法与公司签订集体合同，通过职工代表大会或者其他形式，实行民主管理等。

四、学习专项技能

（1）熟悉创业申办与创业发展的基本流程，熟悉政府有关管理部分的业务职能与服务，以提高创办企业的办事效率。

（2）了解和学习一些与企业相关的法律知识及政府出台的相关政策，借助政府扶持的政策，优选创业方向和项目，降低创业成本和投资风险。同时，树立用法律武器来保护自己的意识。

（3）掌握信息来源渠道，促进企业信息化建设，为今后收集信息、了解行情、整合多方资源奠定基础。

（4）树立企业"信用品牌"意识，以企业信用建立并开拓市场。这是企业在今后进一步开拓市场、融资、获取项目的重要条件。

（5）学会使用一些金融工具，学一些财务知识，了解企业融资的渠道和融资的手续的办理程序、条件准备、融资策略与方法，为今后企业或项目融资奠定基础。

（6）了解企业文化相关知识，指导企业发展的意识形态。企业文化主要是指企业的指导思想、经营理念和工作作风，包括价值观、行为准则、道德规范、文化传统、风俗习惯、典礼仪式、管理制度以及企业形象、企业品牌等。此外，还需要了解一定的生产、质量、新产品开发、资产管理等方面的知识。

案例导读

生存 9 天的企业

舒正义从某大学电子信息工程专业毕业后，一开始他和其他同学一样，进入企业工作，他找了一家待遇还不错的公司，但他并不想替别人打工，2018 年初，他和朋友集资 8.7 万元，创办了陕西正氏科技发展有限公司，公司主营业务是域名注册、网络建设等项目，同时还取得了一种环保水电的陕西总代理。公司先招聘了 20 多名员工，大多数为刚毕业的大学生。9 天后，公司就陷入了困境，资金短缺，他去银行贷款，但是没有房子、汽车做抵押，也没有公司担保，没有哪家银行贷款给他，在此种种困境之中，他们无奈宣告破产，公司从成立到破产，仅仅生存了 9 天。

舒正义创业失败的直接原因就是资金严重短缺，然而，资金短缺只是一个表象问题，即使他们资金足够，挺过了初期，在接下来的运营中也很难继续坚持下去，各种更大的问题就会接二连三的出现，其根本原因在于，他们没有为创业做好充分的准备。从他们自身来说，就是缺乏审慎考虑，决心不够坚定，不能承受挫折，以致他们创办的公司仅仅生存了 9 天，除此之外，从管理者来说，舒正义刚从大学毕业，缺乏经营管理能力，公司没有一个核心领导人物，没有具有出色经营管理能力的人物。而且，他们招聘的员工大多数为刚毕业的大学生，经验匮乏，这对于刚起步的公司来说是致命的，因为他们根本不懂如何去经营，去解决突发问题。

创业要有足够的准备，准备足够的资源。一是要具备进入某个行业的起码资源和差异性资源。起码的资源包括启动资金、人力资源、客户资源、技术、业务资源和经营管理能力，差异性资源主要是创新和融资的渠道，创新这是用来吸引客户的主要手段；二是创业前一定要慎思和反复评估，考虑以后再行动。要想到创业的风险性，我是否能承担风险？是否具有创业者应有的能力和素质？我具备了哪些创业资源与条件？我要进入的这个行业拿什么来吸引客户？在人力资源方面，创业初期更不能聘用工作经验不足的刚毕业大学

生，要尽可能地多招一些具有工作经验的员工，这样才能更好地为公司出谋划策，解决问题。

（资料来源：https：//www.cyzone.cn/article/45159.html）

【问题】

创业失败的原因有哪些，如果你是舒正义，你会如何解决这些难题？

任务2.5 创业资源

很多创业者认为，只要有个好创意，再得到风险投资，加上自己的激情、执着、运气就可以创业成功了。其实创业更重要的是团队、经验、执行力。大多数创业者之所以失败，是因为缺乏经验、没有团队、缺乏执行力。总的来说，是缺乏创业必需的一些资源。因此创业资源就是企业创立以及成长过程中所需要的各种生产要素和支撑，概括来说，就是创业必不可少的人脉、资本、技术、人才等资源。例如，你有了一个非常棒的创意，没有钱可以创业吗？没有团队可以创业吗？没有场地可以创业吗？不会营销可以成功吗？因此你会发现，古人所说的"道、法、术、器、势"本质上就是创业资源。

创业资源就像构成一个机体的肌肉、骨骼、血液一样，创业成功正是由这诸多资源整合而来。创业者善于整合资源，从而实现从0到1的转变进而实现自己的计划和目标，这就是创业精神。

美国百森商学院教授蒂蒙斯提出创业的三要素是"资源+机会+团队"，可见，资源在创业要素中是第一位的。总的来说，资源就是供人们从事生产和经济活动的有用之物。大学生在创业的准备阶段需思考，现有资源包括哪些，及如何获取更多的资源这类的问题。

一、创业资源的内涵与种类

（一）创业资源的定义

通俗地说，创业资源就是企业创立以及成长过程中所需要的各种生产要素和支撑条件是初创企业在创造价值过程中所需要的特定资产，包括有形资源和无形资源。对于创业者来说，诸如项目、资金、人才、场地等，都是创业资源。甚至创业辅导，也可以归为创业资源一类。

（二）创业资源的内涵

无论是要素资源还是环境资源，无论它们是否直接参与企业的生产，它们的存在都会对创业绩效产生积极的影响。其内涵包括以下两点：

（1）要素资源可以直接促进新创企业的成长。

（2）环境资源可以影响要素资源，并间接促进新创企业的成长。

（三）创业资源在不同阶段的作用

初创公司从一个小团队发展成一个具有成熟产品和占有一定市场的公司，一般需要经过以下四个阶段。

（1）种子期重要资源是人。创业初期也就是创业的种子期，创业者最需要的创业资源是团队。这时的创业者可能仅仅拥有一个创意或者未经市场验证的半成品，如果没有获得相应的资金资源来启动，可能也会导致这个项目的夭折，一旦得到种子轮投资之后，人力资源就显得尤为重要，因为再好的创意，也需要一个优秀的团队来执行。

（2）A 轮投资期重要资源是市场推广。在种子轮资金资源和团队逐渐壮大的过程中，大多数公司都完成了产品原型，这时创业者最需要的创业资源是市场推广的资源。任何一个公司，要把产品和服务推向消费者市场的时候，都需要大量的资金，因此"烧钱"也就是在市场推广的阶段，这个阶段创业者应该主要注意竞品分析及项目的目标市场等信息和资源的整合。

（3）B 轮投资期重要资源是用户数。在经历了 A 轮资金助力下的市场推广之后在创业者继续发展壮大企业时，还需要 B 轮资金的支持，这个阶段最需要的创业资源就是客户资源，即用户量，对互联网创业企业来说，就是流量因为，只有大量的用户喜欢并使用，才可以说明产品或服务是有一定市场基础的。除了用户资源之外，此时创业者应该具有了较为清晰的商业模式。

（4）C 轮投资期重要资源是营利性。当企业发展到 C 轮时，已经粗具规模，开始拥有了市场份额，这个阶段的重要资源是企业的盈利转化，即利润的实现。在收入和成本之间，找到盈利点、资金回报率和回报周期。这个阶段的企业管理非常重要。

每个时期，初创团队需要的创业资源都是不一样的。创业者获取创业资源的最终目的是为了组织这些资源，追逐并实现创业机会，提高创业绩效和获得创业的成功。新创企业只有把拥有的资源加以整合，有效地形成自己的核心竞争力，才能成为创业成功的核心优势。

（四）创业资源的种类

企业的创业资源主要有资金、时间、人才市场等方面，而其管理包括这些资源的获取、分配和组织等方面的内容。概括地说，大致分为以下五类。

1. 行业发展概要

行业发展概要包括行业格局、技术创新、前景机会、发展趋势等信息。当创业者要进入一个行业的时候，首先需要对这个行业进行分析，了解这个行业的过去以及未来趋势，了解消费者在这个行业的痛点，并用自己的创业产品或服务来加以改善。

2. 信息资源

常见的信息资源包括项目交易数据资源、供求信息资源、研究报告资源、财经数据资源、科研数据资源、学术论文资源、品牌口碑资源、公司名录资源等。这些资源有利于帮助投资者对市场潜力以及是否投资作出判断，尤其是创业者亲身调研得来的一些数据，会

更加有价值。

3. 人力资源

人力资源又称劳动力资源或劳动力，是指能够推动整个经济和社会发展，具有劳动能力的人口总和。在现代企业竞争中，关键在于谁拥有人才。

通常来说，创业资源中的人力资源是指创业者自身具有的体质、文化知识和劳动技能水平和拥有创业所需的人才、团队。人力资源是创业的必要的先决条件。随着知识经济的兴起以及高科技、互联网、物联网产业的发展，人们发现单靠个人力量，越来越难以成功创业，"抱团取暖，优势互补"型的团队创业越来越多。尤其是近年来兴起的"创青春"和"互联网+"创业大赛，几乎所有的参赛项目，都是以团队形式出现的。

4. 资金资源

创业需要的启动资金，创业转型或发展所需要的再次融资等，都是创业者应该获取的资金资源。

有调研结果表明，大学生创业遇到的最大障碍就是资金问题，因此在读书时把想做的项目写成创业计划书，然后再去参加各种路演、各种创业比赛的创业者，其根本目的还是想借助这样的形式与活动，来吸引风险投资商的关注，进而获得创业的启动资金。事实上，不仅是初创企业，就算是已经创业三年，甚至更长时间的创业者，也会经常遇到资金问题。现金流断裂，是企业倒闭和破产的最大根源。

5. 社会资源

为了应对需要、满足需求，所有能提供而足以转化为具体服务内涵的客体，皆可称为社会资源。社会资源可分为有形资源和无形资源。

（1）有形资源。例如人力（职员、顾问和志工等）、物力（设备、家具和用品等）、财力（私人捐献、政府补助和企业赞助等）、场地空间等。

（2）无形资源。例如技术、知识、组织、社会关系等。创业资源包括有形资源和无形资源，无形资源往往是撬动有形资源的重要杠杆。

二、创业资源与一般商业资源的异同

（一）一般商业资源

一般商业资源是与企业经营有关的商业信息资源，常见的信息资源包括项目交易数据资源、供求信息资源、研究报告资源、财经数据资源、科研数据资源、学术论文资源、品牌口碑资源及公司名录资源等。

（二）创业资源

创业资源是指创业者拥有的物力、财力、人力等各种物质要素的总称。可以说，创业资源涵盖着商业资源，仅有商业资源对创业来说是远远不够的。

三、社会资本、资金、技术及专业人才在创业中的作用

第一，社会资本的作用。创业者的社会资本反映了创业者个体利用所积累的社会网络，从其他企业或个体中获得的商业竞争、制度政策以及技术趋势等资源和信息。拥有一定的社会资本是创业者创业的基础。

第二，资金的作用。资金在创业过程中无时无刻不在发挥着重要的作用，创业之初需要启动资金，创业过程需要流动资金，没有好的现金流，企业是不能正常经营的。

第三，技术和专业人才的作用。技术和专业人才决定着新创企业的核心竞争力。拥有先进的技术和专业人才是创业者创业的技术支撑。

四、影响创业资源获取的因素

（一）创业者的资源整合能力

资源整合能力是指在创业过程中，以人为载体，在资源整合过程中所表现出的对资源的识别、获取、配置和利用的主体能力。创业资源在未整合之前大多是零散的、一般性的商业资源，要发挥其最大的效用，转化为竞争优势，为企业创造新的价值，就需要新创企业运用科学的方法将不同来源、不同效用的资源进行优化配置，使有价值的资源充分整合起来，发挥"1+1>2"的放大效应。

案例导读

创业资源成功整合案例

在天津生活的人都知道国际商场。国际商场是天津第一家上市公司，20世纪80年代初期开业，定位于引进国外最好的商品，让改革初期急于了解国外又无法出国的人了解外国。准确而新颖的定位使国际商场开业后很红火。

国际商场紧邻南京路，南京路是一条十分繁忙的主干道，道路对面就是滨江道华的商业街。在国际商场刚开业时，门口并没有过街天桥，行人穿越南京路很不方便，也不安全。修建天桥是很正常的事情，估计经过那里的人都会自然地想到这一点。但是，绝大多数人都会觉得这个天桥应该由政府来修建，所以也就是想想、发发牢骚就过去了。

有一天，一位年轻人同样产生了这样的想法，但他没有认为这是政府该干的事，而是立即去找政府商量，提出自己出钱修建过街天桥，而且不说是自己建，而说是希望政府批准，但前提是在修建好的天桥上挂广告牌。不花钱还让老百姓高兴，而且天桥也不注明谁出资修建，政府觉得不错，就同意了。这个年轻人拿到政府的批文后立即找像可口可乐这样著名的大公司洽谈广告业务，在这么繁华的街道上立广告牌，当然是件好事。这样，这位年轻人从大公司那里拿到了广告的定金，再用这笔钱修建了天桥，还略有剩余。天桥建好了，广告也挂上了，年轻人从大公司那里拿到余款，这就是他创业的第一桶金。

（资料编自：邓文达，《大学生创新创业》，人民邮电出版社 2016 年出版）

【问题】

大学生如何锻炼整合思维？

（二）创业者（创业团队）先前工作经验

创业者（创业团队）的先前工作经验分为创业经验和行业经验两大类。创业经验是指先前创建过新的企业或组织，行业经验是指创业者在某行业中的先前工作经历。

从先前创业经验中转移来的知识能够提高社会企业家有效识别和处理创业机会的能力，有助于发现、获取创业资源。行业经验中所积累的顾客问题知识、市场服务方式知识、市场知识等造就了创业者的"知识走廊"，强化了其发现创业机会、获取资源的能力。

（三）社会网络

社会网络是多维度的，能够提供企业正常运转所需的各种资源，也是新创企业最重要的资源之一。社会网络是隐性知识传播的重要渠道，它能通过促进信息（包括技能、特定的方法或生产工艺等）的快速传递而协助组织学习，同时还可以大大降低企业的交易成本，帮助获取与企业需求相匹配的资源，因此对于创业资源的获取具有重要意义。

（四）创业者的管理能力

创业者的管理能力是企业软实力的主要表现，管理能力越高，获取资源的可能性越大。创业者的管理能力可以从其沟通能力、激励能力、行政管理能力、学习能力和外部协调能力等多方面予以衡量。

五、创业资源获取的途径和技能

（一）创业资源获取的途径

1. 通过创业者的特殊身份获取资源

最近几年，政府和高校通过制订和完善各项创业政策，出台一些创业资金的优惠性政策，为大学生创业提供了宽松的政策环境。相对于一般的中小企业，大学生创业者申请小额创业贷款更加容易；通过参加创业大赛获得相关创业基金的资助支持。各高校开展的创业活动以及创业教育课程通过理论教学与模拟实战的方式进行创业知识的普及，培养大学生的创业精神与能力。通过社会实践、在班级社团担任干部等方式，大学生既可以锻炼组织与管理能力，又可以积累个人的人脉。广泛的人脉资源，潜在蕴含的信息资金、知识会更多，有利于积累人才资源与管理资源。受教育程度是大学生创业者的优势，大学生创业者具有分析与总结问题的能力，在对创业资源进行分析和辨认时会较一般创业者更清晰理性。

2. 通过积极开拓社会资源获取资源

社会资源的形式多样，包括亲友、合作伙伴、创业联盟、代理、导师等。由于初创企业的缺陷和规模过小等问题，在很大程度上无法获得企业发展所需的资源或需要付出较高的成本。社会资本在某种程度上为创业者提供了一种较为廉价的资源获取途径。如果创业者具有良好的个人信誉并且企业已经初步取得成就，拥有丰富社会资源的创业者容易获得更多有价值的创业资源。大学生的社会资源比较简单，由于大部分的时间是在学校内学习，接触社会的机会较少，因而大学生的人脉资源主要是在校学生，几乎没有政府关系、商业关系。因此在创业之初主要依靠的是亲戚、朋友等个人关系，在创业过程中如果能不断开拓社会资本，对其获取创业资源有积极的促进作用。

3. 通过初创企业的初始资源获取资源

设立企业需要的是初始资源，企业后续的生存、发展需要运营资源。企业如果具有良好的初始资源，可以不断地吸引外界新的资源，并与初始资源结合。国外学者的案例研究表明，新创企业所需资源的识别和获取中，已具备的初始资源是至关重要的，初始资源可以作为工具性资源从而撬动其他资源。如世纪佳缘网站在 2007 年初步发展时期，就曾获得新东方 4000 万元天使投资的资金支持；目前尚处于开拓阶段的私家车短租平台也都有风投的身影。所以大学生要通过培养良好的商业思维与捕捉机会的能力，将已有的优势不断扩大并获得社会认同，以便获得更多资源。

4. 有效整合已有资源，最大限度地利用资源

资源获取的内容不仅仅局限在单纯的量的积累上，通过对各类已有的创业资源进行细致化与丰富化处理，可以获取新的竞争优势。资源的整合贯穿资源的识别、资源的获取以及资源的利用整个过程。对于初始资源匮乏的大学生创业者来说，有效地整合与利用资源尤为重要。有限的资源并不能维持企业的正常运转，大学生创业者必须利用自身资源整合能力，将从外部环境获得的资源与已获取的内部初始资源组合利用，来提升创业绩效，使企业能够长期生存与发展。

案例导读

吴少武：一个边学习边实践的大学生创业者

大学生就业难，一直困扰着许多刚刚走出校门的大学毕业生。当许多大学生在尚未毕业就忙于找工作时，而华南理工大学毕业生吴少武就已经当了老板。他对外称，自己是边学习边实践的一个创业者。事实确实也是这样！吴少武是如何刚毕业就当上了老板的呢？

其实，吴少武并不是大四毕业时才开始创业的，而是从进入大学校门起，就开始琢磨着自己应该如何创业。在大一到大二的这段时间里，吴少武除完成自身的学业外，就在外面做家教，还干一些兼职，开过复印小店等。虽然忙得不亦乐乎，但到头来却并无多少收获。大三后，吴少武又开始在学业上努力了，甚至很投入地参与一些学术竞赛。由于在学业和学术比赛中成绩突出，获得过不少省级比赛冠军，吴少武让自己当上了学生会的主席。当上学生会主席，吴少武不论是做学业还是做课题包括做社会调查，都非常认真，而且强调要保持最佳的团队精神。大二的下学期，吴少武为参加一个挑战赛，接到一个"恋

爱经济学调查"的课题。他让调查组成员在同学们中发放了200份问卷调查，然后，他又让成员非常认真负责地去催问同学们填写调查表，并动员更多的同学参与到调查问卷活动中来。课题做完后，在进行答辩时，他要求课题组成员一律西装革履，非常认真地投入到答辩中去。吴少武没有想到，就是自己的认真、细致，精益求精的精神，让自己日后获得了一个创业的极佳机遇。那次答辩中，学校邀请了校外的一些专家和企业界的人士参与。其中就有广州好来运速递服务有限公司老总韦俊荣。他看到吴少武在课题中能把大学生恋爱中潜在的消费导向和消费习惯调查分析得那么细致而准确，足见其干事认真负责的精神，觉得应该是一个能干一番事业的人。尔后，韦总特意请吴少武的团队到他们公司做咨询，并为公司解决一些管理上的问题。经过多次交往，吴少武便和韦俊荣老总结下了忘年之交。到大三实习时，吴少武去了一家会计师事务所实习。在实习过程中，吴少武仍然是一如既往地认真对待自己的实习工作。他复印了上千份有关资料，撰写了200多份行政函，受到了实习会计师事务所的好评，他自己也得到了7000多元钱的实习工资。在实习结束后，吴少武得到了世界四大会计师事务所——普华永道的offer。能拿到一张世界著名会计师事务所的offer，这是许多同学梦寐以求的事，而吴少武却很坦然，他把这份offer弃之一边，未予接受。因为，他有自己的想法，那就是自己创业，干出一番事业来。

吴少武作出自己创业的选择，不光是要有勇气，更需要的是有底气。大三下学期时，广州好来运速递服务有限公司的韦总给吴少武打了个电话，问吴少武有没有兴趣在学校代理一下毕业生的包裹业务。吴少武接到电话后，一口允诺了下来，他预感到自己的事业或许就将由此开始。

承接了高校毕业生的包裹业务后，吴少武马上组织了学生团队，在学校内开展宣传，并向特定的目标客户进行上门服务。另外，吴少武还利用学生会主席的身份，与广州的其他高校毕业班的班长进行直接联系，上门承接包裹业务。由于服务到位，能保证业务质量，加之充分利用了较好的人脉资源，因而吴少武的业务迅速得到发展，仅仅一个月时间，他就做了10万元的营业额。

好来运的韦俊荣老总对吴少武如此高效率的运作感到吃惊，更坚定地相信他是一个做事有激情、有头脑、能干大事的人。于是，韦总投资全力支持吴少武创办自己的公司。大四时，在韦总的支持下，吴少武创立了广州新陆程物流有限公司。公司的团队里，只有两位是在物流行业做过，有物流工作经验，其余的人都是在校大学生或刚刚毕业的大学生。公司成立之初主要是以华南地区的中短途高速公路运输为主。没多久，吴少武接到了广汽丰田公司配件供应商的大单，专门负责把汽车零配件从公司的仓库运送到广东西部沿途各大4S汽车销售店里。由于吴少武公司物流业务服务水平较高，在运输汽车零配件上做到了零破碎、零延误、零事故，为公司赢得了客户的信赖，业务保持了较好的发展。公司一个月的营业收入达到了60余万元。

大四毕业后，当别人都在四处找工作的时候，吴少武已是一家物流公司的老总了。虽然创业成功了，但是吴少武并没有因此而沾沾自喜，他不仅头脑灵活会赚钱，而且学业成绩也很优秀，被保送读华南理工大学创业教育学院的研究生。这个创业教育学院是依托工商管理学院成立的，除需要学完专业课程外，还要修满一定的创业培训课程和实训课程学分。更吸引人的是学院给学生提供校内外一对一的导师指导，且对学生创业项目进行预孵化，甚至进行产业化。学院已募集有创业培育基金、创业投资基金120万元和5000万元。吴少武已成为学院第一批选拔的有强烈创业意愿和创业潜力者，学校和学院将从政策、技术、资金等方面对创业学生提供有效的帮助，让学生创业的梦想能够得以实现，并促进学生的创业企业走得更远更稳。

大学生创业经常会面对资源匮乏的窘境，吴少武在大学期间一步一步积累创业资源从而成功创业，完成从学生到创业者的转型。

（资料编自：邓文达，《大学生创新创业》，人民邮电出版社2016年出版）

【问题】

大学生可以通过哪些渠道寻找创业资源？如何维护人脉资源？

（二）创业资源获取的技能

1. 沟通

为了获取创业资源，创业者及其团队应该有较好的人际沟通能力、沟通技巧以及顺畅的沟通机制。有研究结论可以很直观地证明沟通的重要性，即两个70%：第一个70%是指企业的管理者，实际上70%的时间用在沟通上；第二个70%是指企业中70%的问题是由于沟通障碍引起的。

2. 战略领导力

创业者战略领导能力是创业者能力与新创企业战略管理过程的契合点，是创业者能力在企业战略管理各个阶段中体现出的一种独特的思考型实践能力，包括战略思维能力、战略决策能力、战略规划能力和战略控制能力。

案例导读

打动投资人的7个关键点

（1）向投资人展示清晰的利润。

投资人为你提供资金并不是单纯的因为他们喜欢你的愿景（虽然愿景是他们为你提供投资的前提之一），他们投资的目的是希望能够通过对你进行的投资而获取额外的利益。让你未来的利润看上去很有前景，这是打动投资人最好的办法。你必须要用非常职业而又令人愉悦的方式来展示你的预期利润。

（2）向投资人展示增长空间。

投资人喜欢稳定、生命周期长，而且拥有大量消费者的市场，因此你应该向他们展示你的企业价值，以及这个价值的增长空间。你应该向他们解释你的产品会得到多少客户，以及现有客户的品牌忠诚度。投资人想要看到他们的钱不会打水漂，而是会为他们继续创造价值，因此你要让他们相信，投资你的企业之后，你能够帮助他们获得回报。拥有清晰的业务模式。投资人喜欢他们也能够进行参与的东西，因此拥有一个清晰、可复制的业务模式，能够让他们对你更感兴趣。在最理想的状况下，你的业务模式应该能够轻松进行扩张，而且你还要向他们尽可能地讲解细节，这样做的好处是你可以让他们看到你的增长点，而且让他们认识到你有一个不错的计划，也知道该如何将这个计划变成现实。

（3）向他们讲解你想要解决的问题。

一家成功的企业应该拥有一个清晰的愿景，以及他们的产品或是服务想要解决的具体问题。这个问题应该会困扰着许多的人，如果这个问题并不常见或是并不棘手，这意味着这家企业的客户规模也很难做大。但是无论你的目标市场规模是大还是小，你都应该向投资人详细讲解你想要解决的问题，并且拿出一个切实可行的产品来解决这个问题。

（4）向投资人证明你与其他竞争对手有所不同。

如果你的业务中有一部分是你独家所有的东西，这就是应对竞争最优的办法，因为没有人能够复制你，你是无可替代的。专利、商标和版权都可以。但是对于小企业来说，商标和版权也许并不重要，因此在投资人看来，商标和版权没有专利那么吸引人。如果你没有独家的东西，你也可以提出一个非常有创新性的观点或愿景。

（5）向投资人证明你有最好的团队。

在衡量一家初创企业的时候，投资人往往会将这家企业的团队考量在内，他们希望看到一个充满激情、能力，而且愿意付出一切的团队。因此你不仅要雇佣最好的员工，还要让投资人接触你的员工，向他们证明与你并肩战斗的，是一个最优秀的团队。毕竟，即使是一个在纸面上看上去非常优秀的创意，如果执行的人不够优秀，这个创意也会轻易地失败。

（6）向投资人证明你与客户有着紧密的联系。

拥有回头客是一家企业能够获得成功的标志之一。除此以外，与客户有着紧密的联系，在投资人眼中看来，也是一家值得投资的企业标志之一。你应该努力与你的客户建立起一种积极的关系，然后将这种关系展现给你的潜在投资人，告诉他们你拥有忠实的消费者，他们会一直支持你的企业或是品牌。没有多少投资人愿意把钱投给一家把自己和消费者隔绝的企业。

（资料来源：刘大鹏，7招打动投资人，证明你与对手不同，《投资与创业》，2016）

六、机会评估

创业者在做出创业决策之前，必须对创业机会进行评估。关于创业评估，分为定性与定量两种方法。

（一）定性评估方法

从定性方法上看：一是市场评估准则，二是效益评估准则。其中，市场评估准则包括五个方面：

（1）市场定位。评估创业机会的时候，可由市场定位是否明确、顾客需求分析是否清晰、顾客接触通道是否流畅、产品是否持续衍生等，来判断创业机会可能创造的市场价值。创业带给顾客的价值越高，创业成功的机会也越大。

（2）市场结构。对创业机会的市场结构进行五项分析：进入障碍，供货商，顾客，经销商的谈判力量，替代性产品的威胁和市场内部竞争的激烈程度，由此可知该企业在未来市场中的地位，及可能遭遇竞争对手反击的程度。

（3）市场规模。市场规模大者，进入障碍相对较低，市场竞争激烈程度也会略为下降。若要进入的是一个十分成熟的市场，那么利润空间会很小，不值得再进入；若是一个成长中的市场，只要时机正确，必然会有获利的空间。

（4）市场渗透力。对于一个具有巨大市场潜力的创业机会，市场渗透力评估将会是非常重要的。应该知道选择在最佳的时机进入市场，也就是市场需求正要大幅增长之际。

（5）产品的成本结构。从物料与人工成本所占比重之高低，变动成本与固定成本的比重，以及经济规模产量大小，可以判断企业创造附加价值的幅度以及未来可能的获利空间。

效益评估准则包括四个方面：

（1）合理的税后净利。一般而言，具有吸引力的创业机会，至少需要能够创造百分之十五以上税后净利。如果创业预期的税后净利是在百分之五之下，那么这就不是个很好的投资机会。

（2）达到损益平衡所需的时间。合理的损益平衡时间应该在两年之内达到，如果三年还达不到，恐怕就不是个值得投入的创业机会了。

（3）投资回报率。考虑到创业面临的各种风险，合理的投资回报率应该在百分之二十五以上，而百分之十五以下的投资回报率是不值得考虑的创业机会。

（4）资本需求。资本需求量较低的创业机会，投资者一般会比较欢迎，资本额过高其实并不利于创业成功，甚至还会带来稀释投资回报率的负面效果。通常，知识越密集的创业机会，对资金的需求量越低，投资回报反而会越高。因此在创业开始的时候，不要募集太多资金，最好通过盈余积累的方式来创造资金，而比较低的资本额，将有利于提高每股盈余。

（二）定量评估方法

蒂蒙斯总结概括了一个评价创业机会的框架，其中涉及 8 个维度 53 项指标。尽管蒂蒙斯也承认，现实中有成千上万适合创业者的特定机会，但未必能与这个评价框架相契合。但他的这个框架是目前包含评价指标比较完全的一个体系，如表 2-3 所示。

表 2-3　蒂蒙斯创业机会评估指标体系

经济因素	1. 达到盈亏平衡点所需要的时间在 1.5~2 年及以下
	2. 盈亏平衡点不会逐渐提高
	3. 投资回报率在 25% 以上
	4. 项目对资金的要求不是很大，能够获得融资
	5. 销售额的年增长率高于 15%
	6. 有良好的现金流量，能占到销售额的 20% 到 30% 及以上
	7. 能获得持久的毛利，毛利率要达到 40% 以上
	8. 能获得持久的税后利润，税后利润率要超过 10%
	9. 资产集中程度低
	10. 运营资金不多，需求量是逐渐增加的
	11. 研究开发工作对资金的要求不高
行业和市场	1. 市场容易识别，可以带来持续收入
	2. 顾客可以接受产品或服务，愿意为此付费
	3. 产品的附加价值高
	4. 产品对市场的影响力高
	5. 将要开发的产品生命长久
	6. 项目所在的行业是新兴行业，竞争不完善
	7. 市场规模大，销售潜力达到 1000 万到 10 亿元
	8. 市场成长率在 30%~50%
	9. 现有厂商的生产能力几乎完全饱和
	10. 在 5 年内能占据市场的领导地位，市场占有率达到 20% 以上
	11. 拥有低成本的供应商，具有成本优势
收获条件	1. 项目带来的附加价值具有较高的战略意义
	2. 存在现有的或可预料的退出方式
	3. 资本市场环境有利，可以实现资本的流动
竞争优势	1. 固定成本和可变成本低
	2. 对成本、价格和销售的控制较高
	3. 已经获得或可以获得专利所有权的保护
	4. 竞争对手尚未觉醒，竞争较弱
	5. 拥有专利或具有某种独占性
	6. 拥有发展良好的网络关系，容易获得合同
	7. 拥有杰出的关键人员和管理团队
管理团队	1. 创业者团队是一个优秀管理者的组合
	2. 行业和技术经验达到了本行业内的最高水平
	3. 管理团队的正直廉洁程度能达到最高水平
	4. 管理团队知道自己缺乏哪方面的知识

续表

致命缺陷	不存在任何致命缺陷
创业家的个人标准	1. 个人目标与创业活动相符合 2. 创业家可以做到在有限的风险下实现成功 3. 创业家能接受薪水减少等损失 4. 创业家渴望进行创业这种生活方式，而不只是为了赚大钱 5. 创业家可以承受适当的风险 6. 创业家在压力下状态依然良好
理想与现实的战略性差异	1. 理想与现实情况相吻合 2. 管理团队已经是最好的 3. 在客户服务管理方面有很好的服务理念 4. 所创办的事业顺应时代潮流 5. 所采取的技术具有突破性，不存在许多替代品或竞争对手 6. 具备灵活的适应能力，能快速地进行取舍 7. 始终在寻找新的机会 8. 定价与市场领先者几乎持平 9. 能够获得销售渠道，或已经拥有现成的网络 10. 能够允许失败

蒂蒙斯指标体系的操作步骤：一是针对不同维度进行权衡，即确定 8 个维度权重；二是确定每一个维度中指标的权重；三是根据实际情况对每一项指标进行分析；四是获得加权评分后每一个维度的评估值以及整体的评估值。须要指出：任一个维度中都要设置一个"最低分阈值"，即当某一个维度的评估值低于这个值数时，即便整体得分情况很好，也应当放弃该项创业机会。

能力训练

一、案例分析

案例一 相信自己的想法，然后努力去实践

在这么一个创业的时代，每个人都有自己的想法，这就是创业。只要你能抓住市场经济动态，就有机会积累人生第一桶金！

马云：时常光顾首富宝座的马云出生在杭州，从小家境贫寒，他两次高考失败，第三次终于被杭州师范学院录取。毕业后，马云被分到杭州电子工业学院教英语，同时负责翻译。后来，马云辞职换了几份工作，包括做过一个新开张的肯德基店的店长助理。1995 年他创办了海博翻译社。因为帮助杭州市政府和美国一家公司谈合作，马云在去美国时第一次接触到了互联网。1995 年 4 月，马云垫付 7000 元，联合家人亲朋凑了 2 万元，创建了中国最早的互联网公司之一"海博网络"，并启动了中国黄页项目。一位曾在大排档里见

过马云的老乡这样描述他：喝得微醺，手舞足蹈，跟一大帮人神侃瞎聊。那时大家还不知道互联网为何物，很多人将马云视为到处推销中国黄页的"骗子"。到了1997年年底，网站的营业额不可思议地做到了700万元！随着互联网在中国升温，中国黄页与杭州电信的竞争使得马云最终向对方出让了70%的股份。1997年，当时的外经贸部向马云伸了橄榄枝，他将自己所持的中国黄页剩余股份贱卖，带着几个创业伙伴远走北京，继续开发网上贸易站点。

在租来的不到20平方米的小房间埋头苦干15个月后，不仅让外经贸部成为了中国第一个上网的部级单位，而且将净利润做到了287万元。然而，外经贸部此前对马云团队许诺的股份因种种原因迟迟没有落实，他决定再度重新创业。1999年2月，在马云杭州湖畔花园的家中，以50万元起步的阿里巴巴诞生了，打造出惊人财富的18人创业团队也合作至今。2014年阿里巴巴在纽交所上市，马云成为中国首富。

马化腾：马化腾有着不一样的家庭背景。马化腾的父亲马陈术是一位干部，但是马化腾创业也没有在父亲的"关照"下而一帆风顺。创办QQ初期，马化腾曾试图作价60万元卖掉QQ，但找不到买家。当时任职搜狐的古永锵和冯珏都到腾讯看过，2001年春天，马化腾自己还去新浪见了王志东和汪延，但后来都没有消息。在2000年年初，他获得IDG和香港盈科总共220万美元的投资时，代价是出让了多达40%的股份。据一位在腾讯公司工作的员工回忆，在这次融资过程中，马化腾做了两次腰椎手术，第二次手术后，就平躺在床上举着笔记本电脑办公。马化腾在煎熬中终于等到了南非MIH集团。与此同时，中国移动推出的"移动梦网"开始改变腾讯公司的生存状态。移动梦网通过手机代收费的分账协议使腾讯收费会员业务成为可能，接下来，腾讯公司赚钱的速度和它注册用户的疯长一样惊人。到现在，腾讯公司借助QQ已经成为中国最大的互联网公司，几乎涉足了所有互联网业务领域。这是马化腾1998年创业时不曾想到的。那时，马化腾和大学同学张志东决定下海做生意，成立了软件公司，只有5条电话线和8台电脑，主营业务是为其他公司做软件外包。当时为了谋生，两人既当销售，又做工程师，什么业务都敢接，做网页、做系统集成、做程序设计，模仿ICQ发展出来的QQ不过是随项目赠送的副产品。

（资料来源：印象网）

【问题】

（1）请分析马云和马化腾是怎么抓住创业机会的，他们做了哪些准备？

（2）你从该案例中获得哪些启示？

案例二　从准备开始，"非常小器·圣雅伦"的诞生

谈到商业谋略，梁伯强是最令人敬佩的一个。梁伯强想做指甲钳，在国内却找不到过硬的技术，找来找去，他发现韩国人在这方面行，技术好。可是韩国人一向抠门，对自己的技术看得很严。公开向韩国人讨要技术肯定不行，出钱买人家也未必肯卖。为了从韩国

人那里偷师学艺，梁伯强想了一个"曲线救国"的办法。第一步，他先想办法成为韩国人的代理商，为其在中国内地批发销售指甲钳。这样既建立了自己的指甲钳销售网络，又取得了韩国人的信任。第二步，在取得韩国人的信任后，梁伯强便开始找借口，说韩国人的货这不行那不行，质量不过关，产品老崩口，天天找韩国人的麻烦，把自高自大的韩国人气得不行。最后为了证明自己的产品质量过关，韩国人竟在一怒之下，将产品生产材料和工艺流程都告诉了他。梁伯强一听大喜过望，立刻自己开打，"非常小器·圣雅伦"于是呼啸出山，一亮相就获得满堂彩。

梁伯强偷艺的故事，不禁让人想起华人第一首富李嘉诚。李嘉诚当年未发迹时，为了获得塑料花的生产工艺，也曾到意大利演了这么一出。看来，财富强人有时在财富智慧上也是惊人的相似。

（资料来源：腾讯网）

【问题】

（1）梁伯强为什么能成功，他做了哪些必要的准备？

（2）谈谈自己有哪些创业设想，并应该做好哪些准备。

案例三　灵感与创业商机

比亚迪老总王传福的创业灵感来自一份国际电池行业动态，一份简报似的东西。1993年的一天，王传福在一份国际电池行业动态上读到，日本宣布本土将不再生产镍镉电池，王传福立刻意识这将引发镍镉电池生产基地的国际大转移，意识自己创业的机会来了。果然，随后的几年，王传福利用日本企业撤出留下的市场空隙，加之自己原先在电池行业多年的技术和人脉基础，做得顺风顺水，财富像涨水似的往上冒。他于2002年进入了《福布斯》中国富豪榜。"名人"老总佘德发是个非常有意思的人，据说这个人不管走到哪里，随身都会带着两样宝贝：一样是手提电脑，因为"名人"在全国设有许多的分部、分公司，佘德发带着电脑走到哪里，那里就是公司的总部；另一样是一个旅行箱，里面全是各种各样的报纸，佘德发走到哪里，读到哪里，将一箱一箱的报纸，当成了精神食粮。另一位财富英雄郑永刚，据说将企业做起来后，已经不太过问企业的事情，每天大多时间都花在读书、看报、思考企业战略上面。很多人将读书与休闲等同，对创业者来说，阅读是工作，是工作的一部分，一定要有这样的意识。

（资料来源：以商会友，http：//club.1688.com/ricle/35509142html，2014）

【问题】

（1）王传福、佘德发、郑永刚三位企业家给创业者带来哪些启示？

（2）你怎么看待"世界并不缺少机会，而是缺少发现机会的眼睛"这句话，请提出自己的观点。

二、技能实训

1. 实训项目：创业项目的评估

根据所学的知识，对某一创业项目进行评估。

2. 任务目标

（1）了解创业项目评估的价值和意义。

（2）掌握创业项目评估的过程。

（3）学习从定性角度和定量角度两个方面对创业项目进行评估。

（4）培养对评估后的结果进行分析的能力。

3. 内容要求

选择校园中的某一项目进行评估，如校内打印、学生活动策划、劳动力中介、二手品买卖，等等。要求从定性和定量两个角度进行评估（其中的定量评估部分请结合蒂蒙斯评估框架），评估报告不少于 1000 字，最后从定性和定量两方面来阐述该项目的可行性。

项目三

创业设计

知识目标：

(1) 了解创业项目选择的原则；

(2) 理解创业计划书的作用；

(3) 掌握创业计划书的具体内容；

(4) 掌握创办新企业的主要法律形式；

(5) 了解新企业的注册流程。

技能目标：

(1) 能根据市场分析和调查选择合适的创业项目；

(2) 能编写一份完整且规范的创业计划书。

情景导入

创业梦想从"孔明灯"开始

一天晚上，刘鹏飞和女友在义乌梅湖公园散步，发现路人都在驻足仰望。刘鹏飞抬头一看，只见空中飘着几个发光的灯笼，疑似"天外来客"。两个没见过孔明灯的年轻人顿时感觉新奇又兴奋。望着望着，刘鹏飞突然来了灵感。

第二天，刘鹏飞走进令人眼花缭乱的义乌国际商贸城，发现卖孔明灯的店只有三四家。这个发现让他颇感意外。回到家，他又开始上网查询，发现阿里巴巴、中国制造、环境资源等电子商务平台上都没有人卖孔明灯，但用谷歌搜索，却发现国外有人求购孔明灯。

刘鹏飞认为，这种"新、奇、特"产品蕴藏着巨大的商机，很适合他去做。首先是目前做孔明灯的厂家还不多，竞争不激烈，行业不成熟；其次是利润高，投资不大，做起来又简单；最后是国外还有很大的市场需求，做外单肯定赚钱最快，因为以"柜"为单位的走货，比小单内销更有效率。只用了两天，他就认定孔明灯是最适合自己的创业项目。

拿到第一个月打工挣到的1400元工资后，刘鹏飞跟老板说了"拜拜"。他用其中的

400元进了100多只孔明灯，开起了专卖孔明灯的网店。由于手头存货不多，他多数时候都是等客户下单后，才到市场上采购、发货。一个月下来，他竟然赚了3000多元。初尝甜头的刘鹏飞，更加坚信自己的选择。

紧接着，一个大单从天而降：一家温州的贸易公司有意把一笔20万元的业务交给他，但这家公司提出想现场考察一下刘鹏飞的"公司"。这可把刘鹏飞急坏了，因为他所谓的"公司"其实就是他住的出租屋，由一个位于六楼的洗手间改造而成，月租600元。刘鹏飞四处打听，找到了一间简陋的办公室和一座小厂房，临时租用一天，想在温州客户到访时"演一出戏"。

几天后，客户如约而至，刘鹏飞却突然后悔了。他觉得这样欺骗对方，不符合自己的做人原则，而且说不定中间就会露馅。于是他鼓起勇气，把自己的"阴谋"向客户和盘托出，不料客户不仅没有拂袖而去，反而深受感动，认为他如此诚实，值得信任。孔明灯的生产难度并不大，刘鹏飞仅用一个月的时间就保质保量地完成了这笔业务，净赚了10万元。这是他人生的第一桶金。

（资料来源：新浪浙江，http://zj.sina.com.cn/finance/biz/biz/31/2012/0515/17414.html，2018）

思考与讨论：

（1）刘鹏飞创业的源动力来自哪里？

（2）你认为刘鹏飞创业成功的关键点在哪里？

任务3.1　创业项目选择

根据创业者相关调查数据表明：80%的创业者在创业前期都感到确定创业项目"十分头疼""很难抉择"；在创业失败的案例中，有60%的人觉得是"创业项目不对"或"创业项目选择失误"；而在成功创业人群中，70%的人都认为是"良好的创业项目成就事业"。选择项目既然如此重要，那么究竟该如何选择项目呢？

一、创业项目选择的原则

1. 选择最有市场潜力的创业项目

想开创自己的事业，就要知道哪些行业是国家政策鼓励和支持的，哪些是允许的，哪些是被限制的，等等。我们要选择国家政策鼓励和支持，并有发展前景的行业。根据社会学家和经济学家的预测，随着中国市场经济的发展和经济结构的调整，各行业在社会发展中的地位和发展潜力也在发生变化。某些行业社会需求加大，获得了蓬勃发展，成为未来社会发展的主导产业。

从中央到地方，各项优惠政策数不胜数。国家在鼓励某些行业发展的同时，在税收、用地、资金等各方面都会出台各项相关优惠政策，这从另一个方面也说明该行业具有良好的市场发展前景和政策发展环境。因此，创业者可以因势利导，找准自己的"落脚点"，创造属于自己的一份事业。

如果创业项目确实是创业者很熟悉也很擅长的项目，但是却属于市场需求越来越少或者即将衰退的行业（俗称"夕阳行业"），那么创业者也不要去做。与时俱进，顺势而为，才是最明智的选择。要知道什么项目是未来有潜在市场的，这就需要创业者做详细的调研和论证，多分析国家发展的宏观规划，认真做好市场调查。

2. 选择适应社会需求的创业项目

有的创业者认为，办企业是为了赚钱，什么行当赚钱热门，就搞什么行当，这种想法是不正确的。创业者必须树立这样一个观点，即"企业是为解决顾客的问题而存在的"，没有满意的顾客就没有公司的存在。项目的选择必须以市场为导向。就是说搞什么项目不能凭自己的想象和愿望，而要从社会需要出发。要知道社会需求，就要做调查，特别是第一次创业，创业者更是要做详细的了解，要了解市场需要什么？需要多少？你的顾客是谁？谁会来购买你的产品或服务？竞争对手有哪些等等。市场调研是正确决策的重要前提。因此，创业方向的选择不可随便而为，必须以慎重态度对待。在论证的过程中，要多思考，多调研，多花时间，用几个月甚至一年时间都是值得的。

创业者确定创业项目时一定要清楚：可以创业成功的项目一定不是"你想做什么"，而是"你能做什么"；不是"你喜欢什么"，而是"顾客喜欢和需求什么"。因为如果你的产品或服务不能满足顾客的某种需求，就不会有顾客来购买。

最能满足顾客需求的项目一般也是有特色的项目，市场上没有的、先于别人发现的、与别人不同的、比别人强的项目都可以归类为有特色的项目。项目有特色就能够避免与同行竞争者拼杀，还可以提升产品的辨识度和认知度，拥有更高的定价空间。立志于自主创业的创业者，应该对市场动态变化保持敏锐的感知，时刻了解市场需求变化的方向，从而发现市场空白，设计出独具特色的、最能满足顾客需求的创业项目。

3. 选择创业者最擅长的创业项目

各行各业都有它自己的规律，只有具有了这个行业相当的经验，你才会在机遇来临时率先看到它；在行业发展不利时，你第一个意识到它。这些直觉往往是依靠经验的积累而产生的。在你最熟悉的领域里，你会游刃有余，无往而不胜，这就是民间商人常说的"不熟不做"的道理。

同时，选择你最喜欢的项目开始创业，是成功率很高的选择。做你最喜欢的事，你才最有可能坚持到底，才不至于遇到坎坷和困难时半途而废。古语有云："知之者不如好之者，好之者不如乐之者。"只有在做自己最喜欢的事情时，人们才会废寝忘食、不知疲倦。

这种乐在其中的感觉，会叫人乐此不疲，而创业最需要的是创业者坚持不懈的热情和执着。爱迪生一天平均有 十八个小时待在实验室里，当他的家人劝他休息时，他说："我没有在工作，我一直在玩。"所以，爱迪生的成功是因为他做了自己最喜欢的事。

4. 选择创业者力所能及的创业项目

创业者在创业初期，其融资渠道较少，大部分的创业者都是利用父母、亲友的资助或者自己的一些积蓄，作为创业的启动资金，对于一般的创业者而言，其能够获取的创业资金是十分有限的。因此，创业者在创业初期时，应该尽量选择初始资金投入少、资金周转期短的项目，这样才能保证后期的项目运转有足够的资金，才有充足的现金流维持企业的正常经营。同时，也要尽量避免选择那些需要大量库存的项目。库存多了流动资金就少了，而且大量的库存还会增加库存管理的成本以及存货风险。当市场出现不稳定的状况时，必然会导致创业企业资金周转不灵，甚至陷入倒闭的困境。

创业者在初创时期，普遍缺少管理经验，如果一开始就管理很多员工，往往会导致企业内部管理混乱。创业初期应该以开拓市场为主导，如果经常被人事工作所拖累，就不可能有大量的精力去完成其他重要的工作。因此，没有管理经验的创业者可以先选择创立之初只有几个人的小企业，积累管理经验，随着企业的不断壮大，创业者自然有能力管理更多的员工。雇佣的人员太多也会加重企业的薪资负担。对于初创企业来说，如何精减人员、发挥人力资源的最大效用是需要慎重考虑的问题。因此，创业者要尽量选择员工少的创业项目。

案例导读

上海爷叔自己创业成"拖鞋大王"

"拖鞋大王"胡志勇的创业成功经历对想创业的人是很好的启示。1994年原在本市一家船舶公司任防疫工作的胡志勇下岗了。他选择了摆摊头，做点小生意，从城隍庙福佑街批来袜子、玩具等日用品到集市设摊买卖。几个月下来他发现每年4-7月，拖鞋特别好销，3、4元一双批来，7、8元一双卖出。他想拖鞋属于小商品又是易耗品，一个夏天一过，第二年又有市场需求，风险较少。于是他集中全部资金，去做拖鞋生意。当年到福建直接批货，这是1996年。下海后，他通过做代理，为福建一家规模很大的拖鞋生产厂家，在4、5两个月就卖掉16万双拖鞋。自此他的拖鞋生意越做越大，目前他的通盈鞋业公司在10多家百货公司有自己的专柜，并拥有300多家较稳定的二级代理商，还注册了自己的"千里马"商标，在大超市销售。6年他共卖掉1000多万双拖鞋，曾供应上海拖鞋市场30%~40%的货源。

（资料编自：上海滩拖鞋大王胡志勇的慈善情，新华网，2018）

二、创业项目选择的方法

1. 累积经验，谨慎选择

创业者在选择创业项目时，要开阔视野、扩展思维、拓宽选择范围。阅读和学习一些创业人物传记、贸易出版物、财经图书等来开阔自己的视野，培养自己的创业感觉和兴趣。积极了解和参与一些投资贸易洽谈会、博览会及有针对性的创业项目洽谈会、创业项目大赛等，从而开阔眼界、刺激思维。主动参加一些创业讲座、小企业管理课程等，拓展交际人群，建立人脉资源，结交经销商、批发商、企业人士等，通过与他们的相识、交流以及向他们请教来获取项目信息。通过"创新创业大赛""创意集市"等创新创业活动，打开自己的创新思维，锻炼项目运作能力，获取项目信息。

通过不断地累积知识与经验，创业者脑海中可能会产生许多的创业项目，此时更加需要结合相关的评价指标、筛选办法将一些不能做成、不适合的项目逐一排除，如将政策限制的项目、启动资金较大的项目、不环保的项目排除掉。

2. 条件筛选，明确方向

创业者在前期累积经验，多方位思考，谨慎选择的基础上，还需要进一步筛选。一方面，创业者可以根据自己的兴趣进行筛选。创业者可以把最想做的创业项目挑选出来，即从兴趣出发。兴趣是一个人进行认识和实践的动力，影响着创业者的能力和知识结构的形成。如果选择了自己感兴趣的创业项目，创业者就会倾注全部心血，用坚忍的意志来督促自己不断努力。另一方面，根据自身的条件进行筛选。创业者可以把能够做的创业项目挑选出来，即从自有资源出发。在选择创业项目时，创业者虽然要考虑自己的兴趣，但又不能只凭借兴趣，否则还是有很大的风险。自有资源一般包括技术专长、行业经验、经营策略、管理能力及个人社会关系等，这些是完成创业项目的切实保障。最后，根据市场需求进行筛选。创业者可以把具有市场需求的创业项目挑选出来。选择创业项目时必须以经济效益为导向，从市场需求出发，才能取得理想的结果。经过三轮筛选后，能够同时满足三个条件的创业项目就是适合创业者的创业项目。

3. 市场调查，充分论证

在筛选创业条件、明确自己的创业项目后，创业者需要对该项目进行市场调查，以判断其可行性。创业者进行市场调查，应做到。第一，确定调查目标。创业者要确定市场调查的目标，即明确目标人群的组成，判断自己的产品或服务能否满足其需求等。第二，把握调查要点。把握调查要点的关键是满足客户的需求。客户需求就是客户通过购买创业者的产品或服务，来实现需求上的满足。根据"双因素理论"论证，客户的需求分为两种情况：（1）需求存在，但还没有被满足。（2）已有的产品或服务能够满足客户需求。在满足客户需求的过程中，创业者提供的产品或服务，带来的客户满意度更高，从而获得新的经济价值。创业者应该用有限的资源条件创造出更大的客户价值。第三，处理与分析数

据。创业者应对调查结果进行数据处理与分析，通过对数据的处理与分析，了解创业项目的市场需求，从而对项目进行有效的市场预测和决策，为创业成功提供保障。

案例导读

当"渔大夫"

李强农学院的同学在农科所或科研单位就业后，他却选择在江南的一家渔业养殖场打工，待遇不好，工作十分辛苦。对此，很多同学嘲笑他，一个名牌大学生沦为高级打工仔有所不值，家人也很不理解。李强却有自己的职场规划，先苦后甜。

原来，他是在拜师深造。在打工两年里，他利用技术员的合理身份，遍访周边牛蛙、甲鱼、螃蟹等养殖场，向高级渔技师学艺。自认为成了这方面的行家里手后，他辞工回来，办了一间"渔大夫"诊所，为遍布市郊八十多个养殖场"送医送药"。由于技术精湛，专业熟，本市又独此一家，那些患了"渔病"的养殖户只会想到他。为避免遭遇全部损失，尽管开的"诊断费"和治疗费相对较高，也乐意付。现在，李强年"出诊"收入在八万左右。

（资料来源：大学生创业故事，《知乎》，2018）

三、创业项目选择的注意事项

1. 创业需要谨慎

每年都会出现一些风口行业，如近年来热的人工智能、无人超市等。面对这些热行业时，许多创业者会盲目跟风，而不考虑自身是否适合这个创业项目。创业者在创业时一定要综合考虑各种情况，不要为了自己的一时兴趣、头脑发热、跟风盲目创业。

2. 创业需要踏实

创业初期，很多创业者或多或少都会幻想着意气风发、自由自在的"老板生涯"。以为自己成了老板后就会很自由，不像上班族一样有那么多的规则和约束。事实上，创业者所要付出的时间、精力和所要承受的压力至少是一个普通上班族的3倍。一个真正白手起家的创业者，他所承载着的辛酸、压力、责任是普通人无法体会的。

3. 创业需要用心

创业者在开始创业的时候，没有用心去认真、仔细地分析用户和市场，所以无法判断自己的产品是否符合市场需求，是否能满足市场需求。如上门洗车服务，这就是一个伪需求，用户刚开始或许会觉得新鲜，时间久了，新鲜感过去了，就会逐渐被忘记。创业者需要有目的地观察客户，并深入了解每位客户的消费需求，这样才能够选择相应的创业项目来解决用户真实的高频需求。

研究生面馆创业失败

自古君子远庖厨。2014年12月24日，成都市一所高校食品科学系6名研究生声称自筹资金20万元，在成都著名景观——琴台故径边上开起了六味面馆。第一家店还未开张，六位股东已经把目光放到了5年之后，一说到今后的打算，他们六位异口同声地说：当然是开分店啦！今年先把第一家店搞好，积累经验，再谈发展。我们准备两年内在成都开20家连锁店，到时候跟肯德基、麦当劳较量较量。

而实际情况是，由于面馆长时间处于无人管理和经营欠佳的状况，投资人已准备公开转让。这家当初在成都号称第一研究生面馆的餐馆仅仅经营了四个多月，就不得不草草收场。原本想以研究生之名来制造广告轰动效应，但事情的发展却出人预料。

研究生面馆开业不久，6名研究生就一个个被学校领导找去谈话，要他们在学业和面馆之间做出选择：要么退出，要么退学。

（资料来源：大学生创新创业案例分享，https：//wenku.baidu.com/）

任务3.2　商业模式的设计

戴尔模式——世界上最好的商业模式之一

迈克尔戴尔作为当代典型的企业家备受商业媒体的关注，这个年轻的计算机奇才从大学辍学，通过创立自己的技术公司赚了大钱。

不过，迈克尔·戴尔真正有影响的见解并不在技术方面，而是在商业方面，戴尔模式是过去二十多年来世界上最好的商业模式之一。早在20世纪80年代初，他就开始关注个人计算机生产企业的工作模式，并且发现了一条更好的路子。这种方法可以免除许多不必要的成本，让人们以更低的价格买到自己想要的计算机。这条更好的路子就是向客户直销，绕过了分销商这个中间环节。戴尔计算机公司从消费者那里直接拿到订单，接下来自己购买配件组装计算机。这就意味着戴尔计算机公司无须车间和设备生产配件，也无须在研发上投入资金。消费者得到了自己想要的计算机配置，戴尔公司也避免了中间商的涨价。

这真是一个奇妙的商业创意！戴尔本人通过为消费者消除中间环节获得了大量财富。他以很低的代价获得了技术，比其他个人计算机制造商获得了更为丰厚的利润。戴尔计算机公司的直销商业模式就是利用现有的价值链，并且除去了一个不必要的、成本昂贵的环

节（在经济学术语中称为"非居间化"或"脱媒"）。从消费者的角度看，这种新价值链更有意义。戴尔计算机公司的副总裁凯文·罗林斯曾经感叹道："我们现在就像卖菜的农夫，搞不好东西就会烂在手里。"他的意思就是说，计算机技术的发展非常之快，如果公司不能迅速将计算机卖掉，产品就很容易变成一堆过时的机器，而过时的计算机就像已经开始腐烂变质的蔬菜、水果那样。这种关于库存和速度的认识，促使戴尔计算机公司在过去二十多年里表现不俗。因此，现在不论在什么行业，很多 CEO 都在讲，速度是他们优先考虑的问题之一。二十多年来，直销模式让戴尔计算机公司保持了一种令竞争对手疲于应付的速度，也让他们与客户之间建立了直接联系。这种联系又让他们及时掌握客户想要什么样的产品，何时需要这样的产品。

（资料来源：MBA 智库百科，https：//wiki. mbalib. com/wiki/戴尔模式，2015）

一、商业模式的概述

1. 商业模式的概念

商机虽然是创业活动的核心和起源，但创业者要想把握住创业机会，必须要将其加以丰富化和逻辑化，使之最终成为切实可行的商业模式。创业者必须要通过商业模式的设计，来实现对创业项目商业化过程中的有关"创业项目如何为客户提供价值，如何运作及如何获利"等关键问题做出切实的回答。一个可行的、有投资价值的商业模式是创业者需要在商业计划书中强调的首要内容之一。事实上，没有商业模式，创业就只是个梦想。

尽管商业模式这个概念第一次出现在 20 世纪 50 年代，但直到 20 世纪 90 年代才开始被广泛使用和传播。目前，这一概念已经成为创业者和风险投资者经常提及的一个名词。

商业模式是指企业根据自己的战略性资源，结合市场状况与合作伙伴的利益要求而设计的一种商业运行方式。它是一个把能使企业运行的内外各要素整合起来，形成一个完整的、高效率的、具有独特核心竞争力的运行系统，通过最优实现形式满足客户需求、实现客户价值，同时使系统达成持续盈利目标的整体解决方案。

总之，商业模式是连接顾客价值与企业价值的桥梁，商业模式为企业的各种利益相关者，如供应商、顾客、其他合作伙伴、企业内的部门和员工等提供了一个将各方交易活动相互链接的纽带。一个好的商业模式最终能够成为获得资本和产品市场认同的独特企业价值。企业必须选择一个适合自己的、有效的商业模式，把各种有形和无形的资源都整合其中，并且随着客观情况的变化不断对其加以创新，这样才能获得持续的竞争优势。

二、商业模式的特征

虽然商业模式因行业、企业类型等因素的不同而不同，但成功的商业模式一般具有以下5个特征。

1. 具有创新性

一个商业模式成功的关键不一定是在技术上做出了突破，也可能是在某一个环节中进行了改进，或是对原有模式进行了重组、创新。商业模式的创新贯穿企业经营的整个过程，贯穿企业资源的开发方式、制造方式、营销体系等各个方面，也就是说在企业经营的每一个环节中的创新都可能造就一个成功的商业模式。

2. 能提供独特的价值

企业通过确立自己的独特价值来保证市场的占有率。有时候独特的价值可能是新的思想，而更多的时候是产品和服务的独特性组合。这种组合要么可以向消费者提供附加的价值，要么可以使消费者能用更低的价格获得同样的利益，或者用同样的价格获得更多的利益。例如，近年来流行的经济型连锁酒店，入住率能常年达到90%以上，就是其区别于传统酒店的经营模式使其取得了成功。

3. 难以模仿

企业通过确立自己的与众不同（如对消费者的贴心关照、强大的实施能力等）来提高行业的进入门槛。如直销模式，人人都知道其如何运作，也都知道戴尔公司是直销行业的标杆，但却很难复制戴尔公司的商业模式，其原因就在于直销模式的背后是一整套完整的、极难复制的资源和生产流程。商业模式难以模仿意味着企业的经营是可持续的，但难以维持企业较快的成长速度。

4. 具有利润空间

成功的商业模式可以让企业在激烈的市场竞争中成功进入利润区，并在利润区内停留较长时间，创造出可长期持续的、高于行业平均水平的利润。企业经营的根本目的在于获取利润，不能盈利的企业是无法长久生存的。

5. 脚踏实地

企业要做到量入为出、收支平衡。这个道理看似简单，但如果想要持续长久地做到，却并不容易。现在有很多企业，不管是传统企业还是新型企业，对自己的钱从何处来，消费者为什么看中自己企业的产品和服务，乃至有多少消费者实际上不能为企业带来利润反而在侵蚀企业的收入等关键问题，都不甚了解。原因就是这些企业在生产经营过程中，没有做到脚踏实地、认真分析顾客。

案例导读

一次失败的创业经验

肖玉毕业后没有从事与所学专业相关的工作，而是决定自己创业。刚开始他想了很多项目，如网上开店、开餐饮店、开培训机构等。最后，他将目标锁定在了连锁加盟上。肖玉听说某干果连锁店在附近的生意还不错，就打电话给加盟商询问具体情况，然后马上筹

集资金开始了自己的加盟创业之路。然而，店铺开业一段时间后肖玉发现，每天的生意并不好，每天来店里的顾客也比较少。肖玉以为这是由于店铺刚开业，宣传的力度还不够。但经过大力宣传以后，生意依然不见起色，肖玉又安慰自己说这是创业初期的正常情况，但没有进一步深思和做出任何改变。几个月后，店里的库存积压严重，销量任务也没有完成，眼看着所剩无几的创业资金，肖玉才意识到创业的失败。

（资料来源：大学生创新创业案例分享，百度文库，2019）

【点评】

本案例中的肖玉选择了一种比较便捷的方式来进行创业，即希望借用别人的商业模式。这种方法虽然也是可取的，但是在创业的过程中，他没有根据自己的实际情况进行分析，也没有做出及时调整和必要的创新，这才是导致他创业失败的主要原因。

三、商业模式的要素

好的商业模式，是成功的起点。商业模式是包含了一系列要素及其关系的整合型工具，用以阐明特定实体的商业逻辑。它描述了企业能为消费者提供的价值，以及企业的内部结构、合作资源网络和关系资本等用以实现其价值并产生可持续盈利收入的要素。具体来说，商业模式包括以下 5 个要素。

1. 产品（服务）定位

一个企业要想有足够的生存空间并能实现持续盈利，就必须要明确自身的定位。定位就是指企业应该做什么，它决定了企业应该提供什么样的产品和服务来满足消费者的需求。定位是商业模式体系的起点，也是企业战略选择的结果。

2. 资源整合

资源整合是指企业达成定位所需要的业务环节、各合作伙伴扮演的角色、利益相关者合作与交易的内容和方式，让业务系统运转所需要的重要资源和能力。资源整合是商业模式的核心。

3. 盈利模式

盈利模式是企业获得收入、分配成本、赚取利润的方法。具体来说，它是指在现有业务系统中，在各价值链所有权和价值链结构已经确定的前提下，企业利益相关者之间利益分配方式中的企业利益表现。

4. 资金结构

资金结构是企业经营过程中产生的现金收入扣除现金投资后的状况，其贴现值反映了采用该商业模式的企业的投资价值。不同的现金流结构反映了企业在定位、业务系统、关键资源能力及盈利模式等方面的差异。它体现了企业商业模式的不同特征，决定了企业投资价值的高低、企业投资价值递增的速度及受资本市场青睐的程度。

5. 企业价值

企业价值即企业的投资价值，是企业预测未来可以产生的自由现金流的贴现值，它是评判企业商业模式优劣的标准。

商业模式的五项要素环环相扣，互相影响。商业模式就是包含这五项要素及其关系的整合型工具，以阐述特定实体的商业逻辑，如图 3-1 所示。

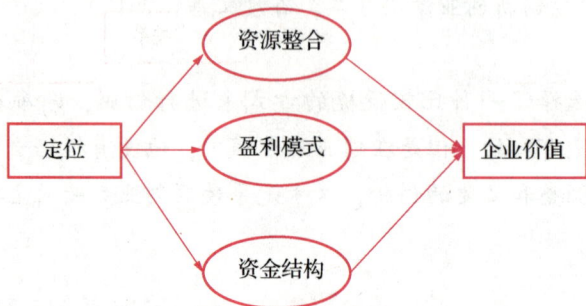

图 3-1 商业模式要素结构关系

四、商业模式的设计过程

商业模式的设计总体上围绕对"提供什么样的产品（或服务）""项目如何获得收益""如何提供产品（或服务）"以及"提供这些产品（或服务）要付出的成本代价是多少？"五大问题的逐一回答来实现。如图 3-2 所示。

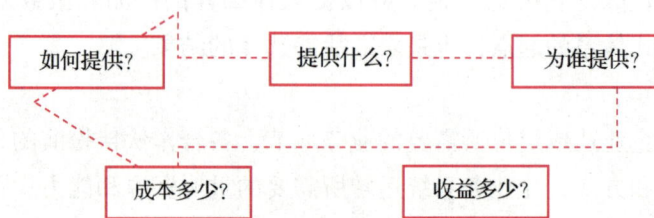

图 3-2 商业模式的设计流程

1. 决定"提供什么"

设计商业模式的第一步是思考创业项目的产品（或服务）能向消费者提供的价值。创业者应根据自身的资源条件，在商业模式设计之初，即明确自己可提供的产品（或服务）。在设计准备提供的产品（或服务）时，最关键的是考虑以下三个问题。

（1）创业项目的产品（或服务）满足了顾客哪些方面的需要？

（2）产品（或服务）本身为客户创造了怎样的价值？

（3）顾客为什么愿意认可该价值而付费？

2. 设计"为谁提供"

根据可提供给消费者的价值，创业者应从整体市场中细分出愿意接纳该项目产品（或服务）的消费者，并详细设计，使他们意识到该项目可为他们带来价值。如图 3-3 所示，这一步需要依次完成"客户细分""分销渠道设计"和"客户关系管理"三项内容的设计。

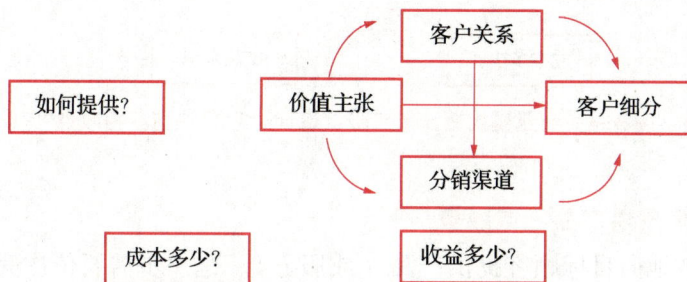

图 3-3　商业模式设计第二步：设计"为谁提供产品（或服务）"

（1）客户细分。创业者要在对消费者分类的基础上，选定该创业项目锁定目标消费者群体。在此基础上，要进一步分析该群体的共性，确定他们共同的价值主张，从而使公司能够针对共性创造价值。总之，定位最重要的目的就是找到细分市场，为该市场提供满足顾客需要的、有价值的、独有的产品（或服务），让顾客愿意为此付费。

（2）分销渠道设计。根据顾客特性和产品特性，创业者要设计出如何将创业项目产品（或服务）送达到消费者手中的途径。这一步的设计阐述了创业项目如何制订详细的市场和分销策略，以开拓市场。

（3）客户关系。创业者应明确本创业项目如何主动与目标客户建立起联系。这种联系可能是单纯的交易关系，也可能是通信联系，也可能是为客户提供一种特殊的接触机会，还可能是为双方利益而形成的相互间买卖合同或联盟关系。良好的客户关系具有多样性、差异性、持续性、竞争性、双赢性的特征。它不仅可以为交易提供方便，节约交易成本，也可以为企业深入理解客户的需求和交流双方信息提供机会。

3. 解答"如何获得收益"

在对"分销渠道"分析的基础上，设计公司创造各种收入流及获得回报的途径。此外，创业者应该综合客户细分市场容量大小、消费者接受该创业项目价值主张所需的时间长短、消费者可能的接纳程度、分销渠道销售效率的情况，预测创业项目在未来一段时间内的收益情况。如图 3-4 所示。

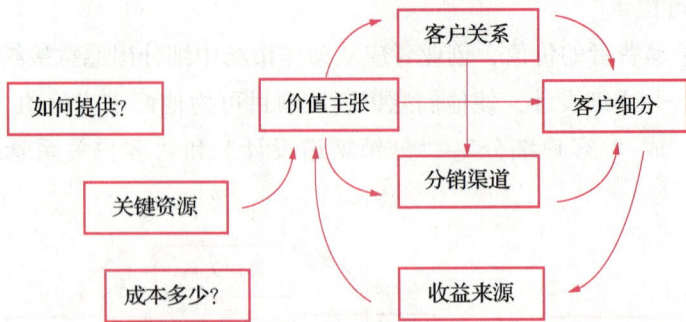

图 3-4　商业模式设计第三步：设计"项目如何获得收益"

4. 设计"如何提供产品（或服务）"

解决如何有效地目标顾客提供产品（或服务）。这一步需要依次完成"关键资源""关键活动""伙伴网络"三项内容的设计。如图 3-5 所示。

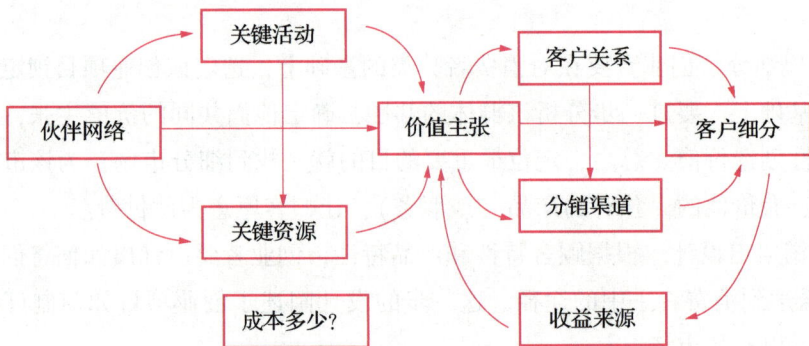

图 3-5　商业模式设计第四步：设计"如何提供产品（或服务）"

（1）关键资源。分析实施本创业项目所需的关键资源，如人力资源、材料资源、营销队伍等。这些关键资源付出的代价在整个项目运行费用中占的比例应不少于80%。

（2）关键活动。分析实施本创业项目需要开展的活动。

（3）伙伴网络。分析创业项目同其他公司之间为有效地提供价值并实现其商业化而形成的合作关系网络。创业者在设计商业模式时即应考虑清楚自己的供应商、分销商、制造商等合作伙伴选择的标准，以及是否能建立稳定的合作关系。

5. 计算"成本多少"

为开展创业活动所需的"关键资源""开展哪些活动"以及与"建设和维持伙伴网络的供销关系"，三者共同构成了创业项目的主要成本。在分析的基础上，创业者应计算这三项内容所需付出的各项费用（如人力、原料、土地、机器设备、信息、通信、技术、能源、资金、政商关系、管理素质等）及各自所占的比例。如图 3-6 所示。

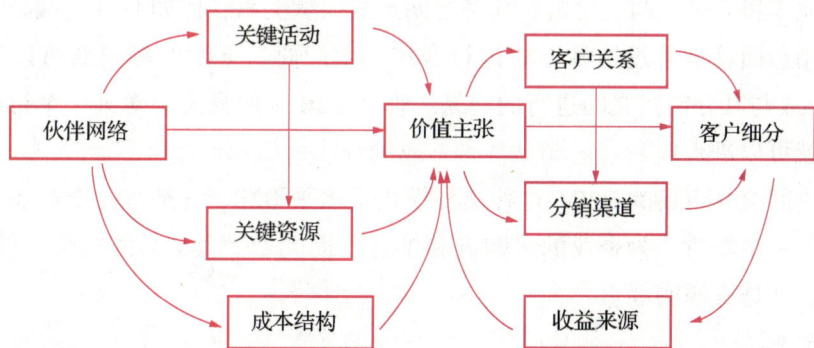

图3-6 商业模式设计第五步：计算"成本多少"

五、商业模式的表现形式

当前商业模式的表现形式大致分为电子商务领域的商业模式和制造商领域的商业模式。

1. 电子商务领域的商业模式

企业间电子商务的发展：从技术发展角度来看，企业间电子商务的发展要经历三个阶段。

第一阶段，企业内部的互联（Intranet）。

第二阶段，企业与企业的互联（Extranet）。随着企业内部网络不断向外延伸，企业将自己的局域网与那些与自己有密切业务关系的企业的网络进行相互相连，企业可以与自己的业务伙伴（包括供货商、经销商、服务商等）随时保持联系与沟通，不断拓展自己的业务。此阶段的目标主要是降低销售成本，提高交易效率。企业常常通过防火墙隔开与企业无关的互联网络用户。

第三阶段，电子商贸。这是一个战略性的转变，企业开始在网上进行电子交易，并通过整合企业内部业务来推动企业实现网上交易方式的转变。该阶段的商务软件主要是基于Web的解决方案，它涉及相关行业和关联业务的电子商务处理。此阶段的目标主要是拓展市场范围和寻求更多商机，从而增加销售收入。

使用电子商务系统有三种途径：一种是购买商业软件，第二种是自行开发，第三种是联合开发。

（1）B2B模式。

B2B是企业与企业之间通过互联网进行产品、服务及信息的交换。目前基于互联网的B2B的发展速度十分迅猛，据最新的统计，B2B将达到41%的年平均增长率。B2B的两种模式：

①面向制造业或面向商业的垂直B2B。垂直B2B可以分为两个方向，即上游和下游。

生产商或商业零售商可以与上游的供应商之间形成供货关系，比如 Dell 电脑公司与上游的芯片和主板制造商就是通过这种方式进行合作。生产商与下游的经销商可以形成销货关系，比如 Cisco 与其分销商之间进行的交易。垂直 B2B 一般只需要对某一个行业的上下游有所了解，就可以进入。

②面向中间交易市场的 B2B。这种交易模式是水平 B2B，它是将各个行业中相近的交易过程集中到一个场所，为企业的采购方和供应方提供了一个交易的机会，像阿里巴巴、中国制造网、环球资源网等。

（2）B2C 模式

B2C 是企业对消费者的电子商务模式。这种形式的电子商务一般以网络零售业为主，主要借助于 Internet 开展在线销售活动。

B2C 模式是我国最早产生的电子商务模式。B2C 即企业通过互联网为消费者提供一个新型的购物环境——网上商店，消费者通过网络在网上购物、网上支付。由于这种模式节省了客户和企业的时间和空间，大大提高了交易效率，特别对于工作忙碌的上班族，这种模式可以为其节省宝贵的时间。但是在网上出售的商品特征也非常明显，仅仅局限于一些特殊商品，例如图书、音像制品、数码类产品、鲜花、玩具等等。这些商品对购买者视、听、触、嗅等感觉体验要求较低，像服装、音响设备、香水需要消费者特定感官体验的商品不适宜在网上销售。

B2C 电子商务网站由三个基本部分组成：为顾客提供在线购物场所的商场网站；负责为客户所购商品进行配送的配送系统；负责顾客身份的确认及货款结算的银行及认证系统。

①收取服务费。除了按商品价格付费外，还要向网上商店支付一定的服务费。

②会员制。根据不同的方式及服务的范围收取会员的会费，如 QQ 的收益模式。

③降低价格，扩大销售量。例如当当网上书店实惠的折扣价格，当当要当"中国的亚马逊"，提供的所有商品，其价格都平均低于市价。价格的低廉，吸引网上读者，点击率提高，访问量持续攀升。

（3）砖块加鼠标模式（Bricks and Clicks）。

砖块加鼠标，或鼠标加水泥，是指传统商业模式（主要运用直接的面对面的方式与顾客发生联系）与互联网商业模式（主要通过网站、电子邮件、FTP 以及其他互联网技术手段与顾客发生联系）的结合。砖块加鼠标是一个传统企业电子化和互联网公司实体化的趋同过程，砖块加鼠标的方式是电子商务发展的趋同方向。面对这种局势，国内的行业、人员都必须知悉："电子商务带来的机遇和挑战已经站在了面前，准备好了吗？所有的公司都要和网络挂钩。"因此，企业都必须对此迅速做出反应，重新建立适用于自己实际情况的能够和客户进行更有效沟通的内部和外部处理过程，并对因特网解决方案进行客户定制化，这绝不是一项单纯的技术工程，而是一场企业结构、企业文化和业务流程的全面

革新。

　　在这种商业模式的背景下应避免渠道冲突，即拥有多个市场渠道的公司很有可能因为渠道冲突而得不偿失，渠道冲突的情况往往出现在公司的网络渠道与传统渠道形成争抢顾客的竞争局面。这种冲突的危险是，一个渠道将最终蚕食掉另一个渠道的销售。此外，这种冲突竞争还会造成其他一些恶性影响，如渠道间的有限合作，顾客在使用交易渠道时的疑惑，以及一个渠道对另一个渠道的破坏。对此，必须施行有效管理，消除冲突，确保目标一致，协调控制，并不断锤炼发挥协同效应的能力。

案例导读

沃尔玛的砖块加鼠标模式

　　沃尔玛是全球最大的百货零售商，拥有超过 2971 家商店，同时拥有 538 家山姆会员店。公司口号的最后一句是："谁是第一重要的？顾客。"它通过精简供应链流程和采用低价策略，削弱竞争者而确立了自己在零售业的领导地位，但是它的在线销售战略遇到了主要顾客定位问题。其目标顾客是年收入 25000 美元的人群，而网上消费者的平均年收入约为 60000 美元。尽管存在着消费人群的问题，但在线销售（主要是音乐、旅游和电子产品）还是占了沃尔玛在美国销售额的 10% 左右。

　　沃尔玛担心其网站会和实体店自相残杀。它和美国在线合作，向附近没有沃尔玛商店的郊区居民提供合作品牌的上网服务，这开辟了一个新市场，并消除上述同室操戈的效应。拥有鼠标加砖块的优势，能提供丰富商品的综合型电子零售商也许会成为在线商品销售领域的巨无霸。到 2012 年，沃尔玛在线已经成熟，能在线提供购物、订单查询与跟踪、退换货、特惠信息等全方位服务。2013 年，沃尔玛在线只能提供部分商品（不销售 $5 以下的商品），但商品种类在不断增加，且包含一些在实体商店没有的商品（如床垫等）。2014 年，沃尔玛在线开始以 88 美分/曲的价格销售音乐，与 Apple 公司的 iTune 竞争。在 2014 年感恩节的四天特卖中，为了吸引高收入购物者，一些新颖和贵重商品只能在线购买，比如羊绒衫、按摩椅等。

　　2015 年，沃尔玛在线继续增加更多的产品种类。只要配送能够解决，世界各地的消费者都可直接从沃尔玛在线或其附属网站（比如：沃尔玛英国公司）上购物。

　　（资料来源：百分百考试网）

2. 制造商领域的商业模式

　　制造商领域的商业模式是指企业根据自己的战略性资源，结合市场状况与合作伙伴的利益要求，而设计的一种商业运行组织，这种商业运行组织一般会涉及到供应商、制造商、经销商、终端商以及消费者等综合性利益，因此，是一种多赢价值体系下，主导企业的一种战略性构思。不同于单一的渠道策略，制造商领域的商业模式更多的是一种基于利润结构为导向的组织结构性设计，而不是简单的一种渠道铺货策略。这里主要针对快速消费品与耐用消费品制造企业。目前，制造商商业模式主要有如下六种形式。

（1）直供商业模式。

直供即直接供应和控制市场终端，主要应用在一些市场半径比较小，产品价格比较低或者是流程比较清晰，资本实力雄厚的国际性大公司。直供商业模式需要制造商具有强大的执行力，现金流状况良好，市场基础平台稳固，具备市场产品流动速度很快的特点。由于中国市场战略纵深很大，市场特点迥异，渠道系统复杂，市场规范化程度比较低，在全国市场范围内选择直供商业模式是难以想象的，因此，即使如可口可乐、康师傅等跨国企业也开始放弃直供这样的商业模式。但是，利润比较丰厚的一些行业与产业还是会选择直供商业模式，如白酒行业，很多公司就选择了直供的商业模式。云峰酒业为了精耕市场，在全国各地成立了销售性公司，直接控制市场终端；广州云峰酒业、西安云峰酒业、合肥云峰酒业、湖北云峰酒业等公司在当地市场上均具备一定的实力与良好的基础，还有如很多OTC产品，他们都会选择直供市场。

（2）总代理制商业模式。

这种商业模式为中小企业所广泛使用。由于中小企业在发展过程中面临着两个最为核心的困难，其一是团队执行力比较差，很难在短时间内构建一个庞大的执行团队，而选择经销商做总代理可以省去很多当地市场执行面的问题；其二是资金实力上困难，中小企业普遍资金实力比较薄弱，选择总代理制商业模式，他们可以在一定程度上占有总代理上一部分资金，更有甚者，他们可以通过这种方式完成最初原始资金的积累，实现企业快速发展。

（3）联销体商业模式。

随着大量中小企业选择采取总代理商业模式，市场上好的经销商成为一种稀缺的战略性资源，很多经销商对于鱼目混珠的制造商产生了严重的戒备心理，在这样的市场状况下，很多比较有实力的经销商为了降低商业风险选择了与企业进行捆绑式合作，即制造商与经销商分别出资，成立联销体机构，这种联销体既可以控制经销商市场风险，也可以保证制造商始终有一个很好的销售平台。联销体这种方式受到了很多有理想、有长期发展企图的制造商欢迎。如食品行业的龙头企业娃哈哈就采取了这种联销体的商业模式；空调行业巨头格力空调也选择了与区域性代理商合资成立公司共同运营市场，取得了不错的市场业绩。

（4）仓储式商业模式。

仓储式商业模式也是很多消费品企业选择的商业模式。很多强势品牌基于渠道分级成本很低、制造商竞争能力大幅度下降的现实，选择了仓储式商业模式，通过价格策略打造企业核心竞争力。比如20世纪90年代，四川长虹电视在中国大陆市场如日中天，为降低渠道系统成本，提高企业在市场上价格竞争能力，长虹集团就选择了仓储式商业模式，企业直接将产品配送到消费者手里。

仓储式商业模式与直供最大的不同是，直供属于企业不拥有直接的店铺，通过第三方平台完成产品销售，企业将货源直接供应给第三方销售平台。而仓储式商业模式是企业拥有自己的销售平台，通过自己的销售平台完成市场配货功能。

（5）专卖式商业模式。

中国市场渠道终端资源越来越稀缺，越来越多的中国消费品企业选择专卖形式的商业模式。如 TCL 幸福村专卖系统，五粮液提出的全国两千家专卖店计划，蒙牛乳业提出的蒙牛专卖店加盟计划，云南乳业出现的牛奶专卖店与牛奶总汇等。选择专卖店商业模式需要具备三种特征。其一是品牌。选择专卖商业模式的企业基本上具备很好的品牌基础，消费者自愿消费比较多，而且市场认知也比较成熟；其二是产品线比较全。要维系一个专卖店具有稳定的利润，专卖店产品结构就应该比较合理，因此，选择专卖渠道的企业必须具备比较丰富的产品线；其三是成熟的市场环境。必须看到，在广大的农村市场，可能我们这种专卖模式就很难起到推动市场销售的功能，因此，专卖商业模式需要成熟的市场环境。

专卖式商业模式与仓储式商业模式完全不同，仓储式商业模式是以价格策略为商业模式核心，而专卖商业模式则是以形象为核心。

（6）复合式商业模式。

由于中国市场环境异常复杂，中国很多快速消费品企业在营销策略上也选择了多重形式。复合式商业模式是直基于企业发展阶段而做出的策略性选择。但是，要特别注意的是，一般情况下，无论多么复杂的企业与多么复杂的市场，都应该有主流的商业模式，而不能将商业模式作为朝令夕改的借口，使得营销系统在商业模式上出现重大的摇摆。而且，我们应该了解，一旦我们选择了一种商业模式，往往需要在组织建构、人力资源配备、物流系统、营销策略方面做出相应的调整。

任务 3.3 创业计划书制定

创业计划书是大多数创业者寻找投资的"敲门砖"，而编写创业计划书的过程，也是创业者审视、分析自身及产品的好机会。好的创业计划书不仅能够帮助创业者吸引到优秀人才，获得投资者和合作伙伴的支持，还会在经营中达到事半功倍的效果。

一、创业计划书

1. 创业计划书的概念

创业计划书，也称创业者的商业计划（Business Plan），是创业者在初创企业成立之前就具有市场前景的新产品或服务的项目，向潜在投资者、风险投资公司、合作伙伴等游说，以取得合作支持或风险投资的可行性商业报告，用来描述创办一个新企业时所有的内部和外部要素。创业计划通常是各项职能如市场营销计划、生产和销售计划、财务计划、人力资源计划等的综合集成，同时也是提出创业的头三年内所有中期和短期决策制度的方针。

创业计划书是呈现创业构想的载体，也是展现创业者如何实现创业过程的一份资料。创业计划书是一份全方位的项目计划，编写创业计划书的主要目的是递交给投资者，让投资者对某一新项目或服务做出评判，从而使创业者获得融资。一份好的创业计划书应具备细致的产品介绍、充分的市场调研信息、有力的资料说明、表明行动的方针、对团队风采及良好发展前景的展示等内容。

2. 创业计划书的作用

创业计划书一般是按照相对标准的文本格式进行编制，一份精心打造又经过科学论证的创业计划书，在企业创办过程中确实起着指路的作用，它是全面介绍公司或项目发展前景，阐述产品、市场、竞争、风险及投资收益和融资要求的书面材料。如果有了一份详尽的创业计划书，就有了一份业务发展的指示图，它会时刻提醒创业者应该注意什么问题，规避什么风险，并最大程度地帮助创业者获得来自外界的帮助。一个标准的创业计划至少需包括以下三个方面的作用。

（1）帮助创业者自我评价，理清思路。

在创业融资之前，创业计划书首先应该是给创业者自己看的。办企业不是"过家家"，创业者应该以认真的态度对自己所有的资源、已知的市场情况和初步的竞争策略做详尽的分析，并提出一个初步的行动计划，通过创业计划书做到使自己心中有数。另外，创业计划书还是创业资金准备和风险分析的必要手段。对初创企业存在的风险效应来说，创业计划书的作用尤为重要，一个酝酿中的项目，往往很模糊，通过制定创业计划书，把正反理由都书写下来，然后再逐条推敲，创业者就能对该项目有更加清晰的认识。

（2）帮助创业者凝聚人心，有效管理。

一份完整的创业计划书可以增强创业者的自信，使创业者明显感到对企业更容易控制、对经营更有把握。因为创业计划提供了企业全部的现状和未来发展的方向，也为企业提供了良好的效益评价体系和管理监控指标。创业计划书使得创业者在创业实践中有章可循。

创业计划书通过描绘新创企业的发展前景和成长潜力，使管理层和员工对企业及个人的未来充满信心，并明确要从事什么项目和活动，从而使大家了解将要充当什么角色，完成什么工作，以及自己是否胜任这些工作。因此，创业计划书对于创业者吸引所需要的人力资源，凝聚人心，具有重要作用。

（3）帮助创业者对外宣传，获得融资。

创业计划书作为全方位的项目计划，对即将展开的创业项目，进行可行性分析的过程，也是在向风险投资商、银行、客户和供应商宣传拟建的企业及其经营方式，包括企业

的产品、营销、市场及人员、制度、管理等各个方面。在一定程度上，创业计划书是拟建企业对外进行宣传和包装的文件。一份完整的创业计划不但会增强创业者自己的信心，也会增强风险投资家、合作伙伴、员工、供应商、分销商对创业者的信心。而这些信心，正是企业走向创业成功的基础。

3. 创业计划书的基本结构

一份完整的创业计划书应该包括封面、目录、执行概要、正文和附录五大部分。

（1）封面。

封面上应明确创业项目的名称，体现企业的经营范围，同时以醒目的字体和字号来显示创业计划书的标题，如《××创业计划书》。封面上还应有企业名称、地址、电子邮件地址、电话号码、日期、主创业者的联系方式和企业网址（如果企业已经建立了自己的网站）等信息，这些信息放在封面页的上半部分；如果企业已有徽标或商标，将其置于封面页正中间；封面下部应有一句话，提醒读者对计划书的内容保密。需要注意的是，封面上最重要的项内容是主创业者的联系方式，创业者应该让读者能很容易地与自己进行联系。

（2）目录。

目录是正文的索引。这里需要按照章节顺序逐一排列每章大标题、每节小标题以及章节对应的页码。目录可以自动生成，显示到二级或三级小标题为宜。

（3）计划概要。

计划概要也叫计划概览或摘要，是创业计划书第一页的内容，是整个创业计划书的概述。计划概要是为了吸引战略合伙人与风险投资人的注意而将创业计划书的核心提炼出来制作而成的，它是整个创业计划书的精华和亮点，涵盖计划书的要点。最清晰、简洁的计划概要是依序介绍创业计划书的各个部分，其中的章节顺序应与计划书中的顺序一致，每部分的标题以粗体字显示。一般要在后面所有内容编制完毕后，再把主要结论性内容摘录于此，以求一目了然，在短时间内给读者留下深刻的印象，引起读者的共鸣和认可。

（4）正文。

正文是创业计划书的主要内容，包括主体和结论两大部分。正文是创业计划书的主体部分，一般包括企业描述、产品或服务、竞争分析、创意开发、创业团队、财务分析、风险分析和退出策略等内容；结论是对整个创业计划书内容的总结式概括，要和计划概要首尾呼应，以体现文本的完整性。

（5）附录。

附录是对主体部分的补充。受篇幅限制，不宜在主体部分进行过多描述的，不能在一个层面详细展示的，或需要提供参考资料或数据的内容，一般放在附录部分以供参考，如专业证书或专利授权证书、相关的调研问卷、荣誉证书、营业执照等。

创业计划书适合的篇幅一般为20～35页，包括附录在内。由于读者对创业计划书的结构、体例和内容比较敏感，创业者在撰写创业计划书时要对其外表加以认真考虑。

同时，在内容的布局上，要对字号大小、颜色选择等文字处理方案进行精心设计。如果企业有设计好的 Logo，最好将其放在封面上以及每页的文字中。这样，一方面向读者展示创业者的细心，另一方面可以强化企业形象，给人以很专业的感觉，以提高创业计划书的可信度。

二、创业计划书的内容

1. 创业计划书的编写原则

一份好的创业计划必须呈现竞争优势与投资者的利益，同时也要具体可行，并提出尽可能多的客观数据来加以佐证。具体编写过程中应把握以下原则：

（1）市场导向原则。

利润来自市场的需求，没有明确的市场需求分析作为依据，所编写的创业计划将是空泛的、无意义的。因此，创业计划应以市场为导向来编写，要充分显示对于市场现状的把握与未来发展的预测，同时要说明市场需求分析所依据的调查方法与实事证据等。

（2）文字精练原则。

创业计划应该避免那些与主题无关的内容，要开门见山直切主题并清晰明了地把自己的观点亮出来。风险投资家没有时间，也不愿意花过多的时间来阅读一些对他来说毫无意义的东西。文字精练，观点明确，能较容易引起投资者的注意和兴趣，提高了融资成功的可能性。

（3）呈现竞争优势原则。

编写计划书的重要目的之一是为投资人或贷款人提供决策依据，借以融资。因此，创业计划书中要呈现出具体的竞争优势，显示经营者创造利润的强烈愿望，并明确指出投资者预期的报酬。但同时也应该说明可能遇到的风险或威胁，不能只强调优势和机遇而忽略不足与风险。

（4）便于操作原则。

创业计划书是创业者拟定的创业行动蓝图，因此，它必须具有很强的可操作性，以便于实施。特别是其中的营销计划、组织结构、管理措施、应对风险的方法和策略等，必须具有可行性和可操作性。

（5）通俗易懂原则。

计划书中应尽量避免技术性很强的专业术语。这些术语，不是谁都可以看得明白的，而且风险投资者更关心计划能为他们带来多大效益。因此过多的专业术语会影响到读者的兴趣，让他们觉得太深奥。即使不得已要使用专业术语，也应该在附录中加以解释和说明。

（6）客观实际原则。

创业计划中的所有内容必须实事求是，即使是财务规划也要尽量客观、实际，切勿凭

主观意愿进行估计。在创业计划中，提醒创业者必须事先进行大量的调查和科学分析，尽量陈列出客观、可供参考的数据与文献资料。

2. 创业计划书的编写要求

（1）要重点突出、注重时效。每一份创业计划书都应有自己独特的个性，要突出每一个创业项目的独特优势及竞争力。另外，要注意创业计划书中所使用资料的时效，制订周期长的创业计划书时应及时更新有关资料和依据。

（2）产品服务描述要使用专业化语言。财务分析要形象直观，尽可能地采用图表描述；战略、市场分析、营销策略、创业团队介绍要使用管理学术语，尽可能做到规范化、科学化。

（3）要分工合作，统一定稿。创业计划书内容多、涉及面广，因此要求创业团队分工完成，但应由组长统一协调定稿，以免出现创业计划书零散、不连贯、文风相异等问题。

（4）要详略得当。创业计划书要详略得当、突出优势，机密部分略为简化，以防泄密。

（5）明确创业计划书的要点。创业计划书应该清楚、简洁，展示市场调查和市场容量，确定顾客的需求并引导顾客。创业计划书不应该过分乐观，拿出一些与产业标准相去甚远的数据；不应该仅面向产品，忽视竞争威胁，进入一个拥塞的市场。

3. 创业计划书的主要内容

创业计划书通常没有固定不变的格式，但它一定要包括创业者的创业目的、对创业企业的环境的描述、创业团队的组成和创业项目的风险等重要内容。创业计划书可以为潜在的投资者描绘一个完整的创业企业的蓝图，并帮助创业者进一步深化对创业企业经营的思考，一般创业计划书的主要内容应包括：

（1）计划摘要。

计划摘要列在创业计划的最前面，它是浓缩了创业计划书的精华。计划摘要涵盖了计划的要点，以求一目了然，以便读者能在最短的时间内评审计划并做出判断。计划摘要一般包括以下内容：公司介绍、主要产品和业务范围、市场概况、营销策略、销售计划、生产管理计划、管理者及其组织、财务计划、资金需求状况等。创业者可以根据表3-1所列出的内容检查创业计划书的计划摘要部分。

在介绍企业时，首先要说明创办新企业的思路、新思想的形成过程以及企业的目标和发展战略。其次，介绍一下风险企业家自己的背景、经历、经验和特长等。企业家的素质对企业的成绩往往起关键性的作用。在这里，企业家应尽量突出自己的优点并表示自己强烈的进取精神，以给投资者留下一个好印象。

表 3-1　计划摘要内容检查表

名　称	所解决的问题	是/否
摘要	企业所处的行业，企业经营的性质和范围	◎
	企业主要产品的内容	◎
	企业的市场在哪里，谁是企业的顾客，他们有哪些需求	◎
	企业的合伙人、投资人是谁	◎
	企业的竞争对手是谁，竞争对手对企业的发展有何影响	◎

（2）产品（服务）介绍。

在进行投资项目评估时，风险投资者最关心的问题之一就是企业的产品、技术或服务能否以及在多大程度上解决现实生活中的问题，或者企业的产品（服务）能否帮助顾客节约开支、增加收入。因此，产品介绍是创业计划书中必不可少的一项内容。通常，产品介绍应包括以下内容：产品的概念、性能及特性，主要产品介绍，产品的市场竞争力，产品的研究和开发过程，发展新产品的计划和成本分析，产品的市场前景预测，产品的品牌和专利。

在产品（服务）介绍部分，要对产品（服务）做出详细的说明。说明要准确，更要通俗易懂，即使不是专业人员的投资者也能看明白。一般而言，产品介绍都要附上产品原型照或其他介绍。创业者可采用表 3-2 列出的内容检查创业计划书产品介绍部分内容的编写。

表 3-2　产品介绍内容检查表

名称	所解决的问题	是/否
产品介绍	顾客能从创业项目的产品中获得什么好处	◎
	创业项目的产品与竞争对手的产品相比有哪些优缺点	◎
	企业为自己的产品是否采取了如拥有哪些专利、许可证或与已申请专利的厂家达成协议等保护措施	◎
	为什么用户会大批量或重复性地购买本创业项目的产品	◎
	创业项目对发展新产品是否制定出明确的计划	◎

（3）人员及组织结构。

有了产品之后，创业者第二步做的就是组成一支有战斗力的管理队伍。企业管理的好坏，直接决定了企业经营风险的大小。而高素质的管理人员和良好的组织结构则是管理好企业的重要保证。因此，风险投资家会特别注重对管理队伍的评估。

企业的管理人员是互补型的，而且要具有团队精神。一个企业必须要具备负责产品设计与开发、市场营销、生产作业管理、企业理财等方面的专门人才。此外，在这部分创业计划书中，还应对公司结构做一简要介绍，包括：公司的组织机构图、各部门的功能与责

任、各部门的负责人及主要成员、公司的报酬体系、公司的股东名单（包括认股权、比例和特权、公司的董事会成员、各位董事的背景资料）。创业者可用表3-3所列出的内容检查创业计划书内人员及组织结构部分的内容。

表3-3　人员及组织结构内容检查表

名称	所解决的问题	是/否
人员及组织结构	主要管理能力和特长介绍	◎
	主要管理人员在新企业中的职务和责任	◎
	主要管理人员的详细经历及背景	◎
	新企业的组织机构图	◎
	新企业主要部门的功能与职责	◎
	新企业各部门的责任人及主要成员	◎
	新企业的报酬体系	◎
	新企业的股东名单（包括认股、比例和特权）	◎

（4）市场分析。

在创业计划书中，市场分析应包括以下内容：市场现状综述；竞争厂商概览；目标顾客与目标市场；本企业的市场地位；市场区分和特征等。创业者可用表3-4所列出的内容检查创业计划书内市场预测的内容。

风险企业对市场的预测应建立在严密、科学的市场调查基础上。风险企业所面对的市场，本来就有更加变幻不定的、难以捉摸的特点。因此，风险企业应尽量扩大收集信息的范围，重视环境的预测和采用科学的预测手段和方法。风险企业家应牢记的是，市场预测不是凭空想象出来，对市场错误的认识是企业经营失败的最主要原因之一。

表3-4　市场预测内容检查表

名称	所解决的问题	是/否
市场预测	市场是否存在对这种产品的需求	◎
	需求程度是否可以给企业带来所期望的利益	◎
	新的市场规模多大	◎
	需求发展的未来趋向及其状态如何	◎
	影响需求都有哪些因素	◎
	市场中主要的竞争者有哪些？是否存在潜在盟友	◎
	是否存在有利于本企业产品的市场空当	◎
	企业预计的市场占有率是多少	◎
	企业进入市场会引起竞争者怎样的反应？这些反应对企业有什么样的影响	◎

（5）营销策略。

营销是企业经营中最富挑战性的环节，影响营销策略的主要因素有：①消费者的特点；②产品的特性；③企业的自身状况；④市场环境方面的因素。最终影响营销策略的则是营销成本和营销效益因素。创业者可用表 3-6 所列出的内容检查创业计划书内营销策略的内容。

对创业企业来说，由于产品和企业的知名度低，很难进入其他企业已经稳定的销售渠道中去，因此，企业不得不暂时采取高成本低效率的营销战略，如上门推销，大打商业广告，向批发商和零售商让利，或交给任何愿意经销的企业销售。

表 3-5　营销策略内容检查表

名称	所解决的问题	是/否
营销策略	营销环境分析	◎
	营销渠道设计与管理方案	◎
	产品定位	◎
	营销推广方案	◎
	产品品牌策略	◎
	定价策略	◎
	客户服务	◎

（6）制定生产计划。

创业计划书中的生产制造计划应包括以下内容：企业所需要的生产资源、产品制造和技术设备现状；新产品投产计划；技术提升和设备更新的要求；质量控制和质量改进计划。创业者可用表 3-6 所列出的内容检查创业计划书内制造计划的内容。

表 3-6　生产计划内容检查表

名称	所解决的问题	是/否
生产计划	生产制造所需的厂房、设备情况如何	◎
	怎样保证新产品在进入规模生产时的稳定性和可靠性	◎
	设备的引进和安装情况，谁是供应商	◎
	生产线的设计与产品组装是怎样的	◎
	供货者的前置期和资源的需求量	◎
	生产周期标准的制订及生产作业计划的编制	◎
	物料需求计划及其保证措施	◎
	质量控制的方法是怎样的	◎

（7）财务规划。

财务规划需要花费较多的精力来做具体分析，其中就包括现金流量表、资产负债表以及损益表的制备。流动资金是企业的生命线。因此企业在初创时，对流动资金需要有预先周详的计划。损益表反映的是企业的赢利状况，它是企业在一段时间运作后的经营结果；资产负债表则反映在某时刻的企业状况，投资者可以用资产负债表中的数据得到的比率指

标来衡量企业的经营状况以及可能的投资回报率。

着眼于新技术或创新产品的创业企业不可能参考现有市场的数据、价格和营销方式。因此，它要自己预测所进入市场的成长速度和可能获得的纯利，并把它的设想管理队伍和财务模型推销给投资者。而准备进入一个已有市场的风险企业则可以很容易地说明整个市场的规模和改进方式。风险企业可以在获得目标市场的信息基础上，对企业头一年的销售规模进行规划。企业的财务规划应保证和创业计划书的假设一致。事实上，财务规划和企业的生产计划、人力资源计划、营销计划等都是密不可分的。创业者可用表3-7所列出的内容检查创业计划书内财务规划的内容。

表3-7 财务规划内容检查表

名称	所解决的问题	是/否
财务规划	创业计划书的条件假设	◎
	预计的资产负债表	◎
	预计的损益表	◎
	现金收支分析	◎
	资金的来源和使用情况	◎

（8）风险管理。

创业活动处于充满各种不确定性的复杂环境之中，加之创业者的能力与实力有限等局限性的存在，导致了绝大部分创业活动都具有偏离预期目标的可能性。因此，为尽可能降低风险发生的可能性，创业者在制订创业计划时即应对项目可能面临的风险有所预测，并预先制订应对措施。创业者可用表3-8所列出的内容检查创业计划书内风险管理的内容。

表3-8 财务规划内容检查表

名称	所解决的问题	是/否
风险管理	创业项目在市场、竞争和技术方面都有哪些基本的风险	◎
	各种风险发生的可能性大小	◎
	收益受风险发生影响波动的大小	◎
	各主要风险因素有怎样的应对方案	◎

三、创业计划书的编写

1. 创业计划书的编写步骤

第一步：初步提出商业计划的构想并进行细化。

第二步：市场调查。和行业内的企业和专业人士进行接触，了解整个行业的市场状况，如产品价格、销售渠道、客户分布及市场发展变化的趋势等因素。可以自行进行一些问卷调查，必要时也可以选择市场调查公司，做出专业调查与分析。

第三步：竞争者调查。确定潜在竞争对手并分析本行业的竞争方向。

第四步：财务分析。通过财务分析量化公司运营过程中的收入目标和公司战略，要求详细而精确地考虑实现公司目标所需的资金。

第五步：商业计划的撰写与修改。根据所收集到的信息制订公司未来的发展战略，对相关的信息进行调整，完成创业计划书的写作。在计划书完成以后，仍然可以进一步论证计划的可行性，并根据信息的积累和市场的变化不断完善整个计划。

2. 创业计划书的编写技巧

创业计划书在撰写时，一方面可以提高创业计划书的易读性，另一方面可以提高企业融资的概率。

（1）五分钟的"考试"。一般来说，风险投资家或评审专家阅读一份创业计划书的时间在 5 分钟左右，他们主要关注业务和行业性质、项目性质（借钱还是风投）、资产负债表、团队、吸引人的地方等内容，因此，创业者在撰写创业计划书时要对五个方面给予重视。

（2）内容要完整。一份好的创业计划书起码要涉及如下内容：计划摘要、产品与服务、团队和管理、市场预测、营销策略、生产计划、财务规划、风险分析。创业计划书不应该遗漏任何要素。

（3）投资项目中最重要的因素是人。一定要按照团队组建原则和团队特点等要点对创业团队进行如实描述，对团队成员的构成及其分工情况进行重点介绍。

（4）提高撰写水平的途径是阅读他人的创业计划书。阅读他人的创业计划书是帮助创业者提高自己写作能力的有效途径之一。撰写创业计划书之前阅读十几份他人的创业计划书将会有很大帮助。

（5）记住 43.1% 规则。一位风险投资家一般会希望在 5 年内将其资金翻 6 倍，相当于每年的投资回报率（Returе On Investment，ROI）大约是 43.1%。因此，一份承诺投资回报率在 40%～50% 的创业计划书对于风险投资家来说比较靠谱；如果是借款则需要有还本付息计划。

（6）打中 11 环。做最充分的准备，对创业计划进行最详细的论证，准备回答所有和创业计划有关的负面问题，以降低创业风险。另外，在会见风险投资者之前，创业者可以用"小字条"的方式准备尽可能多的问题的答案，给自己足够的心理支持和勇气。

（7）吸引投资者的方法。取得风险企业家名录是一种事半功倍的方法。利用名录，可以预先帮助创业者增进对风险投资者的认识和了解，以便有针对性地展开融资活动。

（8）准备回答最刁钻的问题。对于创业者来说，也许"你的创业计划书给其他风险投资者看过吗？"是一个两难的问题，建议创业者遵循诚实守信的原则，如实回答。

（9）对待被拒绝。审阅创业计划书是风险投资者日常工作的一部分，拒绝大多数的创业计划书也是风险投资者的工作常态。创业者没必要因为创业计划被拒绝而伤心欲绝，而

是应该将其作为不断完善创业计划的手段。如果创业者在每一次被拒绝之后，都能够很好地采纳风险投资者的建议，进一步优化其创业计划书，则每被拒绝一次就离被接受近了一步。

（10）创业计划书中最重要的内容。对于投资者来说，创业计划书中最重要的内容是资产负债表以及团队的介绍。资产负债表说明了企业的财务状况，企业能否及时偿债以及有多少尚未分配的利润归属于投资者；创业团队的介绍则是创业项目能否成功的关键。

（11）把本收回来。任何人进行投资，其最低的要求都是能把本金收回来。因此，如果在融资时能够基于这条原则进行阐述，使投资者能在最短时间内将本金收回，则企业得到资金的概率会大为增加。

3. 创业计划书的项目路演

（1）项目路演的内容。

项目路演的内容最好用 PPT 来展示，因为路演时间有限，路演 PPT 可以将核心的内容展示出来，从而让投资人尽快对项目感兴趣。

一般来说，项目路演包括以下内容。

第一：你做的是什么项目？（项目归属的行业，项目的特点）

第二：你为什么要做这个项目？（目前市场有什么不足，客户有什么不满，你能有什么机会）

第三：你的项目解决了顾客什么问题？是如何解决这个问题的？（解决的方式）

第四：解决了上述问题你能得到什么？（你的商业模式是什么，如何形成商业闭环，如何吸引用户或客户，如何盈利）

第五：项目的市场空间有多大？

第六：你提供的产品、技术或服务。介绍产品、技术或服务的独特之处，对技术的描述通俗易懂，切忌使用专业术语进行陈述；展示产品的图片、相关描述，如果产品已经试生产结束，则最好展示样品；说明可能涉及的知识产权问题，以及企业采取的保护措施。

第七：竞争分析。用几句话告诉评委或投资人，有没有别人在做这件事，如果有，那么他们做得怎么样？你的竞争优势是什么？（凭什么能在市场中获胜）最好能做一个项目的优劣分析（SWOT）。

第八：为什么现在做这个项目？（创业时机、市场的环境是不是成熟）

第九：你的市场营销计划是什么？（你准备如何去做市场）

第十：为什么你们能做这个项目？（介绍你和你团队的能力和背景，你们的股东结构，说明你的团队具备运作这个项目的能力）

第十一：项目的进展怎样？（你们目前已经进行到什么程度了，投入的情况以及获得了哪些关数据）

第十二：你准备融资多少？计划怎么用这些资金？（为什么需要这么多的资金，详细介绍拿到资金后准备怎么用，愿意出让多少股份，这些资金能用多久，能达到怎样的效果）。

（2）项目路演的技巧。

①在展示自己的创业计划之前，首先需要搜集听众的相关信息，以便和听众建立各种联系。通过搜索风险投资网站，可以了解参加路演的风险投资家或者天使投资者的信息，分析自己的创业计划和这些听众之间是否存在某种联系，或者演讲者本人与这些听众之间是否有个人联系。如果创业计划能够和听众的某些活动联系起来，或者演讲者曾经和听众有过接触，则路演工作会达到事半功倍的效果。

②准备和路演场合相符的服装，按照合理分配的路演时间多进行练习，尽可能多了解路演场地的信息。

③想方设法使路演生动有趣、充满激情。麻省理工学院的一项权威调查表明，沟通涉及3个层面：视觉（身体语言）占55%，声音（语音语调）占35%，口头表达（用字用词）占7%。因此，在路演的进程中，通过向观众提问而有意停顿，或提高音量，或使用丰富的表情感染、鼓舞观众，吸引观众的注意力，多和观众沟通等都是不错的使路演生动有趣、充满激情的表达技巧。

任务 3.4　初创企业的创办流程

根据我国现行法律、法规规定，企业要参与市场经济活动，首先必须取得合格的市场主体资格。而取得合格的市场主体资格的唯一途径就是通过工商登记注册。因此，如何进行工商登记注册，以确保工商登记的合法性和市场主体的合格性，是每一位创业者应当熟悉的问题。

创业者要结合自己的创业设想和相关具体情况，为自己的企业选择一个法律类型，以体现企业的市场主体地位，便于开展企业的经营管理活动，也就是选择合理的企业组织形式。企业组织形式是企业财产及其社会化大生产的组织状态，表明一家企业的财产构成、内部分工协作与外部社会经济联系的方式。不论选择怎样的形式，都必须根据国家的法律法规要求和新创企业的实际情况，科学衡量各种组织形式的利弊，决定合适的组织形式。

一、选择组织形式的影响因素

（一）注册资本

注册资本为在企业登记机关登记的全体所有者认缴的出资额。由所有者出资构成的企业资本在企业存在及营运的整个过程中扮演着极其重要的角色。对企业而言，它是企业得

以营运和发展的物质基础；对所有者而言，它是所有者出资和享有相应权益的体现；对债权人而言，它是企业债务的总担保，是债权人实现其债权的重要保障。所以，研究企业注册资本有着重要的意义。

我国相关法律条例对设立不同组织形式的企业、最低注册资本金的要求都有所不同。个体工商户没有最低限额的要求；独资和合伙企业的注册资本也没有规定的限制；若选择成立公司制企业，根据 2014 年 3 月 1 日起修订实施的《中华人民共和国公司法》规定，对于有限责任公司、一人公司、股份有限公司的设立，并无最低注册资本的要求，即完全由公司股东或者发起人自行确定公司注册资本的数额，彻底改变了在我国沿用近 20 年的公司法定资本制。

新法在极大程度上有效鼓励了投资者选择公司形式进行创业的热情，然而作为大学生，考虑到创业初期资金的有限性，在法律框架下，注册资本大小也是影响其创业组织形式选择的第一要素。

（二）申办手续的难易

相对于创办公司制企业而言，个体工商户、个人独资企业和合伙企业的申办手续简单，费用较低。

（三）业主责任风险

业主需承担的责任风险的大小也是在选择企业组织形式时要考虑的重要影响因素之一，选择创办个体工商户和个人独资企业就需要面对承担无限责任的风险，合伙企业的合伙人需对外承担无限连带责任，而成立公司制企业则以出资额为限承担有限责任。

（四）寻求贷款的难易

以前，相对于创办公司制企业，个体工商户、个人独资企业和合伙企业较难获得银行大额贷款，融资困难。

当前，以消费升级推动、技术创新驱动、大众创业催生、国家政策助力为特征的小微企业发展成为新常态。

新常态下，一方面，随着金融改革与开放的不断深化，商业银行、民营银行、社区银行及小额贷款公司、村镇银行等新型金融机构将实现迅猛发展，全方位竞争的格局将逐步形成；另一方面，随着金融业的不断开放及信息技术的快速进步，信托融资、金融租赁、消费金融等创新金融服务模式和 P2P 贷款、众筹融资等互联网金融方式迅猛发展，小微企业的金融服务渠道与方式不断丰富，金融交易的成本和信息不对称程度大大降低，供需双方的资源配置效率显著提高，这对改变传统小微企业融资困难的困境带来了巨大的推动力。

（五）寻找合伙人的可能性

如果没有足够的启动资金，或者缺乏技术支持、经营管理能力等，寻找合伙人是解决这些难题的最好办法。通过寻找合适的合伙人，可以形成能力互补，助力创业项目的成功。因此，是否有寻找合伙人的可能性也是创业之初在选择企业组织形式时需要考虑的重要问题。

二、企业法律组织形式的选择

（一）个体工商户

个体工商户是我国特有的一种公民参与生产经营活动的形式，也是个体经济的一种法律形式。

依照相关法律规定，个体工商户（即公民）是指在法律允许的范围内，经工商行政管理机关核准登记，从事工商业经营的个体劳动者。

个体工商户业主可以是一个自然人或一个家庭，人数上没有过多限制，注册资本也无数量限制，开办手续比较简单。业主只需要有相应的经营资金和经营场所，到工商部门办理登记手续即可。个体工商户还可以根据自己的需要起字号。在经营上，个体工商户的全部资产属于自己所有，其决策程序比较简单，不受他人制约；利润分配上，个体工商户的全部利润归自己或家庭，但同时对外要承担无限责任，相应的风险也比较大。

（二）个人独资企业

个人独资企业是很古老也很常见的企业法律组织形式。个人独资企业又称个人业主制企业，是指依法设立，由一个自然人投资并承担无限连带责任，财产为投资者个人所有的经营实体。当个人独资企业财产不足以清偿债务时，选择这种企业形式的创业者须依法以其个人其他财产予以清偿。

个人独资企业在业主数量与注册资金上与个体工商户相似，但设立手续比个体工商户要复杂，需要有合法的企业名称、有投资人申报的出资、有固定的生产经营场所和必要的生产经营条件及必要的从业人员。个人独资企业在经营决策与利润分配上与个体工商户相似，其决策程序简单，利润归出资人，同时负无限责任。

（三）合伙企业

如果两个或两个以上的人共同创业，那么可以选择合伙制作为新企业的法律组织形式。根据《中华人民共和国合伙企业法》，合伙企业是指依法在中国境内设立的由各合伙人订立合伙协议、共同出资、合伙经营、共享收益、共担风险，并对合伙企业债务承担无限连带责任的营利性组织。

合伙企业包括普通合伙企业和有限合伙企业两种形式。两者最大的区别在于有限合伙企业有两种不同的所有者：普通合伙人和有限合伙人。其中，普通合伙人对合伙企业的债务和义务负责；而有限合伙人仅以投资额为限承担有限责任，且一般不享有对组织的控制权。另外，普通合伙企业合伙人可以用货币、实物、知识产权土地使用权或者其他财产权

利出资，也可以用劳务出资；但有限合伙企业的有限合伙人不得以劳务出资。以下主要介绍普通合伙企业。

除要有合伙企业的名称、经营场所以及从事合伙经营的必要条件之外，设立普通合伙企业还应当具备以下几个条件。

（1）合伙企业必须有两个以上合伙人，合伙人应当具备完全民事行为能力，且能够依法承担无限责任。

（2）合伙人应当遵循自愿、平等、公平、诚实信用原则订立合伙协议，合伙协议应载明合伙企业的名称、地点、经费范围、合伙人出资额和权责情况等基本事项。

（3）合伙人应当按照合伙协议约定的出资方式、数额和缴付出资的期限，履行出资义务。合伙人出资可以用货币、实物、土地使用权、知识产权或者其他财产权利；上述出资应当是合伙人的合法财产及财产权利。合伙人以劳务出资的，其评估办法由全体合伙人协商确定。

（四）有限责任公司和股份有限公司

公司是现代社会中最主要的企业形式。它是以营利为目的，由股东出资形成，拥有独立的财产，享有法人财产权，独立从事生产经营活动，依法享有民事权利，承担民事责任，并以其全部财产对公司的债务承担责任的企业法人。所有权与经营权分离，是公司制的重要产权基础。与传统"两权合一"的业主制、合伙制相比，创业者选择公司制作为企业组织形式的一个最大特点就是仅以其所持股份或出资额为限对公司承担有限责任；另一个特点是存在双重纳税问题，即公司盈利要上缴公司所得税，创业者作为股东还要上缴企业投资所得税或个人所得税。根据《中华人民共和国公司法》（以下简称《公司法》），我国的公司分有限责任公司（包括一人有限责任公司）和股份有限公司两种类型。

1. 有限责任公司

有限责任公司的股东以其认缴的出资额为限对公司承担责任，公司以其全部资产对公司的债务承担责任。创业者设立有限责任公司，除了要有固定的生产经营场所和必要的生产经营条件之外，还应当具备下列条件。

（1）股东符合法定人数。根据我国《公司法》第二十四条规定：有限责任公司由50位以下股东出资设立。需要说明的是，一人有限责任公司是在2005年10月27日第十届全国人民代表大会常务委员会第十八次会议通过的《公司法》中加入的。

（2）股东出资。自2014年3月1日起，公司登记实行注册资本认缴制。除法律、行政法规以及国务院决定对特定行业注册资本最低限额另有规定的外，取消有限责任公司最低注册资本3万元、一人有限责任公司最低注册资本10万元、股份有限公司最低注册资本500万元的限制，也就是说理论上可以"一元钱办公司"。不再限制公司设立时全体股东（发起人）的首次出资比例，不再限制公司全体股东（发起人）的货币出资金额占注册资本的比例，不再规定公司股东（发起人）缴足出资的期限，也就是说理论上可以

"零首付"，股东可自主约定出资方式和货币出资比例。高科技、文化创意、现代服务业等创新型企业可以选择灵活的出资方式。

（3）股东共同制定公司章程。法律对有限责任公司章程有明确的要求，要求应当载明的事项包括：公司名称和住所，公司经营范围，公司注册资本，股东的姓名或者名称，股东的权利和义务，股东的出资方式和出资额，股东转让出资的条件，公司的机构及其产生的办法、职权、议事规则，公司的法定代表人，公司的解散事由与清算办法，股东认为需要规定的其他事项。

（4）有公司名称，建立符合有限责任公司要求的组织机构。

2. 股份有限公司

股份有限公司的全部资本分为等额股份，股东以其认购的股份为限对公司承担责任，公司以其全部资产对公司的债务承担责任。设立股份有限公司要有公司名称，要建立符合股份有限公司要求的组织机构，要有固定的生产经营场所以及必要的生产经营条件，股份发行、筹办事项要符合法律规定。除此之外，根据我国《公司法》规定，设立股份有限公司还应当具备下列条件。

（1）发起人符合法定人数。设立股份有限公司，应当有 2 人以上 200 人以下为发起人，其中须有半数以上的发起人在中国境内有住所。

（2）发起人认缴和募集的股本达到法定资本最低限额。股份有限公司的注册资本为在公司登记机关登记的全体发起人认购的股本总额。自 2014 年 3 月 1 日起，不再限制公司全体股东（发起人）的货币出资金额占注册资本的比例，除法律、行政法规以及国务院决定对特定行业注册资本最低限额另有规定的外，取消股份有限公司最低注册资本 500 万元的限制。

（3）股份发行、筹办事项符合法律规定。

（4）发起人制定公司章程。

总之不同组织形态的企业存在成立条件不同、承担责任形式不同等特征。

三、企业登记注册流程

新办企业，首先得给它一个明确的法律地位，如同办理户口。根据我国法律规定，新办企业必须到工商行政管理部办理登记手续，领取营业执照。如果从事特定行业的经营活动，还须事先取得相关主管部门颁发的经营许可证（如卫生、环保、特种行业许可证等）。

营业执照是企业主依照法定程序申请的、规定企业经营范围等内容的书面凭证。企业只有领取了营业执照，拥有了正式户口般的合法身份，才可以开展各项法定的经营业务。企业设立后，还需要进行税务登记。需要会计人员做财务，这其中涉及税法和财务知识，创业者需要了解企业的税项。

企业办理注册登记手续一般包括以下几个步骤。

（一）核准企业名称

注册公司的第一步就是企业名称审核，即查名。创业者需要通过工商行政管理局进行企业名称注册申请，由工商行政管理局3名工商查名科注册官进行综合审定，给予注册核准，并发放盖有工商行政管理局名称登记专用章的"企业名称预先核准通知书"。

申办人需提供法人和股东的身份证复印件，并提供2~10个企业名称，写明经营范围、出资比例。企业名称要符合规范，格式如下：

企业名称＝行政区划+字号（2个字以上）+行业+组织形式

例如，湖南智丰众创企业管理有限责任公司。在这里，"湖南"就是行政区划，指代企业所在地的省（包括自治区、直辖市）或县（市辖区）的行政区划名称。企业名称应当冠以企业所在地的省（包括自治区、直辖市）、市（包括州）或者县（包括市辖区）的行政区划名称。"智丰众创"就是字号，字号是该设立的企业区别于其他企业的标志，是企业形象的一种代表。"企业管理"就是行业，行业特征要求的是能够依照国家行业分类标准划分的类别，判断出该企业生产、经营或服务的范围或特点。企业的组织形式就是前面所讲述的内容。

（二）经营项目审批

如新创企业的经营范围涉及特种行业许可经营项目，则需要提前办理特行申请并获准后，才可以继续工商注册程序。例如，你要开设一家书店，就需要向辖区的文化部门申请"出版物经营许可证"。

特种许可项目涉及旅馆、印铸刻字、旧货、典当、拍卖、信托寄卖等行业，需要消防、治安、环保、科学技术委员会等行政部门审批。特种行业许可证的办理，根据行业情况及相应部门规定不同，分为前置审批和后置审批。

（三）生产经营场所的获得

以现存的经营形态而言，除了网上的个体工商户很大程度上没有实际意义上的实体店外，其他的企业组织形式都要求有自己的实际经营场所或办公场所，这种场所可以是自有或者租用的。

（四）公司公章备案

工商注册登记过程中，需要使用图章，图章由公安部刻制。公司用章包括公章、财务章、法人章、全体股东章等。

（五）编写公司章程

公司章程是指公司依法制订的，规定公司名称、住所、经营范围、经营管理制度等重大事项的基本文件，也是公司必备的规定公司组织及活动基本规则的书面文件。公司章程是股东共同一致的意思表示，载明了公司组织和活动的基本准则，是公司的宪章。公司章程具有法定性、真实性、自治性和公开性的基本特征。公司章程与《公司法》一样，共同肩负着调整公司活动的责任。作为公司组织与行为的基本准则，公司章程对公司的成立及运营具有十分重要的意义，它既是公司成立的基础，也是公司赖以生存的灵魂。

（六）申领营业执照

工商局对企业提交的材料进行审查，以确定其符合企业登记申请。工商行政管理局核定后，即向企业发放工商企业营业执照，并公告企业成立。相关材料包括公司章程、名称预先核准通知书、法人和全体股东的身份证、公司住所证明复印件（产权证明和使用证明）、前置审批文件或证件、生产性企业的环境评估报告等。

（七）办理税务登记证

办理税务登记证应提供的材料包括企业营业执照副本、经营场税务登记证（应到当地国税局办理）、法人身份证、公司章程及公章。

（八）银行开户

新创办企业需设立基本账户，企业可根据自己的具体情况选择开户银行。银行开户应提供的材料包括营业执照正本、公司公章/法人章/财务专用章、法人身份证、国税和地税税务登记证正本等。

知识拓展

存款账户的区别

（1）基本存款账户：是办理转账结算和现金收付的主办账户，经营活动的日常资金收付以及工资、奖金和现金的支取均可通过该账户办理。存款人只能在银行开立一个基本存款账户，并且在其账户内应有足够的资金支付。存款人的基本存款账户实行人民银行当地分支机构核发开户许可证制度。

（2）一般存款账户：是存款人因借款或其他结算需要，在基本存款账户开户银行以外的银行营业机构开立的银行结算账户。该账户可以办理转账结算和现金缴存，但不得办理现金支取。

（3）专用存款账户：是存款人按照法律、行政法规和规章，对其特定用途的资金进行专项管理和使用而开立的银行结算账户。专用存款账户用于办理各项专用资金的收付，允许支取现金的专用存款账户须经批准同意。基本建设资金，更新改造资金，财政预算外资金，证券交易结算资金，粮、棉、油收购资金，单位银行卡备用金，证券交易结算资金，期货交易保证金，金融机构存放同业资金，收入汇缴资金和业务支出资金，党、团、工会设在单位的组织机构经费及其他按规定需要专项管理和使用的资金，可以申请开立专用存款账户。

能力训练

一、案例分析

案例一 联想集团创业之路

以贸工技起步的联想集团控股（有限）公司，选择合适的创业项目，采用正确的战略，在激烈的竞争中树立了中国 IT 行业民族品牌的形象，如今已成为中国电脑行业的龙头老大。

1. 创业背景

1978 年全国科学技术大会的召开，明确了"科学技术是生产力"。1982 年，党中央又发布了"经济建设必须依靠科学技术，科学技术工作必须面向经济建设"的指导方针。一时间北京中关村涌现出了上百家高新技术公司，与这些公司近在咫尺的中国科学院电脑所承受着强大的冲击。在中国科学院正式实施"一院两制"后，电脑研究所的王树和、柳传志、张国祥等人率先走出了科研大院，于 1984 年 11 月宣布成立中国科学院电脑所新技术发展公司。

2. 艰难创业

刚刚步入市场大潮中的知识分子们，面对激烈的市场竞争，一时不知所措。而公司刚成立时，电脑所只给了他们 20 万元的贷款，这对于开发高技术产品的公司只是杯水车薪，要想继续发展下去，就必须要有足够的资金积累。

为了筹集资金，他们抓来了一些电子表、旱冰鞋搞销售，出于中国知识分子那份特有的羞涩感，他们只敢把摊子摆在职工食堂或车棚，而卖这些东西的人却远远地守在一边，这样做生意的结果肯定是赔得一塌糊涂。1985 年，公司组织全体职工，包括科技人员和总经理在内，全部投入低档次的技术劳务，为社会上其他公司验收、维修电脑，培训人员，实际上就是出卖技术劳动力。这样苦干了一年，他们用自己的汗水积累了 70 万元人民币，为今后开发拳头产品积累了必要的资金。

公司成立时，所里虽然没有给他们多少资金，但答应下放给他们"三权"：人事权、财务权与自主经营权。现在钱与权基本上都有了，下一步怎么办？通过仔细的市场调查，他们发现国内有大量进口微机，但却大批闲置或只当作打字机使用。电脑的"汉化"已迫在眉睫、势在必行。而怎样才能突破"汉化"这一关？在事先没有商量的情况下，公司的几位创始人柳传志、王树和、张祖祥不约而同想到了一个人：倪光南。除了请贤聘能以外，别无他法。正是在倪光南的带领下，1986 年诞生了"联想中文卡"。1989 年 11 月 14 日，新技术发展公司正式更名为北京联想电脑集团公司。

贤能者在一个充满希望的事业空间总是成群出现。在当时联想的小小门市部竟有两个站柜台的研究员张品贤和胡锡兰。"研究员站柜台"是联想贸工技战略的最好说明，电脑这一高技术产品正是基于这种知识分子的市场活动才能转移到消费者手中，而在当时最有资格来销售这些产品的，恰恰正是电脑所的这些知识分子。

3. 加快产品市场化

经过不断开发、完善，联想逐步形成了 8 个软体版本、6 个型号的联想中文卡系统，广泛应用于六个大的领域；而后，他们又连续开发出 FAX 通信系统、CAD 超级汉字系统、CK40 可编程工业控制器、联想 286 微机等一系列高技术产品。经过对 286 时代的市场培育，公司终于在 386 和最好档次的电脑上得到了回报。

为下让产品尽快转化为社会生产力，联想将科学技术不仅仅应用于产品的开发阶段和销售阶段，还将它进一步延伸到产品的生产、加工、开拓市场和售后服务等各个环节，使联想公司进入市场竞争的轨道，大大提高了开发效率。比如联想中文卡系统开发仅 1 年就产生了经济效益；联想 286 微机也仅仅用了半年的时间，就以优异的性能和便宜的价格挤进了国际市场。此外，联想公司每年还举办两次全国范围的大型技术交流演示会，其培训中心每年免费为社会培训 5000 多名电脑应用人员，并在全国设置了 36 个维修服务网点。公司在试制新产品的时候，将科技与经济紧密结合，有效地实现了科学技术转化为社会生产力。

从创业初期五花八门的项目选择，到发现真正的创业金点子，联想人坚持的创业战略，既是联想创业成功的保证，也为中国其他高技术人才创业提供了思路。

（资料来源：互联中国，联想集团创业之路（EB/OL），http：//www. studentboss. com/htm/ news/2011- 10- 14/91597. htm. ）

【问题】

（1）公司成立初期，联想为什么会选择维修电脑、培训人员等出卖技术劳动力的创业项目，这些创业项目对联想起了什么作用？

（2）联想真正实现飞跃的是凭了哪些创业项目？为什么？

案例二　戴尔公司——商业模式的成功

当迈克尔·戴尔在高中读书时，他购买了一台苹果Ⅱ型电脑，并把它拆卸开考虑如何改装电脑，使其适合自己的需要。定制化电脑的能力促使戴尔产生了一个有趣的商业创意，因此戴尔设立了一块广告板来宣传自己的服务，并通过朋友定制电脑而赚取了高额收益。

成为一名大学生后，戴尔开始在自己的宿舍出售电脑。他意识到，电脑产业的效率极端低下。首先，他观察了电脑销售的方式，发现当时电脑要经过制造商、分销商和零售商的手，一台包含价值大约 600 美元零部件的机器竟向顾客要价 2000 美元。第二，他意识到，人们想购买具有最新技术的电脑是不可能的，因为一项技术要花大约一年时间才能整合进在商店出售的电脑中。想起这些问题带给自己的苦恼，他后来写道："我在产业出版刊物上，看到英特尔公司已有了新的超高速处理器，但我在商店中买到的最好处理器的运算速度只有他的一半。库存和供应链中存在明显的无效率。"1984 年 5 月，戴尔从德克萨

斯大学退学，并在德克萨斯州奥斯汀市建立了一个 1000 平方英尺的工厂。当时，个人电脑还没有硬盘驱动器。戴尔电脑公司的最初业务是向个人电脑用户出售工具箱。然后，电脑用户再使用工具箱给他们的电脑装硬盘驱动器。戴尔电脑公司成长得很快，并不断向生产更大型设备前进。

戴尔年纪轻轻，犯过许多错误。然而，这家新企业吸引顾客和投资者的地方在于，企业的存在前提相当明智。戴尔公司接受顾客订单，购买并装配零配件，然后将产品直接运送到顾客家中；而不象其他企业那样，预测市场需求，生产计算机并将它们运送给零售商，然后寄希望于产品售出。戴尔公司不需要生产零件的工厂和设备，它也不必大量投资于大量研发活动。最为重要的是，顾客确实得到了他想要的具备所有最新技术的计算机。通过按订单生产产品，戴尔公司削减了产品库存导致的大量成本与风险。与它的竞争对手不同，戴尔公司不必担心没有人购买它的 PC 机——它的 PC 机在出售后才生产。在评论戴尔电脑公司的早期发展和它的直销方式时，迈克尔戴尔写道："我弄糟过各种各样事情，但我们所从事工作的内在价值如此之大，以至于它弥补了我们所犯的所有错误。不过，我们没有一再犯许多同样的错误。我们从错误中吸取教训，并且构思出如何前进的方法。"

戴尔公司是世界上最大的计算机直销商，并且与惠普公司（2002 年并购了康柏公司）竞争个人电脑世界第一的头衔。为什么戴尔公司能够超越众多产业对手？这是因为戴尔公司向顾客提供了比竞争对手更好的交易。如何做到这一点呢？戴尔公司的成本结构比竞争对手低，而低成本的结构来源于它的商业模式。有些时候，其他企业（Gateway 电脑公司）曾试图模仿戴尔的商业模式，但是至今没有一家能够成功。

企业的商业模式超越了自身界限，几乎所有企业都要与其他企业形成合作关系，以使其商业模式有效运作。戴尔公司与供应商密切合作，不断激励它们参与进来。戴尔公司以对供应商忠诚，对供应商快速支付而闻名。

【问题】
（1）试描述戴尔公司的商业模式。
（2）试分析戴尔公司所具有的核心能力和形成的竞争优势。
（3）试阐述成功商业模式的组成要素。

案例三　一杯咖啡，一个梦想——先锋天使咖啡

最初创建时，先锋天使咖啡并没有把盈利作为目的。尽管是一个创业平台，但在运行过程中还是以咖啡屋为载体，这里的咖啡价格与外面无异，再加上店里的员工、水电、咖啡原料等成本，以及外出洽谈业务的费用，每个月支出都要过万元。最初的两三个月，先锋天使咖啡基本处于亏损状态。

沈煌超讲到："之前也有很多师哥师姐在尝试创业，但普遍反映都是大学生创业缺乏资金和经验。而先锋天使咖啡是一家以车库文化为理念，以创业投资为主题的创业孵化器

式的咖啡店，希望能给年轻创业者们提供一个廉价的移动互联网创作场所和平台。"先锋天使咖啡众创空间扮演了一个"万能"的角色，在资金、资源和政策三个方面服务创业者；此外，先锋还实施"五个一"的创业服务模式，关注不同成长阶段的创业者，即从为青创者提供一个座位开始，到一张桌子，一间房间，一层楼，最终支持其成长为一家优秀的公司。在先锋咖啡里，创业者只要买上一杯咖啡，就可以工作一天，享受免费的宽带、水电和开放式办公环境。更为重要的是，他们还有机会和其他有创业梦想的年轻人互动和交流，了解最新的市场资讯，共享专业的技术、管理、培训等服务，一起碰撞创意的火花和思路的闪光。甚至还可能找到对你的创意项目感兴趣的投资人，或是得到圈内"大佬"的指导。先锋天使咖啡则通过这些服务，获得创业团队1%至2%的股份。

随着平台基础服务设施的逐渐完善，先锋天使咖啡建设了包括创业导师、天使投资人、青创企业家、技术导师和第三方服务的五大服务团队，成为江西省规模最大、品质最高的互联网创业服务平台。同时，先锋天使咖啡找到了一定的办法，入驻的会员企业缴纳1万元，就可以获取2万元的消费券。这样既能解决咖啡屋的前期运行成本，又能让创业者享受优惠，一举两得。

【问题】

（1）先锋天使咖啡快速发展的原因是什么？

（2）先锋天使咖啡从哪些创业要素方面影响创业过程？

二、技能实训

1. 实训项目：撰写创业计划书

根据所学的创业计划书内容及编写要求，完成对创业项目的市场调研、撰写创业计划书并制作PPT，并进行展示。

2. 任务目标

（1）掌握创业计划书的基本内容和编写要求。

（2）展开市场调查并确定创业项目。

（3）团队协作并进行有效沟通。

（4）创业计划书的编写能力。

（5）PPT制作及演讲演示能力。

3. 内容要求

（1）课外研读相关文件，分析国家将大力发展的产业，讨论并选择一个创业项目。

（2）组建创业团队，人数4~6人。

（3）完成市场调研和数据分析。

（4）编写创业计划书，要求内容框架完整、合理，文字精练。

（5）制作PPT，分组进行展示。

项目四

初创企业管理

知识目标：

(1) 掌握创业团队建设的意义和流程；

(2) 掌握企业财务管理的目标和财务管理的环节；

(3) 了解市场营销基本概念及其商业模式。

技能目标：

(1) 运用组建创业团队的理论知识挑选合适的创业队伍；

(2) 培养财务管理的意识；

(3) 运用市场营销相关知识对市场进行调研和分析。

情景导入

北大学子卖猪肉卖成了百万富翁

陈生毕业于北京大学，十多年前放弃了自己在政府中让人羡慕的公务员职务毅然下海，倒腾过白酒和卖过房子，还打造了"天地壹号"苹果醋，如今卖猪肉卖成了千万富翁。

猪肉也可以定制？这个说法也许听起来觉得陌生，甚至不以为然。然而，陈生推出的绿色环保猪肉"壹号土猪"正是采取的这一战略。专家还为此冠以一个更专业的词汇：精细化营销。不过在陈生自己眼里，这只是自己又一次采用了"歪门邪道"的办法而已。

陈生卖过菜，卖过白酒，卖过房子，卖过饮料。走到今天，他已经成为拥有数千名员工的集团的董事长。在商海浮浮沉沉这些年，最后能够成功存活，陈生靠的是永远领先别人的想法。他认为，很多事情不是具备条件、做好了调查才去做就能做好，而是在条件不充分的时候就要开始做，这样才能抓住机会。至于条件的不足，可以用各种办法调动一切资源来解决。正如他卖白酒的时候，开始根本没有能力投资数千万设立厂房，可是他直接从农户那里收购散装米酒，不需要在固定设施上投入一分钱便可以通过广大的农民帮他生产，产能居然能达到投资5000万的工厂的数倍。之后，他积累起一定资金再开始从买成品酒转变成来料加工，这才开始租用厂房和设施，再之后才有自己的厂房，打造自己的品牌。迅速地进入和占领市场，让他在白酒市场上打了个漂亮仗。

后来，陈生进入了养殖业，卖起了猪肉。而这一次，他依靠的武器是分众销售，又称"精细化营销"。陈生认为，除了确保质量上乘、采用低价策略外，在经济增长放缓的今天，无数企业为了能更好地撬动市场，都在抓破脑袋思考各种各样的办法，一些企业正是成功运用精细化营销，取得了不错的成绩。比如国内家电零售企业巨头国美就一直站在消费者的角度上去考虑，采取"定制"的方法来满足不同顾客的不同需求。

陈生卖猪肉，用的也是这样的战略。在中国，猪肉行业是一个传统行业，市场空间大，中国每年的猪肉消费约500亿公斤，按每公斤20元算，年销售额上万亿。但与其他行业相比，猪肉这个行业一直没有得到很好的整合，基本上没有形成像样的产业化链条，竞争不强，档次不高，机会很多。在这样的背景下，他们率先推出绿色环保猪肉"壹号土猪"，开始经营自己的品牌猪肉。

他把猪肉消费群体继续细分。然后走的还是"公司+农户合作"的路子，但针对学生、部队等不同人群，可以选择不同的农户。提出不同的饲养要求，为部队定制的猪可肥一点，学生吃的可以瘦一点，为精英人士定制的肉猪，据传每天吃中草药甚至冬虫夏草，使公司的生猪产品质量与普通猪肉"和而不同"。

陈生认为，即使是卖猪肉，也要卖得和别人不一样，将"歪门邪道"进行到底。

（资料来源，豆丁网，餐饮行业分析及策略报告）

任务4.1　创业团队的建设及管理

创业的行为是在市场经济条件下应运而生的。企业的创建者可以是个人，也可以是团队。创业团队的成员通常是一些有着共同愿景和价值观的人怀着对事业梦想的渴望走到一起，形成最初的创业团队。创业团队的成员通过对资源和生产要素的重新组合来开发自己的产品或服务，满足市场上人们的某种需求，企业也就诞生了。

一、什么是创业团队

创业团队是指在新企业创建初期由两个或两个以上才能互补、责任共担、所有权共享、愿为共同的创业目标而奋斗，且处于新企业高层管理位置的人共同组成的有效工作群体。

有关调查发现，70%以上创业成功的企业都有多名创始人。其中企业创始人为2~3人的占44%，4人的占17%，5人及以上的占9%。尤其是在高科技领域，团队创业的数量远

远大于个人创业企业。

现代管理越来越注重团队的观念，实践也证明团队模式的绩效明显优于其他工作方式。以创业团队形式抱团存在的人力资源在创业过程中也具有重要的意义。美国的一项研究表明，83.3%的高成长企业是由团队建立的，团队创业型企业的成长性明显优于独自创业型企业。

创业团队的基本作用包括制订商业计划、募集关键人力资源、筹措创业资本、创办公司、构建商业平台等多方面工作。一个好的创业团队对于新创企业的成功具有举足轻重的作用。创业团队的整体素质和实力直接决定了新创企业的发展潜力，进而决定了新创企业能否成功。可以说，创业团队的组建在整个创业过程中具有不可替代的作用。

（1）创业团队的组建有利于成功把握商机。创业团队能用比个人更为迅速、有效的方式来扩大组织的社会关系网络，具有更强的资源整合能力，能同时从多个融资渠道获取创业资金等资源，进而有利于及时准确地把握市场变化，成功捕捉和利用商机。

（2）创业团队的组建有利于促进多元化思考，碰撞出创意的火花。创业团队通常提倡合作、平等、民主的气氛。在这种氛围之下，面对同一问题，团队成员会竞相从不同的视角，展开思索，从而能提出多元化的思考结论。这些结论在有效的沟通下展开互动，往往能碰撞出更有创意的、更高效的解决方案。

（3）创业团队的组建有利于进行科学决策，提高创业成功的可能性。创业团队是由具有不同背景和经历的多个成员组成的，每个成员都会给团队增加更多的信息、经验和能力。因此，创业团队所具有的决策能力就远远超过了任何个人所能拥有的，从而使得企业能在更广的范围内应付多方面的挑战，并最终取得创业成功。

（4）创业团队的组建有利于分散风险和压力。共同创业有利于分散创业失败的风险，通过团队成员之间的技能互补可提高驾驭环境不确定性的能力，降低新创企业经营失败的风险。此外，在创业的过程中，创业者们经常会面临着孤独、紧张和其他来自各方面的压力，找到合适的合伙人将有助于减轻这些压力。

二、创业团队的特征

创业团队是团队而不是群体，团队中成员所做的贡献是互补的，而群体中成员之间的工作在很大程度上是互换的。与个体创业相比较，团队创业具有多方面的优势，对创业成功起着举足轻重的作用。创业团队的特征如下：

（1）是一个创建新企业的特殊群体；

（2）是一个具有新价值创造与创新能力的群体；

（3）有共同的目标，其根本目标是为顾客创造价值；

（4）成员之间具有互补性，团队绩效大于个人绩效之和；

（5）成员共同承担责任，且共同拥有企业的所有权，以及一切成果的分享权；

(6) 创业团队是高层管理。

三、创业团队建设的流程和招募原则

（一）创业团队组建流程

成功的企业都需要建立一个共同成长 、共同发展的团队，初创企业更是如此。创业团队的组建是一个相当复杂的过程，不同类型的创业项目所需的团队不同，创建步骤也不完全相同。我们大致可以按照以下五个步骤进行。

1. 明确创业目标

每个团队都有自己的目标，正是为了完成这个共同的目标，具有不同背景、不同技能、不同知识的人们才组合起来形成团队。创业团队组建之后，首先就必须明确团队的目标。团队目标将告诉每个成员他的奋斗方向在哪里，团队的奋斗方向在哪里。总的来说，创业团队的目标就是通过完成创业阶段的技术、市场、规划、组织、管理等各项工作实现企业从无到有、从起步到成熟。总目标确定之后，为了推动团队最终实现创业目标，再将总目标加以分解，设定若干可行的、阶段性的子目标。

2. 制订创业计划

在确定一个个阶段性子目标及总目标之后，紧接着就要研究如何实现这些目标，这就需要制订周密的创业计划。创业计划是在对创业目标进行具体分解的基础上，以团队为整体来考虑的计划。创业计划确定了不同的创业阶段需要完成的阶段性目标，通过逐步实现这些阶段性目标来最终实现创业目标。

3. 招募合适的人员

招募合适的人员也是创业团队组建最关键的一步。创业团队成员的招募主要应考虑两个方面。一是考虑互补性，考虑其能否与其他成员具有能力或技术上的互补性。这种能力互补既有助于强化团队成员间彼此的合作，又能保证整个团队的战斗力，更好地发挥团队的作用。一般而言，创业团队至少需要管理、技术和营销三个方面的人才。只有这三个方面的人才形成良好的沟通协作关系后，创业团队才可能实现稳定高效。二是考虑适度规模。适度的团队规模是保证团队高效运转的重要条件。团队成员太少无法实现团队的功能和优势，而过多又可能会产生交流的障碍，团队很可能会分裂成许多较小的团体，进而大大削弱团队的凝聚力。一般认为，创业团队的规模控制在 2~12 人最佳。

4. 职权划分

为了保证团队成员顺利执行创业计划、开展各项工作，必须预先在团队内部进行职权的划分。创业团队的职权划分是执行创业计划的需要。具体确定每个团队成员所要担负的职责以及相应所享有的权限。团队成员间职权的划分必须明确，既要避免职权的重叠和交叉，同时也避免无人承担造成工作上的疏漏。此外，由于还处于创业过程中，面临的创业

环境又是动态复杂的，不断会出现新的问题，团队成员可能不断出现更换，因此创业团队成员的职权也应根据需要不断进行调整。

5. 构建创业团队制度体系

创业团队制度体系体现了创业团队对成员的控制和激励能力，主要包括团队的各种的约束制度和各种激励制度。一方面，创业团队通过各种约束制度（主要包括纪律条例、组织条例、财务条例、保密条例等）指导其成员，避免做出不利于团队发展的行为，对其行为进行有效的约束，保证团队的稳定秩序；另一方面，创业团队要实现高效运作，要有有效的激励机制（主要包括利益分配方案、奖惩制度、考核标准、激励措施等），使团队成员能看到随着创业目标的实现，其自身利益将会得到怎样的改变，从而充分调动成员的积极性，最大限度地发挥团队成员的作用。要实现有效的激励，首先就必须把成员的收益模式界定清楚，尤其是关于股权、奖惩等与团队成员利益密切相关的事宜。需要注意的是，创业团队的制度体系应以规范化的书面形式确定下来，以免带来不必要的混乱。

6. 团队调整融合

完美组合的创业团队并非创业一开始就能建立起来，很多时候是在企业创立一定时间以后随着企业的发展逐步形成的。随着团队的运作，团队组建时在人员匹配、制度设计、职权划分等方面的不合理之处会逐渐暴露出来，这时就需要对团队进行调整融合。由于问题的暴露需要一个过程，因此团队调整融合也应是一个动态持续的过程。在进行团队调整融合的过程中，最为重要的是要保证团队成员间经常进行有效的沟通与协调，以强化团队精神，提升团队士气。

以上是对创业团队组建工作的大致总结。需要注意的是，这一组建过程并不是一个完全严格的顺序过程，即创业团队有时并不是严格按照此顺序一步步地进行组建。事实上，很多创业团队的组建过程没有明确的步骤划分界限，如制度体系构建、团队调整融合可能是贯穿于企业发展的整个过程之中的。创业者在组建创业团队的时候，应在上述基本步骤的指导下，根据实际情况灵活加以运用。

（二）核心团队成员招募原则

虽然不同的创业项目需要不同的创业团队，但总的来看，创业团队的组建大体应遵循下列基本原则。

1. 目标明确合理原则

目标必须明确，这样才能使团队成员清楚地认识到共同的奋斗方向是什么，才能将其凝聚起来。与此同时，目标也必须是合理的、切实可行的，这样才能真正达到激励的目的。反之则可能导致团队成员失去奋斗的信心。

2. 互补原则

创业者之所以寻求团队合作，其目的就在于弥补创业目标与自身能力之间的差距。只有当团队成员相互之间在知识、技能、经验等方面实现互补时，才有可能通过相互协作发挥出"1+1＞2"的协同效应。反之，只有技术精湛的研发人员或只有能力高超的管理者是无法实现技能互补的，也就失去了组建团队的意义，即使组成了创业团队，也不可能很好地发挥作用，甚至可能限制了某些有才能的人的发挥，从而带来一些负面影响。

3. 精简高效原则

为了减少创业期的运作成本，最大比例地分享创业成果，创业团队人员构成应在保证企业能高效运作的前提下尽量精简。

4. 动态开放原则

创业过程是个充满不确定性的过程，团队中可能因为能力、观念等多种原因不断有人在离开，同时也有人在要求加入。因此，在组建创业团队时，应注意保持团队的动态性和开放性，使真正完美匹配的人员能被吸纳到创业团队中来。

四、创业团队管理的技巧和策略

创业团队管理的重点是在维持团队稳定的前提下发挥团队多样性优势。人才的选、育、留、用都是有一定管理技巧的。

（一）让合适的人做合适的事

从人力资源管理上"人岗匹配"的原则来说，让合适的人做合适的事，是科学的用人原则。这样做的结果对个人来说，可以调动团队成员的潜能，把人才的优势发挥得淋漓尽致；对团队来说，扬长避短无疑是提高效率的最佳配置。

（1）团队成员有一个共同的目标。人们互相吸引的因素包括：外貌、志趣相投互补。一个团队的成员，有相同的价值观也相当重要。

（2）团队成员之间合作既有原则又有风度。因每个人所处的角度不同，要有自己的原则，说出自己的见解，但意见不同时，又要有风度，站在他人的角度再考虑一下。

（3）团队成员要能力互补，各有所长。结构决定属性，属性决定功能，功能决定绩效。能力互补，各有所长，独当一面，优化结构很重要。郎平时代的女排，就是因为有了一个好的团队结构，所以她们可以取得五连冠的成绩。

（二）培养成员团队合作精神

团队合作成败直接影响企业成败，这是一个铸就团队的时代，同舟共济就是需要创业者用心搞好团队建设。企业的管理活动都是围绕企业的目标展开的，而企业的目标需要通过许多人的集体活动才能实现。即使企业制定了明确的目标，但是由于企业中的成员对目标的理解、对技术的掌握以及对客观情况的认识不同，或者因为他们个体在知识、能力、信念上的差异而表现各有不同。如果大家在思想认识上有分歧，就会在行动上出现偏差。所以，创业者要懂得团队建设，让团队成员都树立同舟共济的意识，这样

才能成就梦想。

（三）营造相互信任的团队氛围

在情感上相互信任，是一个团队最坚实的合作基础。只有这样，才能给团队成员一种安全感，只有信任他，他才会把公司当成自己的，并以之作为施展个人才华的舞台。

（四）有良好的约束机制

建立一个良好的约束机制对团队的后续发展至关重要。通常一个团队的生命周期也不是很长，随时处于变化之中，所以团队的组合也有其随机性：为了创业而组合，或者为了每个项目而组合。因此，在团队里除了分工明确之外，每个成员还应该跟团队签署一个协议，明确每个人的权利和义务，制定好要达到的目标和必要的奖惩条例。

（五）团队领导需要有宽阔的胸怀

创业是使一个企业从无到有的过程，这个过程既是对个人意志力的考验，也是对创业者胸怀的考验，看你能不能听取不同意见者的建议，看你能不能正确看待手下人的顶撞，因为一个企业要获得利润，依靠的不仅仅是顺从的人，更需要直言不讳的能人。

案例导读

与合作伙伴的共赢才是长久之道

有一次，李嘉诚应邀到中山大学演讲，大学生们请教他有关经商的秘诀。

李嘉诚说，他经商其实并没有掌握什么秘诀，如果非说有什么秘诀的话，那就是"与人合作，如果赚10%是正常的，赚11%也是应该的，那我只取9%，所以我的合作伙伴就越来越多，遍布全世界"。

与此相反，我们看到过许多曾经一起艰苦创业、"同甘苦"的伙伴，却在创业刚刚取得一点成绩时，做不到"共富贵"。创业者队伍中也有些"吃独食"的老板，而这样的老板最后必将导致合作伙伴的流失。

作为创业团队中的一分子，我们必须明白，只有共赢才是赢，只有互惠互利才会长久。我们只有在"情感"和"利益"上实现自我超越，懂得和学会将更多的利益与人分享，才有可能成就更伟大的事业。

（资料来源：刘霞，《大学生创新创业指导》，人民邮电出版社2019年出版）

任务 4.2　财务管理

一、企业财务管理的概念

企业财务，是指企业财务活动，即企业在生产经营过程中客观存在的资金运动及其所体现的经济利益关系。企业财务管理则是对企业财务活动的管理。财务管理是利用价值形式对企业生产经营过程进行的管理，是组织财务活动、处理财务关系的一项综合性管理工作。

二、企业财务活动的内容

任何一个企业，在生产经营过程中都要涉及资金及其活动。简而言之，企业在生产经营过程中的资金运动就是企业的财务活动。企业财务活动是指企业在生产经营活动或其他业务活动过程中所涉及的与资金有关的活动，包括资金筹集、资金运用、资金耗费、资金回收和资金分配等。

1. 资金筹集

资金是财产物质的货币表现，是企业从事生产经营活动、投资活动以及其他活动的前提和物质保障。筹资是资金运动的起点，通过筹资才能满足创办新企业、维持企业正常经营、扩大企业经营规模、到期偿还债务本息、支付股息和红利等各种需要。

在市场经济条件下进行筹资要考虑以下几个方面：第一，考虑筹资的规模和数量，规模要适当；第二，考虑筹资的来源渠道和方式，无论从何种渠道，以何种方式取得资金都做到来源合理、方式经济；第三，考虑筹资的代价和风险，在资本市场上没有免费的资金提供，任何一项资金来源都有筹资成本，特别是以债务形式筹资，还会产生相应的财务风险；第四，考虑筹资的效益，对所筹资金的使用力求做到效率最高，效益最大；第五，考虑偿还计划的安排，对于所筹资金需要到期偿还的，要制订切实可行的偿还计划，在支付时间的安排上不要过于集中，以免加大企业的财务支付负担。总之，资金筹资作为资金运动的起点，在整个财务活动体系中具有重要的作用。

2. 资金运用

资金运用既是一个对所筹资金有效配置的过程，同时也是一个合理确定资金投放的过程。企业取得资金后，应有一个总体的规划与设计，包括投资领域、投资方向、具体的投资项目、投资规模、投资结构、投资回报与投资风险等诸多方面。根据企业的投资领域不同，可将所筹资金投放到生产经营方面，以满足简单再生产和扩大再生产的需要；也可进

行对外直接投资和间接投资，以满足赚取投资回报或取得控制权的需要；也可做兼并、收购等资本扩张性的投资，以满足企业资本经营和战略重组的需要。根据企业投资形成资产形态的不同，可分为固定资产投资、流动资产投资和无形资产投资。投资于固定资产可以形成企业的生产能力，投资于流动资产可以满足企业正常生产、销售和日常交易支付需要。投资于无形资产可以帮助企业取得和形成各种权利、商誉及专有技术等。总之，资金的运用既体现了与资金投放有关的投资决策问题，也体现了与资金使用有关的日常管理问题。

3. 资金耗费

资金耗费通常与企业的产品生产和销售活动有关，有时因接受劳务或其他服务也会发生相应的资金耗费。资金耗费一般表现为两个方面：一是构成产品成本的资金耗费，包括直接材料耗费、直接人工耗费、燃料动力耗费和制造费用耗费；二是构成期间费用的资金费，包括销售费用、管理费用和财务费用的耗费。总之，从资金耗费的发生到转移，价值上表现为成本费用，对象上表现为产品或服务。

4. 资金回收

资金回收体现了回收资金的途径和方式，资金运用途径不同，回收资金的方式也有所差别。用于生产经营方面的资金，可通过营业收入的实现来回收；用于对外投资方面的资金，可通过获取投资收益来回收；用于固定资产投资方面的资金，可通过营业收入、出售或处理、折旧的提取等方式来回收；对于借出的资金，到期通过本金和利息回收。总之，资金回收的速度越快、效率越高，资金就越安全。

5. 资金分配

从逻辑关系的角度，资金分配包含循序渐进的四个分配层次：第一，是对企业所获得的各项收入的分配，即以收入缴纳流转税，弥补生产经营耗费，以保证国家财政收入的实现和企业简单再生产的顺利进行；第二，是对税前利润的分配，即以税前利润弥补以前年度的亏损和按调整后的税前利润缴纳所得税；第三，是对企业税后利润的分配，即以税后利润首先弥补亏损，然后提取盈余公积金，形成企业的积累之后，向优先股和普通股支付股息和利润；第四，是对普通股股东股利的分配。在第三个分配层面上只是把股利分配作为税后利润分配的一个去向，并没有做出明确的解释。实际上，对普通股股利的分配涉及分配政策制定、支付程序确定、支付方式选择等一系列问题。总之，资金分配是否公平、公正、客观、合理，关系到企业和各方面的经济利益关系，也关系到企业的未来发展。

综上所述，企业资金运动以资金筹集为起点，历经资金运用、资金耗费、资金回收，最后到资金分配，不仅体现了资金循环和周转的全过程，同时也反映了财务管理的主要内容。

三、财务管理的目标

企业的目标就是创造价值。一般而言，企业财务管理的目标就是为企业创造价值服务。鉴于财务主要是从价值方面反映企业的商品或者服务的提供过程，因而财务管理可为企业的价值创造发挥重要作用。企业财务管理目标有如下几种具有代表性的理论。

（一）利润最大化

利润最大化理财目标在中国和西方都曾是流传甚广的一种观点，在实务界尤其有重大影响。就是假定企业财务管理以实现利润最大化为目标，即指企业利润总额的最大化。以利润最大化作为财务管理目标，其主要原因有三：一是人类从事生产经营活动的目的是创造更多的剩余产品，在市场经济条件下，剩余产品的多少可以用利润这个指标来衡量；二是在自由竞争的资本市场中，资本的使用权最终属于获利最多的企业；三是只有每个企业都最大限度地创造利润，整个社会的财富才可能实现最大化，从而带来社会的进步和发展。利润最大化目标的主要优点是，企业追求利润最大化，就必须讲求经济核算，加强管理，改进技术，提高劳动生产率，降低产品成本。这些措施都有利于企业资源的合理配置，有利于企业整体经济效益的提高。

（二）每股盈余最大化

每股盈余最大化又称每股收益最大化，它是企业的净收益与发行在外流通的普通股股数的比值。利润最大化是从总量的角度考察企业盈利，而每股盈余最大化是从单位量的角度考虑企业盈利，尽管每股盈余最大化把企业实现的净利同企业的投入结合起来考虑，有了一定的进步，但是，它仍然无法避免利润最大化的其他缺陷和不足。

（三）股东财富最大化

股东财富最大化是指企业财务管理以实现股东财富最大化为目标。在上市公司，股东财富是由其所拥有的股票数量和股票市场价格两方面决定的。在股票数量一定时，股票价格达到最高，股东财富也就达到最大。

（四）企业价值最大化

企业价值最大化是指企业财务管理行为以实现企业的价值最大化为目标。企业价值可以理解为企业所有者权益的市场价值，或者是企业所能创造的预计未来现金流量的现值。未来现金流量这一概念，包含了资金的时间价值和风险价值两个方面的因素。因为未来现金流量的预测包含了不确定性和风险因素，而现金流量的现值是以资金的时间价值为基础对现金流量进行折现计算得出的。

企业价值最大化要求企业通过采用最优的财务政策，充分考虑资金的时间价值和风险与报酬的关系，在保证企业长期稳定发展的基础上使企业总价值达到最大。

（五）相关者利益最大化

在现代企业是多边契约关系的总和的前提下，要确立科学的财务管理目标，首先就要考虑哪些利益关系会对企业发展产生影响。在市场经济中，企业的理财主体更加细化和多元化，股东作为企业所有者，在企业中承担着最大的权力、义务、风险和报酬。但是债权

人、员工、企业经营者、客户、供应商和政府也为企业承担着风险。相关者利益最大化目标的具体内容包括如下几个方面。

（1）强调风险与报酬的均衡，将风险限制在企业可以承受的范围内。

（2）强调股东的首要地位，并强调企业与股东之间的协调关系。

（3）强调对代理人即企业经营者的监督和控制，建立有效的激励机制，以便企业战略目标的顺利实施。

（4）关心本企业普通职工的利益，创造优美和谐的工作环境和提供合理恰当的福利待遇，培养职工愿长期努力为企业工作的情感。

（5）不断加强与债权人的关系，培养可靠的资金供应者。

（6）关心客户的长期利益，以便保持销售收入的长期稳定增长。

（7）加强与供应商的协作，共同面对市场竞争，并注重企业形象的宣传，遵守承诺，讲究信誉。

（8）保持与政府部门的良好关系。

四、财务管理环节

财务管理环节是企业财务管理的工作步骤与一般工作程序。一般而言，企业财务管理包括以下几个环节。

（一）财务预测

财务预测是根据企业财务活动的历史资料，考虑现实的要求和条件，对企业未来的财务活动做出较为具体的预计和测算的过程。财务预测可以测算各项生产经营方案的经济效益，为决策提供可靠的依据；可以预测财务收支的发展变化情况，以确定经营目标；可以测算各项定额和标准，为编制计划、分解计划指标服务。

财务预测的方法主要有定性预测和定量预测两类。定性预测法，主要是利用直观材料，依靠个人的主观判断和综合分析能力，对事物未来的状况和趋势做出预测的一种方法；定量预测法，主要是根据变量之间存在的数量关系建立数学模型来进行预测的方法。

（二）财务决策

财务决策是指按照财务战略目标的总体要求，利用专门的方法对各种备选方案进行比较和分析，从中选出最佳方案的过程。财务决策是财务管理的核心，决策的成功与否直接关系到企业的兴衰成败。

财务决策的方法主要有两类：一类是经验判断法，是根据决策者的经验来判断选择，常用的方法有淘汰法、排队法、归类法等；另一类是定量分析方法，常用的方法有优选对比法、数学微分法、线性规划法、概率决策法等。

（三）财务预算

财务预算是根据财务战略、财务计划和各种预测信息，确定预算期内各种预算指标的过程，它是财务战略的具体化，是财务计划的分解和落实。

财务预算的方法通常包括固定预算与弹性预算、增量预算与零基预算、定期预算和滚动预算等。

（四）财务计划

财务计划是根据企业整体战略目标和规划，结合财务预测的结果，对财务活动进行规划，并以指标形式落实到每一计划期间的过程。财务计划主要通过指标和表格，以货币形式反映在一定的计划期内企业生产经营活动所需要的资金及其来源、财务收入和支出、财务成果及其分配的情况。

确定财务计划指标的方法一般有平衡法、因素法、比例法和定额法等。

（五）财务控制

财务控制是指利用有关信息和特定手段，对企业的财务活动施加影响或调节，以便实现计划所规定的财务目标的过程。

财务控制的方法通常有前馈控制、过程控制、反馈控制几种。

（六）财务分析

财务分析是指根据企业财务报表等信息资料，采用专门方法，系统分析和评价企业财务状况、经营成果以及未来趋势的过程。

财务分析的方法通常有比较分析、比率分析、综合分析等。

（七）财务考核

财务考核是指将报告期实际完成数与规定的考核指标进行对比，确定有关责任单位和个人完成任务的过程。财务考核与奖惩紧密联系，是贯彻责任制原则的要求，也是构建激励与约束机制的关键环节。

财务考核的形式多种多样，可以用绝对指标、相对指标、完成百分比考核，也可采用多种财务指标进行综合评价考核。

五、企业同各方面的财务关系

企业财务关系就是企业在组织财务活动过程中与有关各方所发生的经济利益关系，这些关系归纳起来主要包括以下几个方面。

1. 企业与投资者之间的财务关系

主要是指企业的投资者向企业投入资金，企业向投资者支付报酬所形成的经济关系；投资者向企业注入资本，企业向投资者分配利润所形成的经济关系，体现着资本收益分配关系。

2. 企业与受资者之间的财务关系

主要是指企业以购买股票或直接投资的形式，向其他企业投资所形成的所有权性质的

经济关系。

3. 企业与债权人之间的财务关系

主要是指企业向债权人借入资金，并按借款合同的规定按时支付利息和归还本金所形成的经济关系，体现着债权债务关系。

4. 企业与债务人之间的财务关系

主要是指企业将其资金以购买债券、提供借款或商业信用等形式，出借给其他单位所形成的经济关系。

5. 企业与政府之间的财务关系

政府作为社会管理者，强制和无偿参与企业分配，同时对企业承担社会道义、实施各项财政经济政策所形成的经济关系，主要体现在企业要按税法的规定依法纳税而与国家税务机关所形成的经济关系，体现着国民收入分配与再分配所形成的特定分配关系，体现强制和无偿的分配关系。

6. 企业内部各单位之间的财务关系

主要是指企业内部各单位之间在生产经营各环节相互提供产品或劳务所形成的资金结算关系与分配关系。

7. 企业与职工之间的财务关系

主要是指企业向职工支付劳动报酬过程中所形成的经济关系，体现着职工和企业之间在劳动成果上的资金结算的分配关系。

任务 4.3　初创期的市场营销管理

创业者的任何创意（不管是用于何种行业）都需要去了解你的市场，了解你的客户，然后才能建立起自己的公司。在经济学中有两个关键词：需求和供给。对于公司来说，要做的就是制造"供给"，去解决"需求"。而创业者要做的就是去找到这两个具体的"需求"——个人层面上的自我实现需求，以及社会层面上的市场需求。

阿什·莫瑞亚在他的书《精益实战》中对这两个需求做出了简明的定义，即自我实现需求是："我有一个值得解决的问题吗？"而切合市场需求的是："我做的东西有人想要吗？"因此在着手创建你的第一次产品原型之前，不妨先考虑以下三个重要的问题。

（1）创业试图解决的问题是什么？

（2）有这些问题的人都是谁？

（3）这些人为什么要花钱买我的产品，而不是市场上已经存在的其他产品？

这些问题的目的可以帮助创业者识别和理解自己产品的内在驱动力，这个驱动力会引导顾客购买产品，并精准地细分市场，为创业者本人留出一席之地。

一、营销环境的分析

1. 宏观环境分析

宏观环境对企业的影响是间接的，但是其影响也是巨大的，因为这些因素是企业无法控制的。创业者必须了解或者熟悉相应的宏观环境因素，以适应环境，把握机遇。宏观环境主要包括围绕在企业周围的政治与法律环境、竞争者、经济与人口环境、技术与自然环境、社会与文化环境等。

2. 行业环境分析

通过了解行业的基本竞争情况及潜在的发展机会，尽量避免投资失误和资源浪费。行业环境分析主要考虑行业所处的发展阶段及行业进入壁垒。任何一个行业的发展大致都要经历以下四个阶段。

（1）孕育阶段：存在技术和市场风险。

（2）成长阶段：机会最多。

（3）成熟阶段：机会有限。

（4）衰退阶段：尽量回避。

行业进入壁垒一般体现为：规模经济、产品差异、顾客品牌转移难度、所需投资量的大小、转换成本、销售渠道限制、资源的稀缺性、技术进步速度八个方面。

3. 内部条件分析

通过对内部环境进行分析，企业可以决定能够做什么，即企业所拥有的独特资源与能力所能支持的行为，具体包括企业资源与能力分析和价值链分析。

（1）企业资源与能力分析：包括对企业资源分析、企业能力分析和企业的核心竞争力分析。

（2）价值链分析：包括价值链的确定和企业资源能力的价值链分析。

拓展阅读

波特的价值链分析

美国哈佛商学院著名战略学家迈克尔波特提出的"价值链分析法"，把企业内外价值增加的活动分为基本活动和支持性活动。基本活动涉及企业生产、销售、进料后勤、发货后勤、售后服务。支持性活动涉及人事、财务、计划、研究与开发、采购等。基本活动和支持性活动构成了企业的价值链。

不同的企业参与的价值活动中，并不是每个环节都创造价值，实际上只有某些特定的价值活动才真正创造价值，这些真正创造价值的经营活动就是价值链上的"战略环节"。企业要保持的竞争优势，实际上就是企业在价值链某些特定的战略环节上的优势。运用价

值链的分析方法来确定核心竞争力，就是要求企业密切关注组织的资源状态，特别是关注和培养在价值链的关键环节上获得重要的核心竞争力，以形成和巩固企业在行业内的竞争优势。

二、产品定位

（一）细分市场

如果把市场比作一张大饼，那你要做的不是考虑怎么一口把它吃掉，而是找到最适合自己消化的那一块，然后小心翼翼地将它分割出来——这个过程，就可以称为"划分市场"，也叫"市场细分"。

市场细分就是指企业按照某种标准将市场上的顾客划分成若干个顾客群，每一个顾客群构成一个子市场，不同子市场之间，需求存在着明显的差别。市场细分是选择目标市场的基础工作。市场营销在企业的活动包括细分一个市场并把它作为公司的目标市场，设计正确的产品、服务、价格、促销和分销系统"组合"，从而满足细分市场内顾客的需要和欲望。

市场细分在产品原型制作阶段的目的，就是帮助创业者重新认识并理解创业者所构建的产品，是否符合最初所设想的产品功能，以及目标客户群的品位。这就好比是在开大脚之前再确认一下踢球的方向，你不可能在连边都分不清的情况下拿到 MVP，自然也不能在迷失市场方向后还能做得很好。

市场细分可以帮助创业者将精力专注于那些最有可能购买自己产品的客户。好的市场细分不仅是鉴别潜在的早期采用者及客户的方法，还是能帮助公司长期生存下去的秘诀。理想的市场细分是界限清晰，且市场容量巨大，而且足够稳定（即市场内部环境将相对地保持不变），或者正在上升期，且已经蕴含了足够的购买力，足以让公司盈利。

根据不同的市场特点，市场可以有多种分类方法，其中最常见的三种是人口统计分析、消费心理分析和用户行为分析。

1. 人口统计分析

人口统计数据是可量化的统计数据，用以描述一个特定的人口。一个市场人员的基本人口配置文件可能包括年龄、人种或种族、性别。其他的人口统计数据还包括婚姻状况、所受的最高教育水平、经济条件（家庭收入、社会阶层）、职业、代际（80 后、90 后）以及子女数量。有时，人口统计数据会纳入地区的统计范围。

2. 消费心理分析

消费心理将消费者按各自的兴趣爱好，以及活跃领域进行划分（即营销人员常说的 IAO 变量）。这些因素包括个人的性格特征、处事态度、兴趣爱好或生活方式等。试想，如果在一所高中里，当你听到诸如"运动员""书呆子"或者"非主流"之类的名称，那你可能马上就能联想到相应人员的穿着打扮，并且想象出他们的兴趣爱好及购物习惯。

案例导读 ///

为中老年女性"开小灶"

如今满街的时装店开得比金铺、米店还要多，但望衣兴叹，抱怨购衣难、制衣难的中老年消费者依然大有人在。岁月流逝，青春不再，要么是服装尺码规格对不上路、配不上号，要么是款式陈旧、颜色暗淡，连老太太们都看不上眼。据说，服装生产部门也有难言之隐，发福女性身材的各部分尺寸比例可谓千差万别、千人千面，就连版样都很难确定，核算成本、定价格更是难上加难，如果用料多了，价格稍微高一些，买主往往以为：莫不是你乘人之"难"非得宰我一刀不成？位于老西门的上海全泰服饰鞋业总公司，近年来为中老年顾客解决购衣难题是全国出了名的。但毋庸讳言，以往的解难偏重于拾遗补阙，主要集中于规格、尺码、特殊体形、特殊需求的"量"上的排忧解难为多。随着时间的推移，银发世界里如今新成员在不断地与日俱增，其中不乏昔日穿着甚为讲究的新一代白领女性。如果说以前在穿衣戴帽的选购上，她们能够随心所欲，如今也终于尝到了购衣难的苦头。

全泰服饰鞋业总公司也因此专门为中老年职业女性的服饰配套问题进行探索。他们挑选公司各系统部门的精兵强将，集中优势人力和物力开展个性化的服装产销咨询、设计、制作一条龙的特色服务。具体的做法是，推选上海市商业系统职业明星和服务品牌、市劳模胡伟华创建的"中老年服饰形象设计工作室"担纲唱主角，配备资深样板师杜福明等主持裁剪，加工制作师傅均需要经过严格技术考核并持有5级以上证书。公司还专门委派采购人员分赴市内外各面料生产和出口主营企业翻仓倒库，寻觅花色繁多的小段"零头布"作为独家拥有的"个性化面料"形象设计、来样定制、来样定做、来料加工、备料选样定制，犹如"小锅菜"齐上桌，深得消费者的喜爱。

（资料来源：豆丁网，老年用品市场趋向细分化）

针对一种特定的消费者类型，想人之所想，急人之所急，这样不仅为自己带来了实际的利润，也帮助到了需要的人，可谓之"名利双收"，这正是新常态下最为提倡的创新模式。

3. 行为细分

行为细分是用来将潜在用户进行分类的另一种方法。如果创业者所投入的产品在市场上的竞争对手比较多（例如，智能的健身追踪设备），但创业者本人又掌握着提升该产品品质的方法，例如，延迟电池使用寿命，或者更加易于使用，那么，对于这样的创业者来说，市场细分就不应该还停留在简单的通过性别需求或家庭收入这种划分方法，而应该直

接精研技术。

创业者也许想将客户定位至那些消费频繁的买主、大宗货物批发商或者交易猎头身上，因此会想办法增强效益，并为有效分割市场而进行练习，例如，建立一个在给定使用场景下的角色，设想自己产品的理想使用情况，然后构建一个虚拟的顾客，试想他在购买与使用上会遇到的问题，以及这些问题是否会与创业者所掌握的技术有关联。

行为细分下的另外一个组成子集就是买方动机，这里涉及用户寻求产品效益的类型。例如，有一个人正在考虑买件毛衣，那么，他会优先考虑的应该是保暖、舒适度、耐用性，然后才是价格和款式。而大多数决定购买的决策通常都是由一两个主要的购物动机决定的，了解到其中最主要的一点，就能帮助你对职能部门进行战略性的分配。

在 B2B 的世界里，确定创业者的目标客户首先要做的就是划分群体，然后根据不同类型进行二次分割，在这个过程中分割理念应保持不变。当确定了潜在的客户，可能还需通过行业、标准工业分类（SIC）、市场大小、总市值，以及地理等因素对客户进行分组。在个人层面上，创业者会需要考虑客户的需求和购买动机，以此来决定最终的用户。

通常情况下，上述对于买方的分类方法，都是基于经济学基础上的，而真正终端的用户需求则基本上是技术或功能性方面的。因此对于 B2B 模式下的客户，进行行为细分也是可以的。

（二）选择目标市场

选择目标市场是指企业要选择进入的细分市场。实践证明，受资金、渠道、环境等方面的限制，任何一个品牌都不可能为全体顾客服务。目标市场的选择应同时满足三个条件：一是该细分市场有一定的规模和发展潜力，这样才能保证有收益的可能；二是该细分市场未被竞争对手完全控制，否则公司进入该市场将付出高昂的代价；三是符合企业目标和能力。常见的目标市场选择策略有如下三种。

1. 无差异性目标市场策略

把整个市场作为一个大目标开展营销，它们强调消费者的共同需求，忽视其差异性。采用这一策略的企业一般都是实力非常强大的，它们进行大规模生产方式，又有广泛而可靠的分销渠道及统一的广告宣传方式和内容。例如，百事公司在全球贩售统一的百事可乐。

2. 差异性目标市场策略

把整体市场划分为若干细分市场作为其目标市场。针对不同目标市场的特点，分别制订出不同的营销计划，按计划生产目标市场所需的商品，满足不同消费者的需求。例如，洗发水公司根据不同消费者的需求特点推出去屑洗发水、滋养洗发水等。

3. 集中性目标市场策略

选择一个或几个细分化的专门市场作为营销目标，集中企业的优势力量，对某细分市场采取攻势营销战略，以取得市场上的优势地位。一般来说，实力有限的中小企业多采用集中性目标市场策略。例如，有些公司是地区性企业，只选择在某一区域内销售产品。

（三）制订整体营销方案

为了更好地经营创业项目，创业者应针对目标市场的需要，综合考虑环境、能力、竞争状况，对自己可控制的各种营销因素（产品、价格、分销、促销等）进行优化组合和综合运用，使之协调配合，扬长避短，发挥优势，以取得更好的经济效益和社会效益。

三、商业模式

商业模式是管理学中的重要概念，也是创业过程中必须解决的问题。商业模式是创业者创意、商业创意来自机会的丰富化和逻辑化，并有可能最终演变为盈利模式。其形成的逻辑是：机会是经由创造性资源组合，传递更明确的市场需求的可能性，是未明确的市场需求或者未被利用的资源或者能力。尽管它第一次出现是在 20 世纪 50 年代，但直到 20 世纪 90 年代才开始被广泛使用和传播，现在已经成为挂在创业者和风险投资者嘴边的一个名词。

有一个好的商业模式，就有了一半的成功保证。商业模式就是公司通过什么途径或方式来赚钱。简而言之，饮料公司通过卖饮料来赚钱；快递公司通过送快递来赚钱；网络公司通过点击率来赚钱；通信公司通过收话费赚钱；超市通过平台和仓储来赚钱等。只要有赚钱的方式，就有商业模式的存在。

简而言之，商业模式是一个企业满足消费者需求的系统，这个系统组织管理企业的各种资源（资金、原材料、人力资源、作业方式、销售方式、信息、品牌和知识产权、企业所处的环境、创新力，又称"输入变量"），形成能够提供消费者无法自力而必须购买的产品和服务（输出变量），因而具有自己能复制但不被别人复制的特性。

案例导读

多边平台式商业模式——腾讯

所谓的"多边平台"，是将两个或者更多有明显区别，但又相互依赖的客户群体集合在一起的平台。每个客户细分群体之间都是相互依存的，并且有自己的价值主张和收入来源。平台成为这些客户群体的中介来创造价值。

事实上，多边平台对于某个特定用户群体的价值基本上依赖于这个平台"其他边"的客户数量。平台运营商通常会通过为一个群体提供低价甚至免费的服务来吸引他们，并依靠这个群体来吸引与之相对的另一个群体。多边平台式模式感觉特别适用于现在移动互联网竞争中，希望能成为产业链主导的各大企业，如腾讯、谷歌。

整体模式的核心资源是平台，三个关键业务通常是平台管理、服务提供和平台推广。价值主张通常在三个方面创造价值：首先是吸引各用户群体；第二是作为客户细分群体的

媒体；第三，则是在平台上通过渠道化的交易降低成本。

腾讯移动开放平台是移动应用建立的"用户模式"捷径。盈利模式的基础是用户模式，成功地建立了用户模式，企业才可能寻找到盈利模式。腾讯移动开放平台以及QQ关系链的逐步开放，将为广大移动应用软件的开发者建立用户模式提供一条捷径。

从用户规模讲，如果腾讯移动开放平台账号登录系统全面开放，超过7.6亿的QQ活跃账户都将成为潜在的移动应用用户，开发者将可以快速地获得规模级用户。

从用户体验来讲，由于生活节奏加快和时间碎片化，人们开始频繁地在不同终端之间，或者同一终端的不同应用之间切换，然而使用不同账号登录的成本巨大，同时也存在着安全隐患。在腾讯移动平台开放之后，用户便可以直接使用QQ账号授权登录的第三方应用，仅使用一个账号便可以在不同应用之间自由游走，安全便捷，这将大大提升用户的体验效果。

不单如此，在QQ关系链逐步开放之后，开发者还可以充分利用它们为用户创造更加丰富的体验。例如，打通不同应用之间的沟通界限，用户可以在不同应用之中工作、购物、游戏等各种动态下随时随地与好友分享、互动。而且将QQ成熟的社交关系链导入移动应用，在新的社交场景中发展转化，可以大幅度提升用户的忠诚度。

对于开发者而言，这样建立良好的用户模式，最终目的是更好地实现盈利。所以帮助移动开发者构建盈利模式，也是腾讯在移动端开放时的重要布局之一。据悉，对于开发者最关心的支付问题，腾讯也将提供支付平台移动端的开放支持。对毛利比较高的产品，有Q币、Q点支付；而对于与现实生活比较接近的支付体验，例如电子商务，有财富通和网银快捷支付。

除此之外，腾讯也为移动开发者带来系统的广告盈利模式。随着QQ关系链在移动端的逐步开放，基于QQ关系的精准营销广告系统——广告通，未来也将推广到移动互联网。所有的应用软件都将可以使用这个平台，创造广告价值。这也就意味着，对于大量免费应用开发者而言，也同样可以通过腾讯的海量用户和广告平台来赚钱。

然而，腾讯移动开放平台及QQ关系链在移动端的开放，所带来移动商业模式变革远不止如此，甚至可能根本无法预测。对于移动开发者来说，关于如何抓住这可遇不可求的巨大机遇还需要思考和探索，也更需要快速行动。

四、新创企业经营误区

（一）误区一：过度要求程序标准

1. 症状表现

（1）创业企业部门林立，分工过细，人浮于事。

（2）规章制度过于严格、过于严苛，甚至违背法律法规。

（3）业务程序过于复杂繁琐，存在诸多不必要的中间业务环节。

2. 处方提示

对于创业企业而言，基础工作必不可少，包括组织机构、规章制度、计量标准、业务流程等诸多方面。如果规章制度建立健全，无疑会具有强化企业管理的作用。需要强调的是，刚刚处于创业阶段的企业，对于基础工作而言，可以坚持"适合就是最好的"这一原则，而不要过多、过繁、过于复杂。现建议如下。

（1）对于组织机构，只要管理上没有"跑冒滴漏"等管理漏洞，各项工作有人做就可以，要因事设岗，而不要因人设岗，要注意员工所分管事务的关联性。

（2）对于规章制度，要保证具有激励与约束员工的作用。对于约束员工部分，要坚决执行相关法律法规，做到有法可依，以保护员工的积极性。同时，要摒弃以"罚款"震慑员工的想法。要知道，创业初期的企业凝聚力至关重要，甚至可以说是一种生产力。

（3）业务流程应清晰简化，不要以为手续多、报表多、台账多对企业管理就有益，这样既容易使员工处于复杂的程序之中，也容易使信息管理复杂化，更容易给创业者掌握项目运营情况带来难度，甚至影响决策效率。当我们面对破坏性创新和差异化市场激烈竞争，希望以所谓规范化和精细化实现竞争力的时代已经过去，今天我们需要化繁为简，重新回归管理的本质，就是为客户创造价值这一句话，没有第二句。

3. 聚焦客户

这里强调是聚焦客户，而不是聚焦战略。聚焦战略本身没有错，但是聚焦战略的关键点是聚焦客户，任何忘记客户的战略都是空谈和自我安慰。

聚焦客户的本质就是一切管理的出发点和归宿点都从"客户来，到客户去"，就是思考客户价值。聚焦客户的反面是聚焦老板、聚焦管控、聚焦规范，一切的管理都要思考这是否对客户价值的提升有帮助，是否是客户需要的，是否是客户未来需要的，就算战略管理的设计都是如此，一切战略的出发点和归宿点都是客户。聚焦战略不是没有，但是这里不提聚焦战略，就是怕我们天天沉迷于谈战略忘记战略的出发点是客户，而是关注老板的思维，以老板的思维局限性来制约战略。

聚焦客户不是空谈，每个企业都要去思考你的客户的需求是什么，客户要时间快、要正确的产品、要有价值的创新、要低成本、要更加容易做生意，甚至要免费，这些需求你关注了吗？你的哪些组织、管理流程和机制在满足这些需求？任何不是满足这些需求的流程和组织都应该被干掉，任何不是满足这些需求的战略都要重新再定位，但大部分的企业里，几乎所有的常规的战略规划都仅仅关注自身的财务改善，即新年准备规划多少收入、多少利润、多少费用，这些都是以自我为中心的战略，不是客户导向的战略，如果你不能关注你让多少客户成功，多少客户实现价值，那你的战略就是孤芳自赏，这样的战略都应该被淘汰。

4. 简化管理

当你实现了聚焦客户这四个字后，就是简化管理的开始。简化管理的本质是把书读厚，然后读薄。那些不是为客户服务和战略服务的管理制度和行为，能不做就不做，能简化就简化，简化的背后是突出每个管理的本质，而不是简单删除。哪些管理是需要我们反思的呢？

请检讨汇报材料的PPT，是不是足够精美，如果是，请简化，PPT只需要说清楚问题即可。

请检讨会议，这些会议是否可以简化，哪些会议应该缩短时间，减少人员，拉大频度，不需要开的会议就不开，会议吞噬我们的时间，多一点时间关注客户比一切都重要。

请检讨考核制度，是否可以不考核，是否可以只做绩效目标制定和沟通，减少考核，不要以考代管，是否可以只做组织绩效管理，而不做个人绩效管理？是否可以只考核管理者，而不考核员工？任何希望通过考核来解决管理提升的想法都是幼稚的。

请检讨培训制度，是否可以减少一些培训，多一些研讨。

请减少KPI，突出重点；不要一大堆考核指标，然后安排一堆人去收集和统计分析，这些都是在浪费时间。

请检讨每个流程是否可以减少审批，是否可以多一些并行和知会环节，少一些检查环节？

请检讨上下班打卡制度，是否可以让员工不打卡来上班呢？

还有无穷的类似管理，正在吞噬我们的时间和精力，让每个管理者陷入"管理原来就是忙检查"的误区，我们需要让管理回归简朴，让管理找到本源。

5. 活力创新

简化管理的目的就是为了活力创新，活力创新就是要通过简化管理，让每个员工找到创业的活力，让每个员工虚拟创业，坚决打破流程和部门的约束。建立更多的跨部门团队和创业小组，用生态和投资的理念管理每个部门和每个团队，让每个团队焕发活力，在活力中找到创新的亮点。

活力创新的思维也体现在创新不是规划出来的，不是市场部门需求调查出来的，而是通过员工的活力迸发实现出来的。每个员工都被激励，他们的内在潜力得到爆发，员工不是为了工作去创新，而是为了兴趣和快乐去创新，这些员工将成为产品经理、项目经理、方案经理，这些员工将成为公司发展的中坚力量。管理者的使命不是管理他们，而是为他们搭台唱戏，请他们思考和表演，管理者成为他们的服务员。

6. 实现价值

什么是管理，管理就是资源投入实现价值转化的过程，活力和创新的目的最终要回归价值，这个价值就是客户价值，每个企业在实现客户价值的同时，实现企业价值和员工价值。

关注价值的同时要认真分析财务指标，当你看到利润增加和收入提高时，请你不要太早高兴，请思考这些财务指标的提高是否以客户价值实现为前提？如果只是营销手段越来越好而收入提高，但是客户正在流失；如果你只是由于产品价格越来越高而收入提高但是客户正在流失，这些价值都是假价值。

（二）误区二：沉迷追求高额利润

1. 症状表现

（1）以高利润行业的利润标准衡量本行业。

（2）定价脱离市场，价格虚高，有价无市。

（3）不能根据市场变化灵活调整价格，而一味地谋求厚利。

2. 处方提示

刚刚开始创业，创业者给自己和员工树立信心最关键。因此，第一桶金对老板自己来说或对员工来说都是至关重要的，好的开局是成功的一半。在此，建议创业者不能只看到眼前的利润，形象、品牌、市场份额或许更为重要。就此，笔者建议如下。

（1）各行业在市场趋于成熟时，都会形成平均利润。

在此之前，每个行业都有自己的利润点，如房地产可达15%～40%，零售业可达到10%～25%。因此，创业者不应以其他行业的利润率作为确定企业目标利润率的依据。

（2）市场会惩罚那些不尊重市场价格规律的企业。

没有卖不出去的产品，只有卖不出去的价格。

（3）竞争会使企业的价格趋向一个更能为广大目标客户所接受的额度。

如果价格不能应市而动，最终只有死路一条。在创业之初，为了扩大企业的影响，需要侧重于追求销售额最大化，这样能尽快地扩大企业的影响力和市场的占有率，这时就有一种说法：赔本赚吆喝。

当企业已经有了规模化生产，拥有一定的市场份额时，就需要更加关注利润的最大化了，细化生产成本，增加企业的利润。但同时需要说明的是，如果过分追求利润而丢失市场也是不可取的。

（三）误区三：投资市场过于分散

1. 症状表现

（1）企业没有主打产品，产品线过广、过深，产品全面上市。

（2）产品全面进入全国市场，如通过成立分机构或选择经销商。

（3）广告全面轰炸，遍地开花，全国上下一批棋。

2. 处方提示

（1）任何一家成功的企业都应有其主打产品（或拳头产品），这个产品的市场成长性好并且是企业利润的主要来源。如果与竞争对手攀比产品种类的话，企业在做市场时将失

去重点，甚至失去市场份额。

（2）选择重点区域进行试销，如脑白金、黄金搭档，待试销取得成功后再全面推广，这可以减少进入市场的风险和降低资金、人员风险，为调整后期销售策略奠定基础。

（3）全国各区域的实效媒体各不相同，并且，消费习性（包括消费心理、消费特征）、购买能力、市场环境等因素也不尽相同。因此，创业企业应采取差异化的区域性市场营销策略，而不是全国上下一盘棋。

五、新创企业营销策略

（一）先求"利润"还是先夺"市场"

面对着深不可测的市场，很多年轻的创业者都希望自己企业的产品既能销量高，同时赚取的利润也高，吃了糖醋鱼，还想吃红烧熊掌。想要填饱自己的胃，就需要认真思考这个令人倍感矛盾的问题：对于创业项目市场是应该低价销售，还是应高价销售呢？

低价销售通常有利于扩大市场份额，至少有一半情况下是这样，但是这样做却会降低项目的利润率，而高价销售又怕市场不接受而打不开市场，要知道，创业者常常是既想快速打开市场，又想尽快收获利润使利润最大化。

1. 市场和利润哪个更重要

对于市场与利润哪个更重要，这个问题的本质可以这样归结：创业企业是先取"势"，还是先取"利"。所谓取"势"，是尽可能地快速进行市场覆盖，乃至实现大规模市场占有与客户占有，这通常是规模较大的企业的做法。并且，这种情况下，创业项目常常是市场辐射性广、市场潜力大、目标客户群体广泛的民用项目，诸如消费品生意，或民用服务项目。而取利则是市场相对狭窄、目标客户数量有限、市场辐射能力有限的情况下采取的经营策略。采取这种经营策略的项目，主要是一些区域性项目、奢侈品项目、高技术含量的创新型项目等。下面分两种情况来探讨一下以价格为核心的创业经营策略。

（1）市场潜力及市场规模大。

在这种情况下，创业企业适宜先取"势"再取"利"。在创业项目销售定价策略上，通常采取市场渗透定价，即企业将其创新产品的价格定得相对较低，以吸引大量客户，以尽快尽可能地提高市场占有率。

创业企业采取市场渗透定价，还需要考虑下述条件：市场需求对价格极为敏感。只有符合这个基础条件，低价才会刺激市场需求迅速增长，市场占有才会快速实现。并且，创业企业的运营成本和经营费用才会随着项目运营经验的增加而下降，更重要的是低价不会引起实际或潜在的竞争。还有一点，低价还为潜在的竞争对手进入设置了壁垒，通过降低项目利润空间，会大大降低潜在竞争对手参与竞争的兴趣。

（2）市场潜力及市场规模小。

在这种情况下，创业企业则应先取"利"，再取"势"。在定价策略上，创业企业适宜采取撇脂定价法，即企业在项目市场开发支出设定高价，在最短的时间内收回开发成本。然后，再从市场中一层、一层地攫取收益，在成本回收之后，剩下的就是利润的经营期。采用这种定价方法，对于市场价格经常变动的经营风险有很大的适应能力。

2. 低价获取市场要讲究策略

对于很多创业项目，具有很强的原创性，在市场少有竞争，甚至几乎没有竞争。在这种情况下，低价虽然有利于快速打开市场并迅速扩大市场占有。但是却容易失去赚钱机会。在这种情况下，使用低价策略未必是一种理性的手段，而应先取"利"再取"势"。那么，对于创业企业，在什么情况下可以考虑以低价策略而快速占有市场呢？以及应该采取怎样的价格策略呢？

（1）"放水养鱼"策略。

所谓"放水养鱼"，即通过低价或免费策略把客户吸引过来，先通过必要的投入培育市场，待客户认可或形成购买习惯后再收费，或进行商业性涨价。这种策略常见于商业招商项目，即商铺，项目方往往会以优惠政策吸引业主加盟，待商铺生意兴盛时，再进行收费或进行商业性涨价。

（2）"资源掠夺"策略。

在 2008 年 12 月《哈佛商业评论》（中文版）中，刊登了一篇非常有价值的文章，《"免费"客户价值几何》，作者是苏尼尔·古普塔（Sunil Gupta）、卡尔·梅拉（Carl F Mela）。在这篇文章中，提出了这样一种商业模式：公司通过向某一类客户收取少量费用或提供免费服务，以吸引足够数量的同类客户。然后，再依靠他们来大量吸引另一类客户，而后者贡献的收入将大大超过公司获利和服务前者的成本。据作者估计，全球最大的100 家公司中，有 60 家的大部分收入都源于这样的商业模式。

采取此类模式的企业包括大型购物中心、房地产经纪公司、信息技术提供商、拍卖行、印刷和网络媒体、职介和婚介服务等。在此，就拿婚介服务来说，很可能女会员免费入会，而向男会员收费。再如房屋中介，很可能房源方免费登记，而收入来自租房或买房者。通过这种模式，可以有效获得并占有一定的销售资源，成为创业企业经营的资本。

（3）"母子产品"策略。

创业企业在产品或服务经营上，把产品或服务分为基础产品（或服务）与后续产品（或服务）。其中，基础产品（或服务）低价销售，而主要从后续产品（或服务）获得盈利。为此，创业企业首先推出一个可以扩展的基础产品（或服务），在以后的使用中，一直要与其后续产品（或服务）搭配才能发挥功效。在客户购买了基础产品（或服务）后，不得不长期购买其后续产品（或服务）。一般而言，基础产品（或服务）的销售额和利润可能都不高，但其后续产品（或服务）的利润却是持续稳定而极具吸引力的。

这种模式很好理解，也有很多显示案例，诸如照相机属于基础产品，而胶卷则属于后续产品；剃须刀属于基础产品，剃须刀片则属于后续产品；打印机属于基础产品，墨盒属于后续产品；电热灭蚊器属于基础产品，蚊香片属于后续产品；通信领域手机是基础产品，而话费服务则是后续产品……对于创业企业，通过低价推广基础产品（服务），争取更大的市场份额，在此基础上收获丰厚的后续产品（或服务）利润。

（二）先重"品牌"还是先攻"销量"

经常有企业这样询问：我的产品很好，就是没品牌；有品牌，没有知名度，有什么办法先把品牌做起来？更有直接的：先做品牌好？还是先把产品卖出去好？

"做销售还是做品牌"就是非常著名、流传甚广、危害极大的伪命题。请问，如果"做销量"就能够把产品卖出去，还做品牌干什么？品牌的创建与发展始终与产品的市场销量相伴相生，品牌不是幽灵可以魂不附体。品牌形成和发展由两个阶段构成。

1. 第一个阶段为品牌形成阶段

从零做起的品牌，是以产品为开端的。这时所谓的"品牌"靠产品在市场上的良好表现，逐步形成市场声誉，不断积累到品牌上。当然，这种声誉与企业主当初对品牌的定位相辅相成，相得益彰。这样做下来，品牌在市场上、在消费者心中的形象逐渐丰满地竖立起来，品牌定位鲜明的个性和形象等诸多无形资产逐渐形成，比如"王老吉"是凉茶的代表，形成了去火、尽情享乐的品牌形象，此阶段的品牌对产品的差异化，对销售的促进作用从无到有，由小到大，到后期才逐渐强大起来。

2. 第二个阶段为反哺市场阶段

这时产品品牌在市场上已经叫响，在既定的品牌价值上已经具有足够高的声誉，于是，这种声誉可以为企业随后推出的同一品牌下的产品罩上一轮光环，使新产品一下子拥有同样的美好声誉，产品迅速为消费者接受。这时的品牌对同品牌下新推出产品的销量能够产生明显的促进作用，就像生物界的反哺现象。做品牌的目的也就在这里。品牌反哺力量的形成需要时间和过程，在品牌上的聚集的东西越多、越聚焦，品牌价值就越丰厚，未来对销售的反哺促进力量就越是强劲。

再往后发展，品牌不再指向单一产品或单一类别，逐步扩展到为品牌延伸提供支持，为企业的多品种甚至多元化发展提供空间，品牌的核心价值在这一时期要调整、丰富和提升。品牌的形成与反哺两个过程，是品牌创建和成长的普遍规律。

企业对品牌的创建和品牌在市场上的作用切不可急于求成、两者分离和本末倒置。如何实现品牌的打造呢？怎样让产品富有价值，形成美好声誉，不断向品牌充值呢？

（1）抓住市场主流需求，以适度创新的产品切入市场。

打造品牌是一项战略行动，担负打造的产品必须有大的销量能够承载企业形象并且与既定的品牌发展方向相一致，所以，这个产品必须抓住主流需求，放弃细分需求（细分需求在品牌创建形成之后再填补）。同时，必须有一定的创新。比如在统一"鲜橙多"称霸低浓度果汁市场，可口可乐公司作为后来者怎么办？它以"美汁源"为品牌推出了适度创新的含果粒的"果粒橙"系列产品，同样是果汁，"美汁源"有果粒，从而对低浓度果汁市场进行了成功替换。

（2）做好扎实的价值谋划。

好产品好品牌不是天生的，都是要下大力量谋划出来的。从产品品牌命名，到产品概念提炼，到品牌价值定位，到品牌价值背书，到传播诉求创意，都需要谋划和提炼。

仲景香菇酱在营养上提出了很好的概念，不是调味酱，而是营养佐餐酱，拥有"300粒香菇，21种营养"。配合看得到、尝得到和买得到的"三到"市场推广策略，仅仅两年时间便迅速打开了市场，其品牌在市场上一路走高。

（3）产品和品牌的内在价值与外部形象要完美统一。

产品包含三个层次：核心产品、形式产品和附加产品。打造品牌的起家产品必须将这三个层次完美组合，不能出现短板。产品的核心利益与形式产品必须相辅相成，核心价值与产品包装、终端等外部形象及承诺等附加产品必须高度统一。

（4）聚焦全部资源，创造单品的高销量。

只有单品的高销量才能在市场上建立主导地位，有主导地位的产品才能为产品品牌带来声誉。所以，做品牌之初切忌广种薄收。品牌建设是一个过程，无论愿望有多么迫切，都必须谨记，步伐可以加快，阶段无法超越。那种首先打响一个空壳品牌，然后往里面填装产品，期望着装一个就能成功一个的急功近利的做法，无论把"品牌"做到多响，都终将失败，从当年的"第五季"到眼下的中粮悦活，概莫能外。

（三）先做"领头羊"还是先当"大将军"

领头羊，是羊群自己优胜劣汰自我竞争脱颖而出的，因而具有天然的崇高威望，"权"和"威"二者自然合一。大将军，强调以"量"为标准，面对"质"和"量"之间的选择，大将军式方法更加倾向于"量"，主张大规模生产。你的企业是打算走"羊"的路线呢还是"将军"路线呢？

1. "大将军"的优势与做法

刚刚开始创业时，往往会"眉毛胡子一把抓"。对于创业者，欲启动项目市场，必须扩展客户。最初，可能见到客户就想将其"揽到怀里"。但是，在起步阶段，由于企业缺少"下锅之米"，甚至因业务不足而显得慌不择路，这是选择客户不分大小，要重"数量"。创业在客户开发上应该有这样一种思路：先占有，获得"数量"，再梳理，做到"质量"。要知道，不同的客户对于创业企业来说，可能发挥着不同的作用：第一种类型是"养家型客户"，这类客户为创业企业贡献着利润；第二种类型是"充数型客户"，这类客户虽然利润贡献很少，但可以提升创业企业的产销规模；第三种类型是"竞争型客户"，这类客户可能不赚钱，但是出于竞争目的，却可以使竞争对手感到"饥饿"；第四种类型是"形象型客户"，这类客户就是创业企业的"活广告"。

不过，当创业企业度过艰危期，步入良性发展的轨道，就应该重新审视这些客户了。同时，要根据客户的价值或者有所侧重，如"抓大放小"，或者根据客户的利润贡献"优胜劣汰"。在创业初期，根本就没有资格做这种事，但企业做起来以后，就不可同日而语了。

2. "领头羊"的意义

品牌是企业信誉的象征，它能给企业带来高的市场占有率和丰厚的利益，很大程度上解决了逆向选择问题和降低了交易成本。

质量是我们铸造一流品牌的坚强后盾，是企业生存发展的保证。在激烈的市场竞争中，质量就是品牌，质量就是效益，质量就是发展，质量就是企业的命运。没有好的产品质量就没有好的企业生存发展空间。随着全球经济一体化的发展趋势，随着生产的不断发展，企业竞争的焦点已由价格竞争逐步演变为质量竞争。企业要想在市场上占有一席之地，并不断扩大市场份额，就要有具有竞争能力的品牌产品，而品牌产品的核心首先是高质量的品质。另一方面，企业为获得更高的效益和利润，在市场经济中单凭价格优势必将损害企业利益，危及企业生存。企业只有强化质量管理工作，才能不断提高产品质量，减少生产消耗，降低成本。

总的来说，把自己的企业向"领头羊"还是"大将军"方向发展，还需要结合企业本身的属性，盲目跟风转变企业的运营模式，不结合实际情况，最后只会苦了自己。没有良好的质量，就不能保证企业的销量；没有良好的销量，就缺乏提高质量的动力，从而影响企业的生命力。所以企业要想长远发展下去，就必须严抓质量，提高销量，以质量带动销量，以销量带动品牌模式，使企业得以更好地长久地发展。

任务 4.4 管控创业风险

一、创业风险

1. 风险

中文"风险"一词来源于远古的渔民，渔民出海前都要祈求神灵保佑自己出海时能够风平浪静、满载而归；他们在长期的捕捞实践中，深深地体会到"风"给他们带来的无法预测无法确定的危险，"风"即意味着"险"，因此，有了"风险"一词。现代的"风险"一词已经超越了这种狭窄的含义，其基本的核心是："未来结果的不确定性或损失。"一方面强调了风险表现为结果的不确定性，另一方面强调了损失的不确定性。如果采取适当的措施，使破坏或损失的概率不会出现，那么风险可能带来机会，有时候风险越大，机会越大。风险由风险因素、风险事故和损失三大基本要素共同构成。

风险因素是风险事故发生的潜在原因；风险事故是造成损失的直接的或外在的原因，是损失的媒介；损失是指非故意的、非预期的和非计划的经济价值的减少。简而言之，风险因素会引起或增加风险事故，而风险事故的发生可能造成损失。

2. 创业风险

创业风险是指由于新创业企业内外部多种原因而造成创业活动失败的可能性。对于任何创业者而言，创业风险都必须加以重视。

首先，创业风险是所有经营风险之中最早到来的风险，并且是其他经营风险的根源，若其发生，将可能直接导致新企业的过早夭折；其次，由于企业处于成立的初期，事物繁多，也就造成了创业风险具有相当的隐蔽性，创业者不易觉察或无暇顾及。更为重要的是，由于主观认识的有限性和客观条件的动态易变性，导致了任何新企业都无法完全规避创业风险。由此可见，新企业要想取得良好的创业绩效，首先必须采取有效的措施控制创业风险的发生。

3. 创业风险的特征

创业风险贯穿于整个创业过程中，但具备一些共同的特征。

（1）客观性。创业本身是一个识别风险和应付风险的过程，风险的出现是不以人的意志为转移的，所以创业风险的存在是客观的。在创业的过程中，由于内外部事务发展的不确定性是客观存在的，因而创业风险也必然是客观存在的。客观性要求我们采取正确的态度承认和正视创业风险，并积极对待创业风险。当然，客观性并不否认创业风险的存在也有主观的一面。

（2）不确定性。创业的过程往往是将创业者的某一个"奇思妙想"或创新技术变为现实的产品或服务的过程。在这一过程中，创业者面临各种各样的不确定因素，如可能遭受到现已有市场竞争对手的排斥，新技术难以化为生产力等。此外，在创业阶段投入较大，而且往往只有投入没有产出，因而可能面临资金不足的可能，从而导致创业的失败。也就是说，影响创业的各种因素是不断变化、难以预知的，这种难以预知就造成了创业风险的不确定性。

（3）双重性。创业有着成功或失败的两种可能性，创业风险具有盈利或亏损的双重性。如果能正确认识并且充分利用创业风险，反而会使收益有很大程度的增加。

（4）可变性。随着创业因素的变化，内外部环境的变化，创业风险的大小、性质和程度也会发生变化。

（5）可识别性。根据创业风险的特征和性质，创业风险是可以被识别和区分的，而且还可通过定性或定量的方法对其进行估计。

（6）相关性。创业者面临的风险与其创业行为及决策是紧密相连的。同一风险事件对不同的创业者会产生不同的风险，同一创业者由于其决策或采取的策略不同，会面临不同

的风险结果。

二、创业风险的分类

1. 根据风险来源的创业风险划分

创业初期，资金、技术、团队默契等多方面都存在诸多不确定性，可以说，创业活动风险无处不在。通过对已有经验的梳理来看，创业项目通常会面临来自团队内部、资源、技术、组织管理等 12 个方面风险的影响。

（1）来自创业团队的风险因素。

创业团队风险即由于某些原因引发创业团队工作不力而导致新企业创业绩效下降的可能性。这类风险因素的典型表现为"团队成员构成不合理，无法形成优势互补""团队涣散""人员流失率过高""创业精神不足"。

知识拓展

创业团队常见风险

①信息和信任缺口。

在创业中，创业团队成员可能因为接受不同的教育等原因，对创业有不同的预期、信息来源和表达方式，甚至在产业定位、商业冒险等方面产生分歧，从而引发信任问题。如果创业团队成员不能充分信任对方，或者不能够进行有效的交流。那么这一缺口将会变得更深，带来更大的风险。

②经验缺口。

在创业初期，创业团队的工作经验均有缺乏，而此时创业决策过程中更加需要准确的判断。如果创业合伙人无法将自身其他优点弥补经验缺点，可能使创业团队成员之间差距越拉越远，甚至产生隔阂和矛盾。更严重的情况是由于创业团队的经验不足，导致误判，使得创业成果毁于一旦。因此这一缺口也将给创业带来巨大风险。

③管理缺口。

管理缺口是指创业团队成员并不一定是出色的企业家，不一定具备出色的管理才能。进行创业活动主要有两种：一是创业者利用某一新技术进行创业，他可能是技术方面的专业人才，但却不一定具备专业的管理才能，从而形成管理缺口；二是创业者往往有某种"奇思妙想"，可能是新的商业点子，但在战略规划上不具备出色的才能，或不擅长管理具体的事务，从而形成管理缺口。

（2）来自资源方面的风险。

资源风险即由于人、财、物等资源在数量、种类、结构等方面的原因而导致新企业创业绩效下降的可能性。"不能及时筹齐所需资金""无法保证稳定的原材料供应""无法招到合适的人员""过分依赖特定供应商，资源调配困难"等都属于此类风险的典型表现。

知识拓展

财务风险的预防措施

①构建负债计划，适时举债。资金一旦进入项目即要求相应的回报。

②适量举债，保持合理负债比率。一般而言，流动比率为 2：1，速动比率为 1：1，资产负债率<70%较为安全。

③控制经营风险，保持盈利水平。

④构建严密的现金内控体系，对每一笔钱花费要清楚明白。

⑤对员工的薪酬激励适当，设计期权等长期激励手段，减少现金这类短期的激励方式。

（3）来自技术方面的风险。

技术风险即由于技术方面的困难而导致新企业创业绩效下降的可能性。此类风险的主要表现为"技术基础薄弱，设计能力不足""技术不成熟，技术和生产配套能力低""无法掌握关键生产环节和技术"等。

知识拓展

技术风险的预防措施

①随时监测竞争对手的技术发展状况及消费者对技术的接纳情况。

②利用申请专利来对技术进行保护。

③吸引风险投资分担技术风险。

（4）来自组织管理方面的风险。

组织管理风险即由于新企业因组织管理不善而导致新企业创业绩效下降的可能性。此类风险的典型表现为"管理体制不规范""人员配备不合理""责任体系不清楚"等。

（5）来自营销方面的风险。

营销风险即在开展市场营销活动过程中，由于各种不确定因素的影响，使企业营销的实际收益与预期收益发生一定的偏差，进而导致新企业创业绩收下降的可能性。此类风险的典型表现为"产品不适销对路""推销不力""服务或经营措施不当""保管不慎造成货

物损失""运输过程中货物破损""营销人员缺乏职业道德，故意促使营销风险事故发生或损失扩大"等。其中，市场营销渠道建设是件似易实难的事，项目持有人或发明人在创业时常常会漠视渠道建设的难度而盲目创业，最终导致失败的案例不胜枚举。

（6）来自信息沟通方面的风险。

信息沟通风险即由于企业与组织内外部的沟通问题而导致新企业创业绩效下降的可能性。此类风险的典型表现为"企业组织内部沟通不畅""与市场沟通不足""与合作伙伴沟通不足""与政府部门沟通不足"等。

（7）来自市场波动的风险。

市场波动风险即由于市场需求、市场容量、市场发育程度和生产中的市场配套条件等情况的不确定性而导致新企业创业绩效下降的可能性。此类风险的典型表现为"对市场的潜在需求研究不透彻""市场定价超消费者接受水平""对市场变化趋势缺乏预见性"等。

（8）来自行业环境的风险。

行业环境风险即由于行业的生命周期、进入和退出壁垒等的不确定性而导致新企业创业绩效下降的可能性。此类风险的典型表现为"行业进入或推出障碍估计不足""行业竞争过于激烈""对行业主导发展方向判断错误""重大技术进步或新技术的出现"等。

（9）来自政策法规的风险。

政策法规风险是指由于政策法规的改变而导致新企业创业绩效下降的可能性。此类风险的典型表现为"政策法规体系缺乏连续性""政策法规执行不规范""政策倾向重大改变"等。

（10）来自宏观经济的风险。

宏观经济风险主要是指由于宏观经济走势的变化而导致新企业创业绩效下降的可能性。此类风险的典型表现为"对宏观经济形势的估计过于乐观""居民可支配收入下降""资本市场不成熟"等。

（11）来自社会环境的风险。

社会环境风险即由于人口结构、生活方式等社会文化因素的影响而导致新企业创业绩效下降的可能性。此类风险的典型表现为"人口结构发生改变""大众生活方式发生改变""与宗教信仰和风俗习惯相抵触""不符合大众审美观点和价值观念"等。

（12）来自自然条件的风险。

自然条件风险即周围的自然环境状况及其变化而导致新企业创业绩效下降的可能性。此类风险的典型表现为"自然环境不同于预期设想""自然灾害突发""自然环境剧烈变化"等。

2. 基于创业阶段的创业风险分类

（1）创业前期的典型风险。

①消极观望：如果没有积极的态度，创业者很难树立并坚定创业方向。一直在羡慕别

人的成功，没有思考如何修炼自我、积极行动的计划。

②过于乐观：低估创业起步阶段所需时间，盲目乐观也可能会遭受巨大风险。"盲目乐观地估计市场""缺乏流动资金""缺乏创业经验""对竞争对手缺乏应有的估计"等都属于此类风险的典型表现。

（2）创业中期的典型风险。

创业中期的风险包括创业项目顺利启动并运营了一段时间后可能面临的各种风险因素，其中典型的有以下几种。

①目标游离。当新创企业有了一定实力时，不再专情于主业，想找别的挣钱项目。这种愿望很好，但发展思路超越了新创企业当前的实力，往往会以失败告终。

②急功近利。希望投下的每分钱都能尽快有回报，缺乏成长为大企业的心理计划。

③孤军奋战。独自开展创业活动，缺乏组建创业团队的意识。

④遇难而退。不怕苦不怕累、勇往直前、不达目的决不罢休，这就是创业精神。任何成功的创业者都必须有创业精神，这是成功的必要条件。反过来看，有些失败的创业者之所以失败，就是因为缺乏创业精神。

（3）创业后期的典型风险。

①盲目冒进，好大喜功。创业的企业粗具规模，小有成就时，许多创业者容易被自己获得的局部知名度冲昏头脑，不顾发展实际，盲目扩张。

②坐享其成。经过前期的积累，创业项目有了一定的盈利，有些创业者以为苦尽甘来，放松了警惕，贪图享受，花钱大方，甚至挥霍无度。

③挥霍浪费，小富即安。满足于现状，缺乏将所创事业做大、做强的意识。

④缺乏创新。满足于前期使自己成功的商业模式，缺乏继续创新的动力。

⑤管理危机。新创企业快速发展后，人员、机构等快速膨胀，而机构的快速膨胀会使创业者面临人员管理、文化、人才储备不足等方面的挑战。

三、创业风险管理流程

由于自身规模较小，实力薄弱，新创企业在起步阶段的抗风险能力尤其弱，因此，有效地实施风险管理对创业企业尤为重要。既然创业风险是创业过程中不可避免的现象，那么正视风险，并想方设法去化解，是每个创业者必须具备的意识，也是创业过程中的重要任务。

1. 风险识别阶段

风险识别阶段的主要职责在于识别组织内外部潜在的风险因素以及现在是否已经出现了一些风险因素要爆发的征兆。风险识别是应对一切风险的基础，只有识别了风险，才有化解的机会，同时风险也是一种机会，应该开拓、提高其积极的作用。

创业风险识别是创业者依据企业活动，对创新企业所面临的现实及潜在风险，运用各

种方法加以判断、归类并鉴定风险性质的过程。创业者必须具备风险识别的能力。创业风险识别的常用方法有以下三种。

（1）环境分析法。

企业环境的构成极其复杂。自然、经济、政治、社会、技术等环境构成宏观环境，而企业的微观环境主要包括投资者、消费者、供应商、政府部门和竞争者等。环境分析法是在不同的环境下企业对创业风险识别的特定方法，是指通过对环境的分析，明确机会与威胁，发现企业的优势和劣势，找出这些环境可能引发的风险和损失。运用环境分析法，重点是分析环境的不确定性及变动趋势。例如，市场是否有新的竞争对手介入？竞争对手变动趋势是什么？市场需求因素对企业产品销售将产生什么影响等。这些不确定因素往往使企业的经营难以预料。同时，要分析环境中的变动因素及其相互作用的产生对企业的各种制约和影响。此外，应从整体角度分析外部环境与内部环境的相互作用及其影响程度。

（2）财务报表分析法。

财务报表分析法是以企业的资产负债表、利润表及财务状况等资料为依据，对企业的固定资产、流动资产等情况进行风险分析，以便从财务的角度发现企业面临的潜在风险。由于财务报表的特点，可以使管理人员便于掌握资料，提高风险识别工作效率；由于报表集中反映了企业财务状况和经营成果，因此通过报表分析，可以为发现风险因素提供线索。这种方法成为风险识别的有力手段。

（3）专家调查法。

专家调查法是一种重要而又广为应用的风险识别方法，它是引用专家的经验、知识和能力，又发挥专家的特长，对风险的可能性及其后果做出估计。一般来说，运用专家调查法的基本步骤是：①选择主要的风险项目，选聘相关领域的专家；②专家对各类可能出现的风险进行评估、打分；③回收专家意见并整理分析，再将结果反馈给专家；④把专家的第二轮结果汇总，直到比较满意为止。

2. 风险评估阶段

风险评估阶段主要是对前一阶段识别出的风险因素展开评估，测算各风险因素发生的可能性大小以及若发生后可能对创业项目收益的影响程度。创业项目风险的评估，首先应对风险发生概率、风险发生的后果严重程度、影响范围以及预计发生时间进行估计。在此基础上，综合投资者对风险的容忍度、风险管理成本，选用相关风险评估工具对创业风险做出评价。风险评估方法大体可分为定性评估法和定量评估法两类。

（1）定性评估法。

定性评估法是指那些通过观察、调查与分析，并借助相关人员的经验、专业标准和判断等对创业风险进行评估的方法。它具有便捷、有效的优点，适合评估各种创业风险，它也为定量评估法奠定了基础，主要方法有观察法、调查了解法、逻辑分析法、类似估计法。

（2）定量评估法。

定量评估法是既分析确定每一个风险的概率及其对创业项目造成的后果，也分析项目总体风险的程度。典型的分析方法有盈亏平衡分析、计算机模拟、专家访谈、决策树分析、量化风险检查表等。

3. 风险应对阶段

风险应对即通过多种措施使风险降至可接受程度的过程。一般而言，风险应对策略大体可分规避风险、预防风险、缓解风险、自留风险和转移风险五类。

（1）规避风险，即主动避开损失发生的可能性。如创业者经过分析发现某一类产品市场已经过度供给，为了避免市场竞争激烈的风险，可考虑采取主动放弃选择经营该产品的方法，从而规避可能出现的风险。

风险规避比较适用于两种情况，一是某种特定风险所致的损失频率和损失程度相当高，二是采用其他风险防范措施所需成本超过该项活动所产生的经济收益。为避免经济损失，应在创业企业相应活动开展之前采取相应措施，以达到风险的规避。

（2）预防风险，即采取预防措施。以减小损失发生的可能性及损失程度。

如为了防止新企业中的人员流失，可以采取一些提高人员待遇、改善工作环境的措施；为防止程序或数据丢失，可进行数据备份等。

需要注意的是，风险管理的一条基本原则是：以最小的成本获得最大的保障。预防风险涉及一个预防成本与潜在损失比较的问题：若潜在损失远大于采取预防措施所支出的成本，就应采用预防风险手段。

（3）缓解风险，指在损失发生前消除损失可能发生的根源，并减少损失事件的频率。缓解风险的基本点在于消除风险因素和减少风险损失。

缓解风险的措施主要包括降低风险发生的可能性、控制风险损失、分散风险和采取一定的后备措施等。采取预防措施，以降低风险发生的可能性是缓解风险的重要途径。如生产管理人员通过加强安全教育和强化安全措施，以减少事故发生的机会，从而减少高技术企业创业过程中的生产风险。控制风险损失是指在风险不可避免地要发生的情况下，通过各种措施以减少损失、遏制损失继续扩大或限制其扩展范围。

（4）自留风险，即主动承担风险。自留风险一般适用于对付发生概率小，且损失程度低的风险。风险自留有时为主动自留，有时为被动自留；有时为全部自留，有时为部分自留。对于承担自留风险需要的资金，创业者可以通过事先建立内部意外损失基金和从外部取得应急贷款（或特别贷款）的方法解决。

自留风险是以一定的财力为前提条件的，使风险发生的损失得到补偿。在一定程度下，自留风险可能使创业者面临更大的风险。自留风险这一策略更适合应对风险损失后果不严重的风险。

（5）转移风险，指通过某种安排，有意将自己面临的风险全部或部分转移给其他企

业。保险是转移风险应用范围最广、最有效的风险管理手段之一。

创业风险控制的过程就是跟踪已经识别的风险、监视剩余的风险和识别新的风险，并根据创业项目的进展情况保证不断修整和执行风险管理计划，评估减少风险的有效性。

四、创业风险管理建议

1. 创业前期风险的管理

（1）敢于面对失败。创业活动风险无处不在，若因可能面对风险就踌躇不决，创业活动将难以开展。

（2）制订周全的计划。凡事预则立，不预则废。周密的计划能够帮助创业者预测好未来的发展趋势、安排好不同阶段的工作重点，进而起到预防风险的作用。

（3）先做小，后做大。创业者可先尝试小规模的项目，以积累创业经验，若失败，小项目造成的损失在其可承受范围之内；若取得成功，则可将小项目的经验移植到运作规模更大的项目中去。

（4）先务实，后务虚。创业活动需要投入资金，前期资金有限的情况下，创业者应将资金尽量投入到经营活动中去，脚踏实地，干实事、讲实效，解决创业前期面临的各种实际问题，而不应将重心放在做表面文章、说漂亮话上。

2. 创业中期风险的管理

（1）调整心态，强化危机意识。危机意识是企业永续经营的良药。企业发生危机是随时的，是常态不是异常，因此企业必须有随时应付危机的准备。危机也可以是转机，也常常带来新的发展机遇，当企业处理好这一危机，往往也能迈上一个新的台阶。领导者要有危机意识，并且善于"制造危机"，让全员树立危机意识，以锻炼和增强企业体质及抗危机的能力。

（2）加强管理。建立科学的决策机制，使决策更加科学性、系统性、全面性，增强决策的效率和成功率。进行专业化的企业管理，日常管理科学化、专业化。

（3）创业团队沟通与建设。创业初期一般是由创业项目发起人和合伙人为主带领核心创业团队开展创业的活动，团队凝聚力很强。随着新创企业规模的增大，不断会有新的人员加入，若不及时采取措施加强团队间的沟通和建设，则很可能使原有的积极的企业文化被稀释，团队凝聚力下降，进而造成经营效率下降。

3. 创业后期风险的管理

（1）心态调整，尝试授权。成功创业后的两个主要因素会导致创业者开始考虑授权：一是管理问题变得又多又杂，创业者不堪重负；二是员工渴望分享权利，希望得到更多空间与舞台来发挥自己。

创业成功后，创业者需要授权，但不要分权。通过把一些日常的非核心的工作授权给中层管理人员，创业者就可以把自己从繁重的事务工作中解脱出来，把更多的精力集中在战略性问题的决策上。

（2）持续创新。在前期取得成功的基础上，重点选择一种或少量几种创新为主、其他创新为辅的不同组合模式，交替式地推进、持续创新。如业务发展模式上，许多优秀的企业一方面通过商业模式创新来充分利用外部资源；另一方面通过技术创新获得关键技术，实现对整个产业的控制权。

（3）制度化建设。制度的确立可以防止管理的任意性，通过设置合理的权利、义务和责任，使每位员工能预测自己的行为和努力的结果，激励员工为企业的目标和使命努力奋斗。通过制度建设可以有效梳理、确定管理规则和操作流程，固化已有的成功经验和管理方法，并将其转变为员工清晰了解、一致认同和共同遵守的明示规则，保障企业的运作有序化、规范化，降低企业运营成本，增强企业竞争实力。

（4）建立激励机制，凝聚人才。在创业过程中，创业者与员工承担着巨大的风险，需要彼此风雨同舟、共渡难关。创业成功后，创业者关注的是未来的更大回报，而员工更关注的是现在的既得利益。随着企业的扩大，新员工不断加入，他们更多的是一种职业选择，创业者需要考虑建立有效的机制来维持企业所需的更多优秀员工。除了激励机制外，企业前景也有很强的凝聚力，这就需要在这个阶段维持或提升企业的经营业绩，规划好企业的未来发展。

能力训练

一、案例分析

案例一 团队的股权结构设计

一、合伙人股权怎么分？

你公司的股权设计合理吗？建立新的公司该怎么跟股东、合伙人分股份才最合理？

公司股权结构合不合理并没有固定的判断标准，适合公司实际情况的股权结构就是最合理的股权结构。一般来说，从历史上众多的创业案例中可以总结出的一个大致规律，那就是股权结构比较能够提高创业的成功率。

这个股权结构就是：实际控制人是公司的大股东，大股东与小股东的持股有一定的比例差，还有一个股权期权池，用来留给未来引入关键人才作为股东或者做股权激励计划使用。对于初创公司来说，比较合理的股权结构是有一个能够确保公司做出决策的大股东，能对公司起到辅助作用的小股东，以及有20%左右的股权期权池。但这也不是一概而论的，倘若公司各股东投入的资源基本差不多，或者发挥的重要性也都差不多，那么很可能股东的持股比例相差不大才能达到股东合作的微妙平衡。

二、什么样的股权结构最有利？

如何建立适合企业的股权结构，什么样的股权结构最有利于企业更好更长远的发展？

适合企业的股权结构，就是确保企业能够做出决策，又能充分调动大小股东的积极性并能够激励关键员工努力工作和未来引入优秀人才的股权结构。

初创企业一般需要有持股51%以上的大股东，才能确保公司的基本运作在大股东的把握之下。例如，著名案例"真功夫"的股权结构，两个股东的持股比例在投资者入股之前是5∶5，投资者入股之后持股比例分别是4∶4∶2，两个主要股东持有相同的股权和表决权，导致在主要股东之间出现矛盾时，任何一方都没有对公司的控制权，后来也出现了一系列的狗血事件。主要股东之间出现矛盾是因为主要股东夫妻感情破裂导致的，所以这个案例也提醒我们，如果主要股东平等持有公司股权，并且夫妻婚姻关系是维系主要股东和谐相处的关键因素的话，那么在感情破裂前，最好先解决主要股东持股比例相同、表决权相同的股权结构隐患。

公司按出资比例出让股权

在过去，如果公司启动资金是100万元，出资70万元的股东即便不参与创业，占股70%是常识；而现在，只出钱不干活的股东"掏大钱、占小股"已经成为常识。在过去，股东分股权的核心甚至唯一依据是"出多少钱"，"钱"是最大变量。而现在，"人"是股权分配的最大变量。

没有签署合伙人分配协议

许多创业公司容易出现的一个问题是在创业早期大家一起埋头一起拼，不会考虑各自占多少股份和怎么获取这些股权，因为这个时候公司的股权就是一张空头支票。等到公司的"钱"景越来越清晰时，早期的创始成员会越来越关心自己能够获取到的股份比例，而如果在这个时候再去讨论股权怎么分，很容易使分配方式不能满足所有人的预期，导致团队出现问题，影响公司的发展。所以，在创业早期就应该考虑好股权分配，签署股权分配协议。

合伙人股权没有退出机制

合伙人股权战争最大的导火索之一，是完全没有退出机制。比如，有的合伙人早期出资5万元，持有公司30%的股权。干满6个月就由于与团队不和而主动离职了，或由于不胜任、健康原因或家庭变故等被动离职了。离职后，退出合伙人坚决不同意退股，理由很充分：

（1）《公司法》没规定，股东离职得退股；

（2）公司章程没有约定；

（3）股东之间也没签过任何其他协议约定，甚至没就退出机制做过任何沟通；

（4）他出过钱，也阶段性地参与了创业。

其他合伙人认为不回购股权，既不公平也不合情、不合理，但由于事先没有约定合伙人的退出机制，对合法回购退出合伙人的股权束手无策。

没有做好员工激励

阿里巴巴创办8年，有65%的员工拿到了股权激励；京东员工股权已超过刘强东个人持有的70%；华为成立三年之时，至今已实施了4次大型的股权激励计划，他们的成功并不是做大了之后才做股权激励的，而是通过股权激励一步步把事业做大的！赚小钱靠个人，成大业靠团队。通过股权激励把老板个人的梦想变成全体员工的梦想是企业发展过程中必须做的一件大事，是企业成长过程中最重要的一次变革！

（资料来源：搜狐网，产融发展研究，《一份价值100万元的股权分配方案，拿到手为何落不了地？》）

【问题】

"真功夫"联合创始人蔡达标，其股份比例的演变是50%→47%→入狱；雷士照明创始人吴长江，其股份比例的演变是100%→45%→33.4%-29.3%→6.79%→2.54%→入狱。请从组建创业团队和财务管理的角度对这些创业的结局做出分析。

案例二　股东们的矛盾

宏伟公司是一家从事IT产品开发的企业。由三位志同道合的朋友共同出资100万元三人平分股权比例共同创立。企业发展初期，创始股东都以企业的长远发展为目标，关注企业的持续增长能力。所以，他们注重加大研发投入，不断开发新产品，这些措施有力地提高了企业的竞争力，使企业实现了营业收入的高速增长。

在开始的几年间，销售业绩以每年60%的递增速度提升，然而，随着利润的不断快速增长，三位创始股东开始在收益分配上产生了分歧。股东王力、张伟倾向于分红，而股东赵勇则认为应将企业取得的利益用于扩大再生产，以提高企业的持续发展能力，实现长远利益的最大化。由此产生的矛盾不断升级，最终导致坚持企业长期发展的赵勇被迫出让持有的1/3股份而离开企业。

但是，此结果引起了与企业有密切联系的广大供应商和分销商的不满，因为他们许多人的业务发展壮大都与宏伟公司密切相关，他们深信宏伟公司的持续增长将为他们带来更多的机会。于是，他们威胁，如果赵勇离开企业，他们将断绝与企业的业务往来。

面对这一情况，其他两位股东提出他们可以离开，条件是赵勇必须收购他们的股份。赵勇的长期发展战略需要较多投资，这样做将导致企业陷入没有资金维持生产的境地。这时，众多供应商和分销商伸出了援助之手，他们或者主动延长应收账款的期限，或者预付货款，最终使赵勇又重新回到了企业，成为公司的掌门人。

经历了股权变更的风波后，宏伟公司在赵勇的领导下，不断加大投入，实现了企业规模化发展，在同行业中处于领先地位，企业的竞争力和价值不断提升。

（资料来源：财务管理案例分析，豆丁网）

【问题】

请根据案例中的内容谈一谈财务管理、团队合作对初创企业的重要性。

案例三　缺乏财务常识，赚钱的生意赔了

1. 意外收获让我开始创业

一个周末，我到朋友开的服装店去逛，翻看她库存的一堆衣服。突然，看到了一摞丝制的衬裙，朋友说这是一个工厂托她甩掉的积压货，一条进价才2元钱。不过我的朋友很是苦恼，因为衬裙的样式实在陈旧，估计是要砸在手里了。可是我却来了兴致，跟她打了一个招呼，拿了一条回家改造。两个小时以后，等我拿着改好的衬裙给朋友看时，她都惊呆了，认为改得很漂亮。她决定卖卖试试，结果下午刚刚挂出去不到1小时，裙子就被一个时尚的女孩以90元的价格买走了。

朋友马上和我商量，这一批衬裙都交给我来设计和修改，她负责卖。卖掉后每条按照35元跟我结账。15天后，我将改好的裙子交给朋友卖，没过几天她就给了我5000多元。我觉得这钱赚起来太容易了，没用什么成本在短时间内就可以赚到这么多钱。这件事情让我很兴奋，回家考虑了很久，我决定自己创业。

起初，我只是从朋友的店里拿她积压的服装来修改。可是不久我就发现，她的小门面虽然生意火爆，但是销售能力还是十分有限的。而且，在赚取的利润中我只拿到其中的小部分，所以我需要扩大销售才能赚取更多的钱。

当时我就一直认为只要卖出去的东西多我就可以赚到更多钱，于是就开始跑批发市场，并以极低的价格批发来款式陈旧的服装进行"再加工"。我在家附近租了一间平房，购置了3台缝纫机，同时聘请了3个熟练的缝纫工。一个小服装作坊就这样开张了。我也没有做过多的规定，每天只想着能怎样加工出更多的衣服。应该说，我的确找到了一个让自己财源滚滚的创业项目。

我的服装店在市场很受欢迎，每次带着改好的服装刚到批发市场，就被摊主围住订货，有的摊主甚至天天打电话央求我给他们再做一批。这一切都让我信心迅速膨胀，就这样不到3个月的时间我已经赚到了将近6万元，所以我也没做什么市场调查和财务上的核算就又开始扩大经营了。

2. 扩规模后支出比收入大

很快，我退掉了原来租用的房子，换了一间100多平方米的小库房，又添置了10台缝纫机，增聘了10个缝纫工。由于每日生产量增加，旧服装的进量也迅速增加。很快我发现原来用来装饰服装的布头出现严重短缺，花式越来越少设计的样式也变得越来越单调。这是绝对不可以的，我的服装就是因为新颖才赢得今天的市场。以前数量少时，我可以去布料批发摊位以极低的价格购买碎布头。现在，几个摊主每天剩下的布头和余料已经供应不上我的需求。所有的这些问题都是我所没有考虑到的，所以一时间显得有些手忙脚乱。为了确保供应量，我想出了一个解决办法，就是批量进购各式的布匹，这样我的成本就成倍增加了，但是我为了解决眼前的问题也没有考虑太多。

直到这个时候，我还在想：只要我的销量增加了就一定可以增加利润。说实话我是一点都不懂财务，创业前我连每月自己的收入和支出都管理不好，加上扩大生产后，每天繁重的设计任务压在身上，索性根本不去问财务的事了。在我的印象中，每天都在拿回大量的资金，每天都在赚钱，却从来没有注意自己每天也在消耗和付出大量的成本。

几个月过去了。我的产量一直在增加，销量也是一路飘升，可是渐渐发现手中的钱越来越少。这时候才想到看看财务方面的书籍，因为根本就不懂得财务，所以对书中介绍的内容也是一知半解，只记得好像是有一句话：只要现金一直在流动，而且手中一直有现金，就没有问题。这句话让我很是踏实了一段日子，继续着每天16小时的忙碌。但是又过了两个月，我发现问题越来越大了，每天大量的出货意味着我每天必须要购入大量的旧款服装和布料，我的账面资金不但没有增加，反而在慢慢减少。我这才意识到可能是成本的问题，想到了要节约成本。但是问题是我无论怎么算也找不出现金减少的症结所在。作坊已经发展到15个工人了，每日的工作量都排得满满的，厂房已经极为拥挤，旧款服装虽然积压了一大批，可是做这项工作不能不积压服装啊。每一款设计不是拍拍脑袋就可以想出来的，特别是以此为工作后，每天大量的设计让我已经有些麻木，唯一的解决办法就是将旧服装先压一段时间，然后对哪一款有灵感了再设计一下。至于面料的采购成本，虽然很多面料已经是整批进货了，但是这样的进货量和服装厂比还是差很多的，所以期望通过压缩进价来降低成本也是不可能的。

虽然知道是要降低成本的时候了，可是由于不懂财务也没有关心过企业的财务状况，不知如何下手来解决这个问题。后来我慢慢意识到在开店的初期，需要耗费的资金真的是相当大。比如在我筹资的时候，没有单独考虑到筹资成本，也没有把这一部分资金算到筹资规模中。后来的盲目扩大，更是增加了成本，获利相对更少。由于当时不懂得这些理论，我对财务知识的无知为后来的创业失败埋下了导火索。

3. 缺乏财务知识赔了生意

有一段时间，我天天接着算盘也搞不清楚所以然，面对着大量的设计任务，我只能将成本问题放下，先赶着出设计样，让工人制作。"非典"时，危机终于爆发。因为"非典"的缘故，服装市场的生意基本停顿了，很多外地摊主直接关了店铺回老家。面对这种情况，有人提议我"外援"，以"合资"方式弥补资金缺口和化解投资风险。但我却担心无法控制合作伙伴，同时认为有那些找伙伴、谈合作的工夫，不如自己慢慢滚动发展，因而将此建议束之高阁。但这时候，一些以前批发给我布料的供货商开始找上门来，我才发现自己不知不觉中已经赊销了大量布匹，我的工厂基本陷于停顿状态。

在这种"夹缝"状态时，我越来越知道精打细算与节约是做生意必备的两点。要做到精打细算，就要从许多细节上入手。比如开店初期，经营中不会有太大的旺季，许多事情可由我自己干，这样可以精简大批人员降低成本。当初创企业必须雇用人时，则要充分利用每个人，合理安排人力资源，使成本降到最低。而且在筹集资金的时候不能一味追求降

低成本，导致筹资不足，造成将来的经营失败。同时可以全面考虑各种渠道，利用不同时间、空间选取最佳时期，以降低筹资成本。我的一个朋友就是很好地利用了不同时间和空间，成功地节约了成本。因为利率是由国家调控的，根据政策的不同，在不同时期国家规定的利率也不同。对于银行贷款筹资，要看准时机，选择利率相对较低的时期，以求得筹资成本最低。比如我朋友的企业需要购进一台设备，主要想通过银行贷款解决资金来源。据分析，利率在该年中期将下调，因此他选择了在6月份贷款，月利率为9.1%，而年初贷款月利率是10.8%，这就成功地利用不同时间以及不同利率降低了筹资成本。当然降低与节约成本的方法还有很多，但要具体情况具体分析，看选择哪种手段最合格、效果最好。在开店初期，各个方面都要注意节约，这是为将来更多的获利创造前提。

不过这些知识我知道的有些为时已晚，付清全部的货款和工人的工资后，再清算账面时，我惊呆了。除了赚到了满满一仓库的旧款服装和零碎的面料外，我所剩无几。虽然不至于破产，但是这将近一年的忙碌对我来说是严重失败的。

（资料来源：傅晓霞，《创业案例精编》，上海财经大学出版社2016年出版）

【问题】

（1）案例中的主人公最终失败的原因是什么？

（2）她本应该了解哪些财务管理知识？

（3）"只要现金一直在流动，而且手中一直有现金，就没有问题。"这句话到底有没有道理？

（4）如何把握创业企业扩张的步伐？

二、技能实训

1. 实训项目：创业团队建设及管理

根据创业团队建设的流程和方法，认真思考以下问题：

（1）假如你要创业，如何选择合作伙伴？

（2）如果你是一个创业者，你将如何建立团队的管理制度，以保证沟通及时？

（3）你认为一个团队需不需要定期的人事变动或者岗位轮换？

（4）假如你开始创业，将怎样进行人才选拔和任用？是用猎头公司挖人，还是在熟悉的人里寻找？

2. 任务目标

（1）巩固组建创业团队的理论知识。

（2）增加大学生在组建团队过程中的沟通能力。

（3）建立大学生正确的自我认识。

3. 内容要求

对上面的四个问题展开实践，并将实践结果以报告的形式呈现出来，报告字数不少于800字。

项目五

创业网络平台构建

知识目标：

(1) 了解网络平台搭建与创业之间的关系；

(2) 掌握网上商店策划的基本方法；

(3) 掌握网上商店运营的一般流程；

(4) 掌握网络营销的主要手段。

技能目标：

(1) 能规划网上资源，创立网上商店；

(2) 通过经营网上商店，运用所学知识，保障收益。

情景导入

李红莉开旧书店

读大学时，李红莉就发现许多二手书店通常是将人家卖不出去的书籍抱到店里来销售，却忽视了顾客究竟要什么读物。而随着图书市场格局的变化，现存的正规旧书店已为数不多，无形中导致旧书业的现状已无法满足市场和读者的实际需求。加上近年来纸价飞涨，包装精美的新书更是价格不菲，这无疑给二手书市场留下了巨大的交易空间。李红莉认为做旧书生意的定位就在于业精于专。根据现实情况，她打算主营社会科学类书籍，从而形成自己的特色。她首先是挑选书的内容，其次是挑选出版社。她收购到一百多本财富类书籍，没想到新学期开学没几天，就被大学生抢购一空。书店开张没多久，为增加有效的交易渠道，李红莉还开设了网上交易（主要是学术类著作），意在便于与同行交流。现在，网上交易量已占到书店业务总量的15%。增设"寄售"业务，是李红莉的新招。现在李红莉的书店每月有3000元的纯利。

（资料来源：中国大学生创业网（http：//chinadxscy.csu.edu.cn/），适当加以改编）

任务5.1　网络平台与创新创业

一、认识网络销售平台及其基本功能

（一）网络销售平台的概念

现今网络的发展已呈现商业化、全民化、全球化的趋势。几乎世界上所有的企业都在利用网络传递商业信息，开展商业活动。从宣传企业、发布广告、招聘员工、传递商业文件乃至拓展市场、网上销售等，无所不能。网络营销平台为企业提供了一个展示自己的舞台，为消费者创造一个了解企业的快捷途径。在以信息技术为支撑的新经济条件下，网络销售平台已成为企业实施营销的重要工具。中国著名的网络营销平台包括淘宝网、京东、当当网等。

（二）网络销售平台的基本功能

网络营销平台一般是建立在互联网的平台上，包括信息发布系统、在线销售系统、原材料采购招标系统或拍卖系统等，其主要功能包括以下几个方面。

（1）新闻动态。在网络营销过程中，企业或个人利用网络营销平台向客户与顾客动态发布公司的新闻信息、重大事件及公司的最新发展情况，起到公共媒介的宣传作用。

（2）信息发布。信息发布功能主要是指在网络营销过程中，公司或个人利用信息发布功能及时动态地发布各种产品与服务的需求与供应信息，从而构建一个虚拟的网上市场。

（3）网上调查。网上调查是指在网络营销过程中，企业利用电子商务平台，针对网民的消费心理特征与行为特征，来进行网上产品与服务需求特性调查的创新市场营销调研方式，这种方式成本低、效率高、时效性好。

（4）提醒机制。网络营销提醒机制是指针对网络营销平台的目标客户的访问情况，进行及时动态的提醒，如邮件提醒、短信提醒、语音提醒等。

（5）会员注册。会员注册是网络营销中发展客户、获得客户资料的重要手段，通过会员注册功能，为有效进行管理会员提供了保障。

（6）会员管理。会员管理是指在网络营销过程中针对不同类型的客户分类进行管理，通常分类的方式包括分级制、星级制等。在网络营销过程中，根据客户的购买数量与访问数量来进行会员的管理与升级活动。

（7）产品展示。产品展示是网络营销平台提供的针对产品与服务的动态展示功能，主要包括展示模板的设计、展示模型的设计、展示的美工处理、产品展示的更新与维护等等。

（8）客户关怀。网络营销平台为企业与客户进行动态交流提供了空间，其目的是解决在客户购买过程中出现的问题，提高客户满意度与忠诚度。

（9）信息反馈。信息反馈是网络营销平台另一个与客户互动的方式，客户可以通过电子邮件、短信发送、网页互动、QQ 聊天、BBS 等多种方式向公司反馈信息，从而营造一个动态的网络营销平台。

（三）网络营销的特点

与传统的营销方式相比，网络营销具有传播范围广、速度快，无时间和地域限制，交互性强，表现手段丰富，成本低等特点。凭借这些先天优势，网络营销已逐渐成为最重要、最有效的营销推广方式之一。网络营销具有以下特点。

1. 网络营销是一种直复营销

直复营销的"直"是直接的意思，是指不通过中间分销渠道而直接通过媒体连接企业和消费者；"复"即"回复"的意思，是指企业与顾客之间的交互，顾客对这种营销能够有一个明确的回复，企业可以统计回复的数据并对以往的营销效果进行评价。网络营销是最为典型的直复营销，互联网为企业与客户之间架起了方便的双向互动的桥梁，通过互联网，顾客可以直接参与从产品设计、定价到订货、付款的生产和交易全过程；企业可以直接获得市场需求情况，开发产品，接收订单，安排生产并直接将产品送给顾客。

2. 网络营销是一种软营销

网络营销的理论基础之一是"软营销"理论。所谓软营销是相对于传统企业的强势营销与消费者的被动接受而言，主要表现在狂轰滥炸式的广告宣传和人员推销，它强调企业进行市场营销活动的同时必须尊重消费者的感受和体念，让消费者能舒服地主动接收企业的营销活动。在互联网上，由于信息交流是自由、平等、开放和交互的，强调的是相互尊重和沟通，网上使用者比较注重个人体验和隐私保护。因此，企业采用传统的强势营销手段在互联网上展开营销活动势必适得其反，网络软营销恰好是从消费者的体验和需求出发，采取拉式策略吸引消费者关注企业来达到营销效果。

3. 网络营销是一种关系营销

"网络关系"营销，是指企业借助联机网络、电脑通信和数字交互式媒体的威力来实现营销目标，它是一种以消费者为导向、强调个性化的营销方式，使用了定制化时代的要求；具有极强的互动性，是实现企业全程营销的理想工具，他还能极大地简化顾客的购买程序，节约顾客的交易成本，提高顾客的购物效率，并且，网络营销更多地强调企业应借助于电子信息网络，在全球范围内拓展客源，为企业走向世界提供基础。现代企业应充分发挥"互联网络"的互动优势，灵活开展网络营销，促进企业的持续发展。

4. 网络营销是一种数据库营销

数据库营销是为了实现接洽、交易和建立客户关系等目标而建立、维护和利用顾客数据与其他顾客资料的过程。数据库营销具备广阔的发展前景，它不仅仅是一种营销方法、

工具、技术和平台，更重要的是一种企业经营理念。企业通过搜集包括客户数据库在内的各种原始数据，可以利用"数据挖掘技术"和"智能分析"在潜在的数据中发现赢利机会。如基于顾客年龄、性别、人口统计数据和其他类似因素，对顾客购买某一具体货物可能性作出预测；可以以所有可能的方式研究数据，按地区、国家、顾客大小、产品、销售人员，甚至按邮编，从而比较出不同市场销售业绩，找出数字背后的原因，挖掘出市场潜力；可以通过市场、销售、服务等一线人员从面对面的顾客口中得知有关产品的反馈信息，并整理输入数据库，定期对市场上的顾客信息进行分析，提出报告，帮助产品获得工艺或功能上的改善和完美，帮助产品开发部门作出前瞻性的研究和开发；管理人员可以根据市场上的实时信息随时调整生产和原料的采购或者调整生产产品的品种，最大限度地减少库存，做到"适时性生产"。

5. 网络营销是一种病毒式营销

病毒式营销是一种常用的网络营销方法，常用于进行网站推广、品牌推广等。病毒式营销利用的是用户口碑传播的原理，通过利用公众人际网络、网上社交圈等，利用公众的积极参与性与交互性让营销信息像病毒样传播和扩散，营销信息被快速复制传向数以万计、数以百万计的受众。在互联网上，这种"口碑传播"更为方便，可以像病毒一样迅速蔓延，因此病毒式营销是一种高效的信息传播方式，而且，由于这种传播是用户之间自发进行的，因此几乎是不需要费用的。

6. 网络营销是一种整合营销

整合营销是以消费者为核心重组企业行为和市场行为，综合协调地使用各种形式的传播方式，以统一的目标和统一的传播形象，传递一致的产品信息，实现与消费者的双向沟通，迅速树立产品品牌在消费者心目中的地位，建立产品品牌与消费者长期密切的关系，更有效地达到广告传播和产品行销的目的。现今互联网上，微博、博客、微信、论坛、贴吧等等都是企业关注的营销利器，网络营销兼具互动传播、活动营销、事件营销、SEO、SEM、SPR 媒体资源整合等多项综合手段，这样整合营销可以将企业信息以更高效的手段向自己的目标用户、合作伙伴等群体快速传递。

二、网络营销与创新创业之间的关系

随着我国互联网技术不断地更新与发展，网络已经深入到每一个人们的生活、工作中，影响着人们的方方面面。网络的传播与连接，拉近了企业、厂商与消费者之间的关系，丰富、完善的网络营销宣传手段，让企业的产品能够深入人心，这也算是为创新创业提供了借鉴。特别是随着电子商务的兴起与繁荣，让很多的创业者将目光投注在网络营销这块领域中来，愿意尝试这种新的营销方式与策略，这样就不断地促进了一批批的创业潮兴起。

（一）网络营销给予创新创业机会

随着电子商务在我国蓬勃发展，针对经济全球化的强有力挑战，提高国家经济竞争力，我国不断出台政策方针，促进和规范我国网络创业。在创业上网络营销作为经济建设与划分的重要指标与指导方针，加快了我国网络营销发展的机会，提供了多重的创业机会。网络营销创业是不受时间、区域、技术等限制的经营管理模式。网络营销给予创业的成长刺激，在巨大的网络世界里，营销的网络应用受到创业者的青睐，随着快速增长的市场化营销进程，每年的创业基数都在逐步加大，成长速度更是以不断翻倍的速度在提高。个性化网络营销帮助实现不同的创业模式。网络营销更大的说是网络市场，其个性化正在逐步地凸显，它不以固有模式与样式发展，每一步都是新的开始与新发展，在满足消费者、创业者的个性化需求方面都拥有传统营销方式不可比拟的优越性。

利用网络营销的创业成本低廉，在创业起初之时，以往的开办模式与程序是需要房屋、存货等等。但是，现代的网络营销所运用的多半是网络虚拟空间，将装修、房屋租金等在第一个环节就完全的省掉。网络营销的创业只需有一台上网的电脑就可以开展经营与管理，方便、高效。网络营销突出的优势就是成本低廉，很多的支出费用与开销完全避免，宣传成本降低的同时效果往往好于传统宣传方式。网络营销方便创业所用讯息搜集，丰富创业的所需资料与信息，让创业者能够以最快的时间、速度、方式等了解所要进行营销的商品情况与整体市场需求与评价。让产品信息、生产信息和营销策略、方针等等，尽可能广泛地传播出去，力争所有的人能够接收并且以此受到影响。通过互联网的信息传输与处理让创业变成一件十分轻易的事情，不再受到开业难、经营繁琐等困扰。网络营销为创业的模式与速度提供了全新的舞台，为创业者开展营销活动提供了极大的便利。

（二）网络营销为创新创业提供助力

网络营销与创业二者的关系就是不断的通过整合市场资源、营销策略、创业管方面，让新型的营销与创业相关联，网络营销的创业模式网络营销是基于以往的营销模式新发展起来的。网络营销给予了创新创业的机会，驱动针对创业型网络营销的市场概率。网络营销加速创业行动的步伐针对创业与网络营销间的关系，让其创业的整体过程都能够加速运行，始终占领市场先机。创业需求创新的网络营销资源创业的灵魂可以说是创新性的具体体现。它不是单一的营销方式、方法，更多的是通过在原有的模式上更新、创新，以此保障网络营销的资源始终具有能够辅佐创业的动力。网络营销能够丰富创业的资源，创业之初所需的就是渠道、品牌、内容等丰富与高质量的服务，网络营销完全可以以最大限度的营销支点来满足期初的创业需求。由于创新与机会的把握，让整个网络营销的资源上具有较大的转变，这样的转变势必会让创业者承担一定的风险。但是，这样的风险是网络营销必不可少的，同样也是为了能够更好地刺激创业利用网络营销的发展模式。

网络营销与创新创业的关系是相互依存、相互进步、共同发展的关系。网络的飞速发

展不断地丰富网络营销的类型，让多种多样的创业形式不断地兴起。有效地结合网络营销与创新创业，能够不断地刺激经济的飞速发展。在不断地刺激创新创业发展的同时，利用多样的网络营销方式来迎合当代创新创业的新形式，始终能够确保其发展与创新性。网络的发展与营销式样的更新，让创业的步伐不断地加快，创业的艰难性逐步地降低，创业的管理问题得到很好的控制，保障创业的成功性。

三、网络营销创业的优点和缺点

网络营销创业因其形式多样，创业门槛较低，推广方式丰富的优势，被很多创业者选择，网络创业逐渐取代了传统的模式。但网络营销创业也不是十全十美的，在这个取代过程中，网络营销对创业的影响是多维的，有优点也有缺点。

（一）网络营销创业的优点

1. 创业成本较低

网络营销创业相比较于传统的经营模式，网络营销创业成本相对较低。在网络随时能够触及每个人的情况下，网络创业的交易方式就可以实现随时随地进行交易。网络营销创业可以不雇佣劳务，甚至不需要租赁店面，利用互联网降低管理中交通、通讯、人工、财务和办公室租金等成本费用，可最大限度地提高管理效益。降低了营销及相关管理费，实现了对企业成本费用的最大限制控制。拥有一定的网页设计技术和管理手段就可以实现小成本销售，不需要囤积货物，可以实现零囤货甚至预定制，大大地节约了创业者的成本，对于初期创业的创业人员而言是最好的选择。

2. 创业形式多样

网络营销创业相比于其他创业形式而言，创业方式更加灵活。网络营销创业并没有像传统创业那样有很多门槛，相对而言，网络创业拥有更公平、合理的创业环境，只要不违反国家关于互联网经济的政策和法律法规，创业者就可以根据自己的创业方式开展创业活动。能够在网上交易的商品五花八门，从实物产品的家纺家居、电器数码、化妆品、服饰鞋帽、书籍文具、美食特产、文化玩乐、二手用品，到各种虚拟数字产品的交易如电话充值卡、上网充值卡、杀毒卡、游戏点卡以及 Q 币交易等，多种多样的创业形式留给前赴后继的创业者来挖掘。

3. 经营时间自由

网络营销创业相较于其他创业形式而言，经营的时间和方式更加灵活。实体创业很大程度上受时间和方式限制，就拿开店来说，需要有人在开门到关门期间一直守着店面。但网络营销创业就不一样，创业者选择网络创业就可以根据自己的时间灵活安排，也不需要按时按点，这种弹性工作制对很多创业者来说非常有诱惑力，这一优势极大地吸引了许多既想创业又不想辞去现有工作的创业一族。

4. 营销方式丰富

网络营销创业相较于其他创业形式而言，营销方式和内容更加丰富。网络营销既具有传播范围广、速度快、无时间地域限制、无时间版面约束、内容详尽、多媒体传送、形象生动、双向交流、反馈迅速等特点，有利于提升营销推广的效率，增强营销信息传播的效果，降低企业营销信息传播的成本。网络营销是一种以消费者为导向，强调个性化的营销方式，具有企业和受众的极强的互动性，从根本上提高受众的满意度。另外，可通过权威公正的访客流量统计系统，精确统计出每个客户的广告被多少个用户看过，以及这些用户查阅的时间分布和地域分布，从而有助于客商正确评估广告效果，审定广告投放策略。根据广告目标受众的特点，有针对性地投放广告，密切迎合广告目标受众的兴趣提供相应的商品或者服务。

（二）网络营销创业的缺点

1. 创业成功率不高

虽然网络营销创业的门槛很低，但要成功创业其门槛却非常高。网络营销创业不仅是具备哪种单一的操作技能，而是涉及市场营销、客户关系、财务管理等多项学科和多项商务操作技能的综合性商业模式。如何选择成熟的创业项目，制订企业的计划书，规避投资风险，进行初期创业的财务管理，做好创业初期的网络营销定价和客户管理，是创业阶段的黄金法则。它并不会因为网络营销的低成本、高自由度、宽松的营销环境、个性化的消费需求定位就消失隐匿。在网络的高科技光环之后，它依然充斥着残酷的商业竞争气息。褪去华丽的网络外衣，商业营销的本质还是赢利。

2. 网络创业竞争激烈

网络创业虽然在迎合消费者多元化需求方面具有传统经营方式不可比拟的优越性，但由于创业门槛低、启动资金少，导致大量的创业者进入这个领域掘取第一桶金。再加上传统企业也争相在网络上拓展自己的经营领域，使得网上零售市场竞争激烈，趋于饱和。网络营销因为门槛低导致竞争激烈，做出品牌效应就是重中之重，如何在浩浩荡荡的网络创业大军中脱颖而出，是每个网络创业者需要面临的难题。

3. 信任及安全隐患缺失

网络营销推广或宣传，消费者是没有办法实际感受商品，很容易出现实物与期待存在落差，产生各类纠纷。另外，依赖网络平台存在的网络营销创业，网络本身也不是百分之百安全，网络病毒的存在时刻给人带来威胁，网上黑客、网络犯罪增加了网上交易的不安全性，增加了信息传播的风险。这些因素就像毒瘤，威胁着网络营销的健康发展。

四、建立网络平台的风险

创业实现价值的过程必然伴随着风险，互联网的快速发展给网络创业带来了与传统创

业不一样的风险。网络创业中常见的风险因素主要包括项目风险、市场风险、资金风险和技术风险。

(一) 项目风险

是指在进行网络创业之前，并没有明确的创业方向，对要踏入的领域没有深刻的分析与认识。很多创业者对于网络创业缺乏理性认识，很多时候受网络风云人物的影响而投身网络创业，但只是盲目跟进，认为网络遍地是黄金，一台电脑连上网线就可以创业了。一些创业者对创业的理解比较肤浅，往往是几个人商量后就开始实践了，缺少对创业实践的战略性策划，缺乏对市场调研数据分析，对创业过程中可能遇到的问题的预测以及对所遇到的种种商业风险估计不足。

(二) 市场风险

是指进行网络创业之前对互联网市场的了解程度比较少，或者并没有对市场进行准确性的评估。网络市场是个全球性的市场，竞争非常激烈，如未在创业前对发展方向、市场定位等进行全方位策划，很容易被淘汰。对于网络创业者而言，由于缺乏创业实践能力，因此在创业的过程中容易想当然，把创业过程中遇到的问题想得异常简单，在选择网络项目的时候，很难从专业市场的角度出发进行考虑分析。

(三) 资金风险

是指进行网络创业时可能缺少足够的资金支持，项目开展后期存在资金链断裂的情况。目前我国竞争环境较以前更宽松、公平，同时降低了创业门槛，为创业者自主创业提供了较好的经济环境。但与发达国家的创业经济环境相比，尚有较大差距，我国的资本市场仍欠成熟，风险投资不充分，融资困难，使许多有创业意愿的创业者望而却步。网络创业在我国是一个比较新的领域，想要获得资金支持更是难上加难。在以遵守市场规律为基本游戏规则的商业环境中，很多创业者难以承受创业资金。同时网络创业环境与传统市场环境相比更透明，竞争更剧烈，很容易由于缺乏管理意识，经营管理不善，缺乏企业经营管理能力，最终导致创业失败。

(四) 技术风险

是指很多选择创业的人对网络创业技术了解不够深入，并没有扎实的技术支持。一些创业者虽然开始了网络创业，但是对自己要求不严格，不能全身心投入。大部分初次者创业决策所依据的基本上都是个人通过书本等间接获得的知识与信息，创业激情往往源于自认为的"好项目"或"好想法"，实施起来确缺乏创业技能，忽略了创业需要专业化知识。网络技术发展日新月异，网络创业需要对网络技术及时跟进，才能应对网络中商业运作的各种技术风险。

五、开展网络创业的必备条件

（一）正确选择创业项目

对于要进行网络创业的创业者而言，最重要的一件事就是要进行市场调研，选择合适正确的创业项目。选择创业项目前做好详尽的市场调查与分析，对市场饱和度和产品成熟度有一个清楚的认知，这样容易在网络市场中脱颖而出。对于常见的行业和产品，虽然需求量非常可观，但对于大多数消费者而言，他们已经形成了固有的购物习惯，购物时也倾向于选择自己熟悉的品牌，因此新进的创业者在这一点上并不占据优势。在选择创业项目时，要从个性化需求出发，现在消费者越来越重视私人订制的体验，发现人们的个性化需求并以此出发来打动消费者，才能在创业的过程中立于不败之地。

（二）提升网络创业技能

网络创业看似简单，其实背后深含各类专业知识，创业者在创业的过程中，要不断地学习专业知识，同时可以根据自己创业的需求，有选择性地学习其他相关创业知识理论，以此来提升自己的专业能力。在网络创业的过程中，不可能永远一帆风顺，因此创业者要调整自己的心态，不能被一时的挫折所击倒，要不断地强大自己的内心，来引导团队和自己的项目渡过难关。网络创业必须杜绝浮躁的思想，踏踏实实，从小事做起，不断提升自身和团队的专业技能，做好充分准备，持之以恒，准确把握自身创业特点才能闯出一片真正适合自己的新天地。

（三）提高创业风险意识

对于在当今网络环境下的创业者而言，在创业的过程中一定要增强风险意识。在项目运作的过程中，资金的流向和用途要进行严格的把控。虽然创业在前期很多时候是个人，但是即使如此，创业者也要有长期发展的规划目标，从开始就要把控好自己资金的流向，为以后做大做强提前做好准备。在创业初期，还要做好货源调查和联系，并且做好备选方案，当货源紧张的情况下，能够及时有其他货源进行顶替，这样就不会出现缺货断货的情况，保证创业项目的良好信誉，给客户留下良好的印象。

六、网络平台搭建的运营条件

（一）设备条件

企业网络营销，顾名思义就是企业在互联网络环境下进行的各种营销活动。企业要开展网络营销，首先要有能接入互联网的电脑，每个部门至少有一台电脑可以上网，为了后续运营的专业性和便捷性，企业最好有自己的网站，并为网站设置合适的域名。营销型网站相当于一栋大厦中的租赁柜台，用于展示企业商品或服务，为此，企业需要购买网站域

名，设计本企业网站，商品当然是展示的主体，但与商品生产及销售相关的企业介绍必不可少；还有，企业的联系方式，在线问题解答，购买支付方式，商品送货方式，不满意退货途径等等，都需要在网站详细介绍。企业网站可以存放在自己的服务器上，也可以存放在运营商的虚拟主机上。

（二）人员条件

一个企业要运营网络营销，设备条件在经济能力允许的条件下很容易具备。但是具备设备条件不代表企业网络营销运营就一定成功，还取决于企业的管理层对网络营销的认识程度和企业能否打造一支具有强大运营能力的网络营销团队。

（1）合格的网络营销团队应该以人为本，能够各司其职又兼备多方面素养的复合型人才是一只专业性和战斗力都强的网络营销团队的基本组成要素，这要求对团队成员的招聘要按照高标准来，选择有互联网专长并且能够掌握多种网络运营技能的人才，此外，较强的学习能力和创新思维也是高素质网络营销团队必备的素质。

（2）网络营销团队需要不断学习进步，通过进行各项技能培训向他们输送最新互联网动态和技能，从而更快地适应互联网发展，并且，未来的网络营销团队则更倾向于学习型团队，也就是能通过高效的学习增强对新生事物的适应性。

（3）网络营销团队需要健全的经管体系，这就要求团队不仅要有明确合理的分工和不定期的升级培训，还要有妥善的经营管理，无论是团队协作能力还是团队精神文化建设都需要在实际运营中培养，完备的激励制度能够保持团队的活力。

任务 5.2　网上商店的策划

近十年来，以网络购物、网上外卖、旅行预订等为代表的商务类应用持续快速增长，并引领其他互联网应用发展，成为中国互联网发展的突出特点。中国互联网络信息中心（CNNIC）《第 45 次中国互联网络发展状况统计报告》显示：网上交易类应用在 2019 年继续保持快速增长，互联网模式不断创新，线上线下服务融合加速，其中网络购物用户规模达到 9.04 亿人，全年交易额达到 10.63 亿元。

一、选择网上创业方式

根据盈利模式的不同，大学生创业者可选择用以下网络经营模式来实现网上创业。

（一）网络销售式

该种经营模式是将传统中线下售卖的商品搬至网上进行售卖，典型的代表如苏宁易购、唯品会等。

（二）交易佣金式

该种经营模式主要依靠收取入驻商家的交易佣金实现盈利，典型的代表如旅游中介类网站携程、口碑等。

（三）会员收费式

该种经营模式是通过向会员有偿提供有价值的资源或信息服务来实现盈利，典型代表有网络小说类网站（如起点）、数据库类网站（如中国知网）等。

（四）广告盈利式

广告盈利适用于绝大多数网站的经营，当其在网民中具有一定影响力和知名度以后就可能靠广告费来实现盈利。为此，就有部分网站通过向访问者免费提供资源的方式吸引用户访问，在用户中具有一定影响力和知名度后靠商家广告费实现盈利。典型代表有免费信息检索（如百度）、免费娱乐休闲网站（如优酷等）、论坛和社区类网站（如豆瓣、小红书等）。

（五）智慧服务

以网络为载体，利用创业者的个人智慧帮助有需求的或商家实现特定任务的一类创业方式，如猪八戒网等。

案例导读

网上商店的基本模式

从网店经营主体来看，网上商店可分为 B2C（BusinesstoConsumer）网店与 C2C（ConsumerConsumerto）网店，前者是由企业通过网站向消费者提供商品和服务，后者是由个人通过网站向消费者提供商品和服务。从网店业务范围来看，网上商店可分为内贸网上商店和外贸网上商店，前者主要面向国内用户提供商品和服务，后者主要面向国际用户提供商品和服务，涉及国际物流与国际支付。从网店主营商品类目来看，网上商店可以分为综合百货类网上商店和垂直专卖类网上商店，前者涉及多个不同商品类目，后者专营某一类特色商品。

（资料来源：百度文库）

二、网上商店策划

对于初创者而言，选择网上创业的方式一般会选择网络销售形式。从 2004 年 6 月 30 日开始，我国统一启用新版的《零售业态分类》标准，"网上商店"作为一种新的零售业态正式纳入零售业。网上商店所面向的市场也称为网络零售市场。在准备开设网上商店之

前，为降低创业风险，了解市场行情，有必要对网络零售市场进行调研，然后选择合适的商品。通过网络销售的商品一般包括有形商品和无形商品两大类，前者主要指实物商品，需要通过线下物流配送完成交易，后者主要指在线服务及虚拟商品，不需要线下物流配送即可完成交易。

在货品选择时，首先要了解市场需求，通过市场调研及自身积累的丰富经验，来把握市场的流行趋势，选择"最合适"的商品。例如，基于淘宝市场选择货品时，就必须分析淘宝市场数据。其次还需要综合考虑创业者资源背景、个人专长和兴趣爱好、货源地域优势等诸多因素。

网上商店市场定位就是在确定自己的特色优势的前提下使这些特色优势有效地向目标市场显示。常用的定位方法如下。

1. 根据产品属性定位

根据产品属性定位即通过产品的市场功能区分进行定位，重点突出产品的功能、风格等差异化属性。以淘宝女装店铺为例，女装类目是淘宝上竞争最激烈的类目，若要在女装类目中脱颖而出，必须突出店铺的与众不同之处。淘宝上特色鲜明的女装店铺包括："橡菲"只做皮衣的产品线特色定位，"木棉天堂"的文艺青年风格定位，"裂帛"的民族仿古风格定位，"韩都衣舍"的流行韩版风格定位，"七格格"的潮流炫酷风格定位，"OSA"的白领职业风格定位，"天使之城"的潮流偶像风格定位。这些店铺正是凭借鲜明的产品属性定位，在竞争激烈的淘宝女装类目中形成了自己的竞争优势，并取得了成功。在根据产品属性进行市场定位时，要尽量考虑竞争对手所没有顾及的属性，这种定位方法比较容易收效。

2. 根据产品价格和质量定位

根据产品价格和质量定位即通过价格与质量的关系进行市场定位。行之有效的价格质量定位主要有"低质优价"定位、"优质高价"定位和"优质低价"定位三种。

3. 根据用户群体定位

根据用户群体定位即企业谋略性地把某些产品指引给适当的使用者或某个分市场，以便根据那个分市场的特点创建恰当的形象。

4. 根据产品档次定位

产品档次包括低档、中档和高档。例如，天猫在 2011 年大幅度提高收费标准，主要就是为了提高商城的服务品质与产品档次，淘汰一些档次低、品牌实力不强的中小卖家，为买家提供更好的购物体验。市场定位是一项精细而又复杂的工作，需要企业市场营销人员通过一切调研手段，把握和确定自己的潜在竞争优势之后才能正确定位。中小企业或个人一般通过入驻第三方提供的交易平台来创建网店，开展网络零售业务。目前，国内知名的第三方内贸网络零售交易平台主要包括淘宝网、拍拍网等，第三方外贸网络零售交易平台主要包括速卖通、敦煌网等。根据艾瑞咨询统计数据，淘宝网在中国网络零售市场占据

80%以上的市场份额，处于绝对领先地位。个人或企业在选择所要入驻的第三方网络零售交易平台时，应注意考察平台是否具备以下基本功能。

（1）为买卖双方提供交易空间，通过自身的知名度将买卖双方聚集到一起。

（2）承担交易监督和管理的职责，包括制定平台交易规则，规范并监控买卖双方的交易行为，创建良好的商业信用环境，保障买卖双方的权益。

（3）为买卖双方提供技术支持服务，如商品发布、网店创建与装修、商品搜索比价、在线支付、在线推广、在线促销等各类技术支持服务。

（4）为买卖双方提供信用贷款、在线交易保险、仓储配送、数据分析等各类增值服务。

（5）网上商店的典型业务包含进货生产、验货清点、入库上架、产品拍摄、收款结算、打单配货、装盒包装、封盒贴单、核对计数、面单排序这些属于线下的业务工作；也包含美工文案、产品发布、同步库存、上架销售、运营推广、生成订单、核对信息、确认快递这些属于线上的业务工作。对于新开设的网店而言，运营工作的重中之重是通过各类推广与促销手段为网店引入流量。只有有了持续稳定的流量，网店的各项业务才能正常开展，并形成良性循环。

三、网络产品定价的策略

创业者为了有效地促进产品在网上销售，必须针对网上市场制定有效的价格策略。由于网上信息公开性和易于消费者搜索的特点，网上的价格信息对于消费者的购买起着重要的作用。网络产品的定价策略非常多，根据网络营销的特点，常见的定价策略主要有以下几种。

（一）折扣定价

为了鼓励顾客及早付清货款、大量购买、淡季购买，酌情降低其基本价格，这种价格调整叫做价格折扣。包括现金折扣、数量折扣、功能折扣、季节折扣等方式。

（1）现金折扣。在网上直接提供现金券或返现等形式的一种促销方法。在传统市场，许多行业习惯采用此法以加速资金周转，减少收账费用和坏账。

（2）数量折扣。企业给那些大量购买某种产品的顾客的一种折扣，以鼓励顾客购买更多的货物。大量购买能使企业降低生产、销售等环节的成本费用。

（3）功能折扣（贸易折扣）。是制造商给予中间商的一种额外折扣，使中间商可以获得低于目录价格的价格。

（4）季节折扣。是企业鼓励顾客淡季购买的一种减让，使企业的生产和销售一年四季能保持相对稳定。如夏季的羽绒服、冬季的海滨旅馆等。

（二）拍卖定价

网上拍卖是目前发展比较快的领域，经济学者认为市场要想形成最合理的价格，拍卖

竞价是最合理的方式。根据供需关系，网上拍卖竞价方式有下面几种。

（1）竞价拍卖。由卖家设置起拍价，限时买家竞拍，价高者得。主要是 C2C 交易，包括二手货、收藏品和普通商品。

（2）竞价拍买。这是竞价拍卖的反向过程，消费者提出一个价格范围，求购某一商品，由商家出价，出价可以是公开的或隐蔽的，消费者将与出价最低或最接近的商家交易。

（3）集体议价。在互联网出现以前，集体议价方式在国外主要是多个零售商结合起来，向批发商以数量换价格。

拍卖定价是一种非常有吸引力的定价方式，消费者在拍卖过程中不仅可以获得较低的价格，还可以享受拍卖成功后的喜悦。这是其他定价方法所不能拥有的。

拓展阅读

淘宝网的拍卖规则

相信不少用户已经对拍卖一词不再陌生，甚至是网络竞拍高手，现在我们以淘宝网的拍卖为例说明一下主流网站的拍卖活动是如何进行的。

1. 拍卖的种类

拍卖是卖家在拍卖网站上缴纳一定保证金，取得拍卖资质后，卖家设置最低起价，买家缴纳拍卖保证金后，进行加价竞拍的一种销售模式，最后价格最高者获得购买权利，在规定时间内补足差额款项。截止到 2019 年 8 月，淘宝拍卖有增价拍、荷兰拍、降价拍三种拍卖规则。

（1）增价拍：拍卖宝贝数量为 1，拍卖价格从低到高自由竞价，拍卖结束时，出价最高者获得拍卖的胜利。

（2）荷兰拍：拍卖数量大于 1，价高者优先获得宝贝，相同价格先出价者先得，最终商品成交价格是最低成功出价的金额。如果最后一位获胜者可获得的宝贝数量不足，则可以放弃购买。（发布荷兰拍商品卖家信用分数必须大于等于 11 分）

（3）降价拍卖：拍卖宝贝的竞价由高到低依次递减直到竞买人应价时成交的一种拍卖方式；如果宝贝数量为 1，则拍卖在第一个竞买人应价时成交且拍卖结束；如果宝贝数量大于 1，则拍卖在所有宝贝被竞买人应价完后，拍卖结束。

2. 保证金制度

为保证拍卖的顺利进行，有效减少恶意竞拍活动，淘宝网规定所有参加拍卖的卖家及买家都必须缴纳保证金。参与一笔拍卖交易，不管拍卖的价格和想要竞拍的宝贝件数，都只需交纳一次保证金，是买家首次出价的 10%，小数部分四舍五入取整，出价 10% 不足 5 元，按 5 元收取。

淘宝拍卖保证金规则：

（1）买家参与拍卖都需交纳保证金。

（2）参加一笔拍卖交易，不管拍卖的价格和想要竞拍的该宝贝的件数，都只需交纳一次保证金。

（3）保证金为5元（人民币）/笔。会员向自己的支付宝账户充值，对应金额的保证金会被冻结在支付宝账户中。

（4）未拍得宝贝的会员的保证金在拍卖结束后，系统立即给予解冻。荷兰拍最后一位获胜者如果竞拍到的宝贝数量不足，成交结束后系统立即解冻其保证金。

（5）成功竞拍后如果卖家主动关闭交易，则系统立即解冻买家的保证金。

（6）竞拍成功的买家在7天交易期内履行该交易（支付宝付款）后，系统会立即解冻保证金；否则在7天交易期满后系统将自动关闭交易，并且保证金不予解冻。

（7）交易产生后3~60天为罚没保证金申诉期。会员可以在罚没保证金申诉期内进行申诉，证明交易关闭非因其原因导致。

（8）若买家在申诉期内未作申诉或申诉未成功，保证金将做罚没处理。若申诉成功，保证金将被解冻。

（资料来源：淘宝学堂网）

【思考】

你是否参与过电商平台的拍卖活动？这些拍卖活动对你有吸引力吗？为什么？

（三）心理定价策略

心理定价策略，是针对顾客心理而采用的一类定价策略，主要应用于零售商业。

1. 声望定价

即针对消费者"便宜无好货、价高质必优"的心理，对在消费者心目中享有一定声望，具有较高信誉的产品制定高价。不少高级名牌产品和稀缺产品，如豪华轿车、高档手表、名牌时装、名人字画、珠宝古董等，在消费者心目中享有极高的声望价值。购买这些产品的人，往往不在于产品价格，而最关心的是产品能否显示其身份和地位，价格越高，心理满足的程度也就越大。

2. 尾数定价

也称零头定价或缺额定价，即给产品定一个零头数结尾的非整数价格。大多数消费者在购买产品时，尤其是购买一般的日用消费品时，乐于接受尾数价格。如0.99元、9.98元等。消费者会认为这种价格经过精确计算，购买不会吃亏，从而产生信任感。同时，价格虽离整数仅相差几分或几角钱，但给人一种低位数的感觉，符合消费者求廉的心理愿望。这种策略通常适用于基本生活用品。

3. 招徕定价

这是适应消费者"求廉"的心理，将产品价格定得低于一般市价，个别的甚至低于成

本。采用这种策略，虽然几种低价产品不赚钱，甚至亏本，但从总的经济效益看，由于低价产品带动了其他产品的销售，企业还是有利可图的。如淘宝店的卖家乐于打造"低价爆款"的商品来吸引消费者，不仅为网店赚足人气，更加带动了其他商品的销量。

（四）产品组合定价

产品组合定价策略是对不同组合产品之间的关系和市场表现进行灵活定价的策略。常用的产品组合定价形式有以下几种：

1. 产品线定价

产品线定价是根据购买者对同样产品线不同档次产品的需求，精选设计几种不同档次的产品和价格点。

2. 任选产品定价

即在提供主要产品的同时，还附带提供任选品或附件与之搭配。

3. 附属产品定价

以较低价销售主产品来吸引顾客，以较高价销售备选和附属产品来增加利润。

4. 捆绑定价

将数种产品组合在一起以低于分别销售时支付总额的价格销售。

四、免费价格策略

免费价格策略是网络营销中常用的营销策略，就是将企业的产品或服务以零价格或近乎零价格的形式提供给顾客使用，满足顾客需求。在传统营销中，免费价格策略一般是短期和临时性的，在网络营销中，免费价格策略还是一种长期并行之有效的企业定价策略。网络营销策略中的免费策略，具有十分重要的战略意义。

（一）免费价格策略的概念

1. 免费价格策略

免费价格策略是指企业为了实现某种特殊的目的，将产品和服务以零价格形式提供给顾客使用的价格手段。

2. 零价格策略

这种策略看起来有悖常理，却是企业在网上进行商务活动的策略之一。对商家来说，免费策略最大程度地降低了销售阻力，常常可以把不可能变为可能。免费策略也是最容易产生病毒式传播的手段，因为用户可以没有任何心理负担地向其他人推荐。免费策略之所以效果非凡，就是免费这两个字对用户产生的无法拒绝、不可抗拒的心理效果，以及能迅速被用户传播的可能性。

（二）免费价格策略的目的

1. 培养用户的使用习惯后再开始收费

这是许多提供免费软件或产品的背后动机。刚推出的新产品，市场接受度较低，而通过免费价格策略，培养用户的使用习惯，取得大部分或者一定的市场份额后，使本企业产品成为市场主流，而此时，用户的习惯已经培养了，离不开这个产品或服务，这时就有了开始收费的"筹码"。

2. 占领市场，在别的方面盈利

在互联网上，有庞大的用户等于有了一张免死金牌，就算是免费也一样可以让企业活得很滋润！因为它可以在其他方面盈利。天下没有免费的午餐，免费的实质就是可以通过其他方法盈利，如果不能通过其他渠道获利，任何免费都不可能持久。

案例导读

腾讯的免费策略

腾讯QQ是当之无愧的IM王者，这种聊天软件从1999年开始一直到现在仍然是免费，但是通过软件的免费，据2019年财报显示，一季度，QQ智能终端月活账户数同比增长至超过7亿，顽强地占据了中国IM通信软件的高地。腾讯QQ以多元化的服务，和超强的平台扩展能力而著称，让QQ用户不仅仅在通讯方面得到便利，而是在一个娱乐、新闻、购物的全方位平台得到享受，所以目前巨大市场份额也是其他公司难以望其项背的。

庞大的用户量使很多商家将腾讯视为网络上发布广告的首选媒体。腾讯大量开发网游，销售点卡，发行Q币，开通各种会员业务，如黄钻、红钻、绿钻等；还推出多种增值服务，如铃声图片下载、短信订阅等。据2019年腾讯财报显示，腾讯互联网收费增值服务注册账户达1.603亿。

（资料来源：金氪网）

【思考】

请说说腾讯的免费策略为它带来了什么？

（三）免费价格策略的基本形式

1. 基本产品免费，升级付费

这是网上最常见的方法之一，很多软件开发商会提供两个版本，免费版本包括了最基本的功能，升级付费版包含更完整的功能或者增加客户服务。在如一些分类广告网站也是这种形式，普通用户可以免费发布分类信息，但是如果要在某些特定，通常也是最热门的类别发布信息，比如房地产、招聘等，则需要升级账号和付费。

2. 用户免费，广告商付费

这种方式在传统媒体中已经很常见，比如电视台、电台都是典型的用户免费，广告商付费。电视观众看电视不需付费，电视台赚钱是通过广告商。实际上大部分以广告为盈利模式的新闻和信息类网站，也属于这种形式。用户可以免费看各种新闻、评论、博客、论坛等，网站通过出卖广告赚取利润。

3. 买家免费，卖家付费

最典型的就是 B2B 平台，如阿里巴巴、慧聪、中国制造等。用户可以免费注册账号，发布供求信息，只有当卖家需要回复买家询盘时，才会用到付费账号，否则无法联系对方。曾经最大的个人电子商务平台 eBay，也曾用过这种方式。卖家登录产品需要付费，产品卖出去还要支付交易费用，而买家浏览、购买都不需要支付管理费用。

4. 产品免费，延伸服务收费

商家免费提供了不错的产品，用户自由使用，但如果用户需要根据自己的特定需要来使用相关功能或服务时就需要付费了，而这些延伸服务并不是使用产品所必需的。一些开源软件提供商，如博客软件 WordPress、购物车软件 OSCommerce、ZenCart、ShopEX，还有很多论坛软件都是如此。软件本身功能强大，深受欢迎且免费使用，软件开发商通过模板定制、功能定制、安装服务、软件开发等延伸服务赢利。

5. 设备免费，耗材收费

有些商品不能单独地使用，必须配合其他产品一起，这样，商家就有了免费和收费的可能。如通信服务，很多电信运营服务商，免费赠送手机，但是条件是要和服务商签订 2~3 年的长期合同，保证使用手机服务，如果中途取消手机服务，就有相应的罚款。由于手机制造成本很低，一两百的手机本身无法赚钱，但通过免费赠送，锁定用户 2~3 年，也就锁定了上千元的服务费。对于电信服务商来说，基础建设完成后，增加一个用户的服务成本几乎为零。此外，饮用水市场同样如此。很多生产商免费提供饮水机，用户需要付费购买的是水。

6. 付费产品赠送免费礼品

这是最简单的免费策略，就是付费产品赠送免费礼物。这同时是传统营销的重要促销手段。比如买化妆品送化妆包，买服装送发卡，航空公司给用户积累飞行里数等等。

（四）免费产品的特性

网络营销中产品实行免费策略是要受到一定环境制约的，并不是所有的产品都适合于免费策略。互联网作为全球性开放网络，它可以快速实现全球信息交换，只有那些适合互联网这一特性的产品才适合采用免费价格策略。免费产品具有以下特性。

1. 易于数字化和无形化

实体产品传递给用户需要物流、包装、耗材、时间等支出。互联网是信息交换的平台，它的基础是数字传输。对于易于数字化的产品都可以通过互联网实现零成本的配送，如软件、信息服务（报纸、杂志、电台、电视台等媒体）、音乐制品、电子书等。这些无形产品可以通过数字化技术实现网上传输。企业只需要将这些免费产品放置到企业的网站上，用户可以通过互联网自由下载使用，企业通过较小成本就实现产品推广，可以节省大量的产品推广费用。

2. 零制造成本

这里零制造成本主要是指产品开发成功后，只需要通过简单复制就可以实现无限制的生产。对这些产品实行免费策略，企业只需要投入研制费用即可，至于产品生产、推广和销售则完全可以通过互联网实现零成本运作。

3. 成长性

采用免费策略的产品一般都是利用产品成长推动占领市场，为未来市场发展打下坚实基础。要做到这点，很大程度上要看你的免费产品是否有大量的市场需求。比如生活日用品洗发水、牙膏、洗涤剂、化妆品等。这些产品制造和运输成本不能忽略，但是一旦培养出忠实用户，必然产生不间断的大量需求。

4. 间接收益的可能性

虽然采用免费价格的产品（服务），但是却可以帮助企业通过其他渠道获取收益。天下没有免费的午餐，没有任何商业公司的免费产品或服务不是为了最终收费这个目标。比如前面提到的免费价格策略的种类介绍，其免费的实质就是可以通过其他方法赢利。

总之，免费只是一个营销策略，一定不是产品和服务的最终目标。无论免费产品是以哪种面貌出现，其最终目的还是为了收费。

（五）免费策略的风险

免费价格策略的应用有其适用性，实施免费策略本身带有风险性。一部分免费策略风险比较低，尤其是那些复制、配送成本为零的产品，诸如电子书、软件等，就算是免费策略最终没有成功发展出收费模式，也不至于对企业和网站造成致命打击。但是有些免费策略需要大规模使用就带有一定的风险。免费策略具有以下一些风险。

1. 替代产品带来的风险

最典型的就是打印机墨盒。主流打印机生产商都采用类似的免费策略，打印机几乎白送，然后从墨盒上赚钱，但是小厂家生产的兼容墨盒对这种盈利模式造成了很大的冲击和压力。靠墨盒赚钱的生产商必须绞尽脑汁让自己的产品不兼容，才能避免自己帮别人卖墨盒。

2. 产品互补程度的风险

使用免费策略，就是要看自己的产品和服务能否分成两个部分，并无法分开单独使用。如果两个部分能独立存在使用，也对免费策略造成威胁。免费策略成功关键在于部分产品的互补性极强，不能分开使用，如眼镜框和镜片。很多开源网站程序，靠延伸的定制、安装、模板制作等服务收费，其实是有一定风险的，因为这些开源程序不依赖于付费

服务，用户可以完成自己制作，自己安装，自己写插件，毫无影响。

3. 用户体验的风险

免费产品等于是市场及产品质量的试金石。好的免费产品容易得到用户口碑宣传，形成品牌优势。不好的初次体验也就意味着再也没有机会获得这个用户了。所以在发展免费赠送产品时，一定不要用不好的产品忽悠用户。越是免费，质量越要做到最好。

4. 免费策略应用程度的风险

免费策略的应用，大致可分两种，一种是免费策略仅仅作为营销手段，另一种则把它发展为商业模式。若仅仅作为一个营销手段，比如使用免费版软件、免费电子书下载等，风险比较低。但是若把免费策略上升为商业模式时，风险程度就大大提高了。对于中小企业网站来说，最好先把免费作为营销手段，不要轻易把整个商业模式建立在免费策略上。

（六）免费价格策略实施成功的要素

免费价格策略一般与企业的商业计划和战略发展规划紧密关联，企业要降低免费策略带来的风险，提高免费价格策略的成功性，应思考下列的问题。

1. 商业模式

互联网作为成长性的市场，在市场获取成功的关键是要有一个可能获得成功的商业运作模式，因此考虑免费价格策略时必须考虑是否与商业运作模式能否吻合。信息中介网站、网络咨询、游戏网站等商业模式，比较适合采用免费策略。

2. 市场需求

分析采用免费策略的产品（或服务）能否获得市场认可。也就是提供的产品（服务）是否是市场迫切需求的。互联网上通过免费策略已经获得成功的公司都有一个特点，就是提供的产品（服务）受到市场的极大欢迎。如 Yahoo 的搜索引擎克服了在互联网上查找信息的困难，给用户带来了便利；如我国的 Sina 网站提供了大量实时性的新闻报道，满足了用户对新闻的需求。

3. 推出时机

宜在市场初期或发展期推出。分析免费策略产品推出的时机。在互联网上的游戏规则是"Win takeall（赢家通吃）"，只承认第一，不承认第二，因此在互联网上推出免费产品是为抢占市场，如果市场已经被占领或者已经比较成熟，则要审视推出的产品（服务）的竞争能力。

4. 产品的适用性

网络营销中产品实行免费策略是要受到一定环境制约的，并不是所有的产品都适合于免费策略。受企业成本影响，如果产品开发成功后，只需要通过简单复制就可以实现无限制的生产，使免费商品的边际成本趋近于零或通过海量的用户，使其成本摊薄，这就是最适合用免费定价策略的产品。

5. 策划能力

互联网是信息海洋，对于免费的产品（服务），网上用户已经习惯。因此，要吸引用户关注免费产品（服务），应当与推广其他产品一样有严密营销策划。在推广免费价格产品（服务）时，主要考虑通过互联网渠道进行宣传。

总之，免费价格策略是市场营销中常用的营销策略，采用免费策略的产品一般都是利用产品成长推动占领市场，帮助企业通过其他渠道获取收益，为未来市场发展打下基础。免费价格策略如果运用得当，便可以成为企业的一把营销利器。

案例导读

各大电商网站的免费价格策略

1. 腾讯的免费策略

用 QQ 聊天不用给钱，当用户越来越多，形成一个彼此分不开的黏性社区之后，QQ 用户就不仅在这里聊天，还在这里玩游戏、看新闻、下载电影、购物。免费的 QQ 是建立个人生活的平台，一旦平台有大量的用户，这些流量才能转化为购买量。

2. 淘宝网的免费策略

2001 年始，淘宝通过实施免费策略笼络了大量中小卖家，至 2003 年，以每月 768.00% 的增长速度打败了当时的电商巨头 eBay，稳居中国市场第一位。截止至 2019 年 6 月，淘宝拥有超过 7.55 亿注册用户，光靠广告费已足够支撑其整个平台的正常运营。

3. 新浪网的免费策略

新浪网通过大量的各类免费资讯、热点新闻、个性服务去吸引大量的浏览者，形成固定的用户群，一直保持着很高的点击率和知名度，从而吸引各企业纷纷在新浪网站投放广告。新浪从中获得的收益，远远超过它提供免费资讯、新闻、服务的成本。这形成了新浪盈利、企业提高知名度、用户获得免费资讯三赢的局面。

（资料来源：朱小立，《电子商务应用》，机械工业出版社 2018 年出版）

【思考】

这些电商平台免费策略背后的真正用意是什么？

任务 5.3　创业者网上商店的运营

一、网店货源组织

网上商店的主要货源渠道包括网下货源与网上货源。实际采购进货时，可以综合利用

网上与网下货源。

（一）网下货源

网下货源即通过传统货源渠道采购进货。根据产品（或服务）来源与数量的不同，网下货源可以分为自身货源、批发市场货源及工厂货源等。

1. 自身货源

自身货源是指不需要通过外界而是凭自己的专业、手艺、创作甚至创意提供产品，如网店美工设计外包业务、商品图片拍摄外包业务、手工编制产品、专业翻译等。

2. 批发市场货源

线下的专业批发市场一般货品种类丰富，数量充足，但货品质量参差不齐，价格不一。在批发市场进货，必须要目标明确，眼光独到，多逛、多看，做到心中有数，尽可能在市场中找到货源稳定的批发商，建立长期稳定的合作关系。

案例导读

长三角及广东地区的主要服装批发市场

四季青服装批发市场：位于杭州，专业从事服装成衣销售，市场以批发为主，汇聚了1100余家服装生产企业，900多个品牌的服装，种类包括服装成衣的各个类型，且产品细分十分完善。

七浦路服装批发市场：上海最具规模、辐射长三角的专业服装类批发市场，坐落在闸北、虹口、黄浦三区交界处。目前，七浦路已逐渐由原来的地摊商业转变为商场商业，由原来经营低档服饰转变为品牌服饰，其功能也在原来批发、零售的基础上增加了品牌展示、新品发布等产业化发展商圈。

白马服装批发市场：规模最大的广州服装批发市场，以高品质的成熟女装居多，价位在同类服装批发市场中较高，国内有很多女装品牌都是从这里起家转向专卖的。

常熟招商城：中国最大的服装批发市场之一。目前，招商城内拥有至少20000个摊店，不下5000家服装服饰品牌专卖店、总经销处和代理网点。

（资料来源：中国丽人网）

3. 工厂货源

工厂货源即直接从生产厂家进货，其优点是货源充足、价格最低；缺点是进货量大、容易压货、换货麻烦。

案例导读

原单货、跟单货、追单货、仿单货的不同

工厂进货时，有时会听到原单货、跟单货、追单货、仿单货等不同的词语，它们之间有什么区别呢？

原单货也叫余单、尾单，指订单内生产出来的产品。

跟单货："原版"面料，搭配非品牌商提供的辅料，品牌商提供的版型生产出来的产品。

追单货：生产厂家利用品牌商提供的版型，采购类似的面料、辅料而生产出来的产品。

仿单货：小厂家仿照品牌商发布的成品生产制造的产品。仿单货质量最差，却是市面上最泛滥的货源。

（资料来源：53货源网）

（二）网上货源

网上货源即通过电子采购平台采购进货。网上店的采购规模一般都很小，所以选择的电子采购平台多为第三方平台。根据是否与供应商有固定的供货关系，网上货源可以细分为网络分销货源和网络批发货源。

1. 网络分销货源

网络分销即供应商利用网络进行分销渠道管理。供应商可以利用网络快速招募分销商，并搭建和管理产品的网络销售渠道；分销商可以利用网络快速找到合适的供应商并取得货源。网络分销的主要业务模式可分为网络经销与网络代销两种。

网络分销货源比较适合大学生创业，其最大的优势是供应商可以代发货，分销商通过"零库存"，可以大大降低经营成本和风险。另外通过网络分销平台，可以在供应商和分销商之间实现商品数据同步及采购业务协同处理，省去了商品发布、采购下单等工作，大大提高了业务效率。该模式存在的不足是分销商不能自由定价，产品销售毛利率较低，退换货较麻烦。

2. 网络批发货源

网络批发即通过各类网络批发平台寻找供应商并采购进货，其优点是货品丰富，途径便捷，搜索比价方便，可用第三方支付工具担保付款采购，缺点是不能亲眼看到商品的实物，对商品质量的把控存在风险。相对于网络分销货源，同类商品的网络批发货源价格更低，但一般有起订量的要求。另外，网络批发平台与网络分销平台的差别还体现在采购商与供应商之间不存在相对稳定的渠道关系，采购商与供应商的合作关系是动态的。

案例导读 ////

智能化的分销模式

作为一种新型的淘宝店铺模式，分销模式是直接从 1688 官方批发，和一些供应商确定分销关系后，直接从供应商那里上传商品到自己的店铺中。只要创业者与其确定了分销关系，就不用担心被商家投诉。创业者直接用批发价从商家拿货，其中的利润空间还是非常大的，买家在店铺购买商品后，创业者把买家的信息提供给供应商，由供应商发货，自己只需要把商品的批发价和快递费付给供应商就可以了。

（资料来源：搜狐网）

二、网上商店的开设

淘宝网作为亚洲最大的网络零售交易平台，以其巨大的访问流量和成交量、稳定的后台技术支撑及成熟的在线交易商业环境，吸引了无数的创业者，成为中小卖家网上创业的首选平台。

（一）账号注册与开设

1. 注册淘宝账户

在账户未登录的情况下，单击淘宝网首页左上角的"免费注册"链接，根据页面提示输入手机号并接收验证码验证。

2. 绑定支付宝账户

注册用户后，登录淘宝网，进入"我的淘宝"中的"账户设置"→"支付宝绑定设置"页面绑定支付宝账户。

3. 支付宝实名认证

从淘宝网首页进入"卖家中心"中的"我要开店"，进行支付宝实名认证。按照页面提示的支付宝实名认证的条件项，点击进入"支付宝实名认证"页面，需要填写与注册支付宝账户时相同的身份证号码开户且可正常使用的银行卡信息，并按页面提示操作。务必仔细阅读跳转页面上的信息并在等待银行打款的过程中先返回淘宝开店页面，同步做淘宝开店认证。有些实名认证需要经过 1~2 天的银行卡打款核对过程，收到款项后输入正确的金额，系统才能确认完成。

4. 淘宝开店认证

当完成支付宝实名认证操作之后，需要进行"淘宝开店认证"的操作。在"淘宝身份认证资料"页面，请根据页面提示进行操作。需要提供证件及各类有具体要求的照片，请务必如实填写并认真检查身份证信息、真实的经营地址（联系地址）、有效的联系手机，以免因信息不符或虚假信息等原因导致认证无法通过；拍摄照片后请仔细检查，确保身份证信息完整清晰、所拍摄的手势照与示例照相符。提交资料后，审核时间为48小时。淘宝开店认证成功后，通过"创建店铺"链接进入店铺基本信息设置，即视为店铺创建成功了。

拓展阅读

开店资格条件判断

（1）阿里巴巴工作人员无法创建淘宝店铺。

（2）一个身份证只能创建一个淘宝店铺。

（3）同账户如果创建过U站或其他站点，则无法创建淘宝店铺，可更换账户开店。同账户如果创建过天猫店铺，则无法创建淘宝店铺，可更换账户开店。

（4）同账户如果在1688有过经营行为（发过供应产品信息、下单订购诚信通服务、卖家发起订单、报价、下单订购实地认证开通旺铺、企业账户注册入口注册的企业账户），则无法创建淘宝店铺，可更换账户开店。

（5）淘宝账户如果违规被淘宝处罚，则永久禁止创建店铺，也就无法创建淘宝店铺了。

（6）经淘宝排查认证，实际控制的其他淘宝账户被淘宝处以特定严重违规行为处罚或发生过严重危机交易安全的情形，则无法创建淘宝店铺。

（7）企业店铺负责人关联的企业店铺数不能超过五家；企业店铺负责人包含但不限于该企业的法人、股东、淘宝店铺的运营人等。

（资料来源：淘宝网）

（二）商品的上架

店铺开设后，通过"卖家中心"→"宝贝管理"→"发布宝贝"这个功能入口即可进入商品信息发布页面。在发布商品之前，可通过设置商品分类和运费模板进行前期设置。发布商品时，需要选择商品发布方式，分为一口价、拍卖和个人闲置三种，然后选择商品所属类目，单击"我已阅读以下规则，现在发布宝贝"按钮后，即出现详细的商品信息发布页面，在这里需要详细填写以下信息。

（1）商品基本信息：关键属性、销售属性、商品标题、商品价格、商品数量、商品图片、商品详情描述、在店铺中所属的类目等。

（2）商品物流信息：商品所在地、物流运费等。

（3）售后保障信息：发票、保修、退换货承诺、售后说明等。

（4）商品其他信息：库存计数（是拍下减库存还是付款后减库存），上架时间（淘宝上买东西的高峰期大概是上午9~12点，下午2~4点，晚上6~9点，上架时间可设置在这

几个时间段内），是否设置为橱窗推荐、秒杀商品或会员打折商品等。

案例导读

淘宝助理的应用

淘宝助理是一款免费的客户端工具软件，它可以使创业者在不登录淘宝网的情况下就能直接编辑商品信息，快捷地上传商品。淘宝助理也是上传和管理商品的一个店铺管理工具，它的核心功能就是保存上传一步到位，线上更新即时同步，导入导出一键搞定。它的特色功能有：巧用模板，快速发布；编辑数据，轻松自由；批量操作，省心省事；售后保障服务同步完成。

淘宝助理支持各种操作系统的手机，手机版采用典型的九宫式布局，显得尤为简洁明了。订单管理、发货管理、宝贝管理、评价管理店铺动态、会员服务、意见反馈及 wap 旺旺等功能依次排序，按照轻重缓急优先处理等原则排序，迎合了广大店主的心思，也便于店主打理淘宝店铺。

（资料来源：淘宝网）

案例导读

浣花缘护肤品的代运营

浣花缘护肤品是淘宝上的一家八年老店。按照化妆品分类来划分，该店铺属于护肤类店铺。该店铺是一家企业店铺，拥有独立的货源渠道，在产品质量和发货时间上拥有较大的优势，但店铺的经营却不甚理想。为了店铺能够继续顺利经营，卖家在经过专业分析后，决定选择一家代运营公司为其淘宝代运营。代运营公司接手店铺后，针对店铺问题进行了专业的诊断，发现店铺有以下问题。

（1）店铺装修风格不统一，过于简陋。

（2）产品首页和详情页不够吸引人，内容不够详细。

（3）推广度不够，访客量太少。

（4）跳失率太高，页面停留时间太短。

针对店铺问题，代运营公司提出以下解决方案。

（1）安排美工团队针对店铺装修和产品详情页进行修改设计。

（2）重新拍摄产品图片，然后进行精修。

（3）丰富产品详情页，让消费者能够更了解产品的信息。

（4）选择直通车加钻展的推广方式，提高访客率。

（5）制订合适的营销方案，加大店铺活动力度，积累客户群体。

店铺在经过代运营后有了明显的改善，店铺月营业额突破 10 万元。

线上网店经营不同于线下店铺经营，要时刻了解产品的潮流趋势，与时俱进，才能经营好店铺，让自己的店铺经营蒸蒸日上。

（资料来源：百度文库）

【问题】

浣花缘护肤品的代运营成功的原因是什么？

（三）淘宝网店的装修

1. 店铺徽标的制作

店铺徽标的制作要求及主要设计工具如下。

（1）制作要求：文件格式为 GIF、JPG、JPEG、PNG，文件大小为 80kB 以内，旺铺导航建议尺寸 280 像素×70 像素、店标建议尺寸 80 像素×80 像素、手机淘宝店铺建议尺寸 280 像素×50 像素。

（2）静态店标设计工具：Photoshop。

（3）动态店标设计工具 ImageReady，FireWorks，UleadGIFAnimatoro。

淘宝店铺徽标同时还应满足形式美观、唯一性、符合用户定位、表现出产品特性及品牌特点等要求。

案例导读

淘宝旺铺创业扶植版

淘宝旺铺创业扶植版只对 1 钻及以下卖家开放订购，旨在更好地扶植低星级卖家成长。相对于标准版，扶植版固定了店铺首页的模块，不赠送图片空间服务。使用该版本的卖家可拥有一个全新的、自定义程度更大的店铺首页；卖家可在自己的店铺首页设置 950 像素×150 像素大小的店铺招牌。可以设置高度最大为 500 像素的宝贝促销区域，支持 HTML 代码；可设定三个个性推广区，通过设定关键字、店铺类别、新旧程度、结束时间、价格范围、显示方式、排序方式等条件，显示商品搜索结果；商品详情页面可以显示店铺招牌和商品类目侧栏；可以设定店铺风格挑选自己喜欢的颜色；可设置五个自定义页面，在淘宝的模板内嵌入自定义的 HTML 代码，可使用淘宝提供的 TML 标签显示商品列表。

新开设的网店一般会重点装修首页。在淘宝旺铺中，不同的旺铺页面可以进行不同的布局设计，可以在页面布局模块中轻松设置。以旺铺首页为例，首页一般包括页头、左侧栏、促销区、推荐宝贝、页尾等版块，页面模块的添加与调整的具体操作均在页面布局模块中。

（资料来源：阿里巴巴网）

2. 页面的布局与美化

淘宝旺铺是淘宝平台提供的一套专业的店铺系统，用来管理和装修店铺及其产品，它可以让店铺更加专业、美观，提供更佳的用户体验和更多店铺装修功能。根据不同卖家的特点及功能差异，淘宝旺铺分为扶植版和标准版两个核心版本。旺铺的最新功能及产品报价可参考官方网站。刚开店的中小卖家一般使用免费的扶植版。

三、网店流量建设

就像实体店铺一样，网店建好之后首先要有人光顾，即得先有流量。没有流量，就意味着新建网店被淹没在了茫茫"店"海中，无人问津。没有流量就没有浏览量，更不可能有成交量。淘宝平台各类卖家不计其数，竞争非常激烈，如何引入流量是每个新手卖家需要考虑的问题。

（一）流量

通俗地说，流量就是指网站的访问量，是用来描述访问一个网站的用户数量及用户所浏览的网页数量的指标。与传统的实体店铺不同，网上商店可以利用一些工具非常方便地掌握用户访问的数据，如每天有多少人来到店铺，客户什么时间从哪里来，客户浏览了哪些商品等。这些流量数据可以帮助卖家进一步了解市场了解客户，让卖家有针对性地开展营销活动。

（二）流量统计的常用指标

反映网站流量最主要指标的是 PV 值和 UV 值，也就是网站的页面浏览量和访客数。除此之外，还有平均访问深度、用户在页面的平均停留时间等。

（三）网店流量的来源

网上商店一般由基础自然流量（以搜索带来的流量为主）、付费流量、活动流量和会员流量四方面构成。另外，也可以根据是否付费，分为免费流量和付费流量；根据流量来源入口，分为搜索引擎、外链导入、直接输入网址访问等。对于网店来说，清楚流量从哪里来，才能有的放矢地开展引流工作。

1. 基础自然流量

客户使用关键词进行搜索，在搜索结果的页面中点击进入店铺，由此带来的流量称为基础自然流量。对于新开的店铺来说，自然流量非常有限但因为是客户主动找上门的，带来的都是有一定购买意向的客户，比较精准，这是店铺流量的基础。因为基础自然流量主要是用户进行产品搜索带来的，所以也可称作搜索流量。

2. 付费流量

通过购买网络广告等付费推广方式带来的流量，称为付费流量。网上付费推广方式很多，如淘宝平台上就有直通车、钻石展位、淘宝客等网络广告形式。选择合适的付费推广方式，会在短期给店铺带来比较明显的流量提升。

3. 活动流量

通过开展各种促销活动给店铺带来的流量，称为活动流量。在淘宝平台上，可利用一些店内营销工具，如满就送、搭配套餐、限时打折，或结合平台的一些活动，如聚划算、淘金币、天天特价等开展促销活动，获得活动流量，从而取得进一步的销量提升。

4. 会员流量

随着店铺的成长，店铺积累了自己的客户资源，客服人员做好会员关系管理，赢得回头客，提高客户的重复购买率，会获得店铺长期稳定的流量，这部分流量就称为会员流量。

上述各种引流方法的实施，可以不断提升网店在搜索引擎中被搜索到的概率，店铺就可以取得提高其自然排名的权重，进而逐步进入流量自然增长的良性通道。

综上所述，对四种主要流量来源的流量特征和常用引流方法进行了比较。

四、网络平台营销方法

网络平台的主要营销方法包括促销活动、SNS 社交营销、淘宝直播营销，以及其他营销方式。

（一）促销活动

1. 天天特价

促销活动是提升网店流量的常用方法。有效的促销活动及营销推广不仅能获得流量，同时还能获得较高的转化率，提高店铺的营业额。天天特价活动是淘宝网扶持中小卖家的一个官方活动，卖家可以定时根据自己的情况报名参加。这个活动有一定的规则，具体的参与方式如下。

单击"网站导航"栏目中的"天天特价"链接，进入天天特价主页面中，可以按照所需单击并查看正在进行活动的产品展示。

进入"商家中心"，单击"商家报名"链接，进入报名页面。报名页面的顶部会有天天特价的活动规则提示，建议卖家在第一次报名时仔细查看一下，下方显示亮色的代表可以报名的日期，灰色代表不可报名。若单击橘色的日期，可以看到一个报名窗口，单击它即可进行报名操作；在右侧会看到可以报名的活动名称提示，按照产品所需单击相应的活动进行报名即可。

若没有合适的活动，可以在"即将开始"栏目中查找合适的活动，等待时间到了再参与报名即可。

若是报名成功了，可以单击"商品管理"链接查看报名过的商品。

2. "双十一"大促

淘宝网每年会在 11 月 11 日推出年度大型的网购活动，商品包括女装、男装、母婴、

居家、数码家电、化妆品、户外、汽车、美食、房产等大类。"双十二"大促是所有淘宝网店都可以参与的全网促销活动。

参加淘宝"双十一"活动的基本步骤如下。

（1）在指定日期前进入淘宝"双十一"活动入口后台报名。

（2）提前挑选好店铺内决定参加活动的商品。

（3）为参与活动的商品选择合适的活动标签。

（4）为参与活动的商品打广告，也就是输入宝贝宣言。

（5）推广活动商品，收集更多买家对商品的优惠请求和评价。

（6）在"双十一"那天及时响应买家需求。

案例导读

天猫"双11"的网络促销

2009 年淘宝尝试"双11"概念，提出在光棍节进行大促，当年的销售额是 5000 多万；网购狂欢节引爆了这个时间点的网络消费热情，并且一发不可收拾；2019 年天猫"双11"交易额为 2684 亿，"双11"订单创建峰值创下新的世界纪录，达到 54.4 万笔/秒，是 2009 年第一次"双11"的 1360 倍。并且，已经打破了 2018 年天猫"双11"全天交易额创下的纪录。下面总结天猫网上商城"双11"促销活动有哪些。

1. 优惠券

天猫派送 100 亿优惠券供用户收藏在"双11"当天使用。派送优惠券的商家包括骆驼、jack&jones、only、七格格、nike 等，既有国际大牌又含淘品牌。这一举动是天猫"双11"打响的第一炮，提前一个月便开始在用户群体预热、传播，起到了很好的传播和宣传作用。

2. 预售

10 月 15 日起，天猫开始预售"双11"产品，进入预售平台付定金再付尾款即可购买。预售产品的好处很明显：缓解"双11"当天压力、提前备货、更加精准锁定用户群体、有效管理供应链。可谓是业界对电商促销模式的一种新尝试与探索。

3. 抢红包

"双11"另一大举动为抢红包，继续添油加火为网购狂欢节预热。11 月 1 日开始，天猫、支付宝、聚划算联合推出提前充值抢红包、11.11 支付宝余额支付抽现金、付定金获红包等系列活动，在活动前 11 天就开始引爆用户热情及活动氛围，效果明显。

4. 五折包邮

这个噱头不用多说，五折封顶就是用户为什么扎堆在"双11"购买的最直观、最实际的原因。所有参与活动的产品都被系统自动标上"11.11 购物狂欢节"的字样，并且承诺价格是近 30 天最低价，部分产品还有五折封顶的标识。"全场五折"这一优惠不得不说是直接刺激到了用户神经最敏感的部位。

5. 移动端口

不同往年的是，手机移动端口同样出现了很多的新花样。手机下单可在整点时段参加抽红包，还能浏览最热宝贝、最八卦内容、附近的人购买（收藏）了哪些宝贝等，此举为上网不便的用户提供了很多便利。

（资料来源：刘静，网络营销下的天猫"双11"促销策略，《中国科技博览》，2014）

（二）SNS 营销活动

SNS（Social Networking Services，社交网站）营销指的是利用社交网络建立产品和品牌的群组，举行活动，利用 SNS 分享的特点进行病毒营销之类的营销活动，淘宝网店在淘宝平台之外，做好该类营销活动也可以带来不错的流量。淘宝网店的 SNS 营销活动一般可以按照以下步骤开展。全面收集各种社区渠道，通过收集查看相关行业的各种资讯，筛选适合自己行业的渠道，目标要精准，也可以在类似蘑菇街、美丽说、小红书那样的社会化电商社区进行适度宣传。可以通过微博、社区、微信等平台同时转发和宣传，形成一个有效的 SNS 营销圈，便于促销的全网开展。

案例导读

支付宝"敬业福" SNS 营销

2016 年年初，支付宝"集齐五福，平分 2 亿现金"的红包活动堪称风靡全中国。一时，几乎身边的人都跪求那张稀缺的"敬业福"。大家加支付宝好友求"福"社交氛围一片祥和。春节前后，支付宝获得了集中的高强度曝光，传播量和品牌影响力不可估量，完胜微信。然而，众所周知，切入社交领域才是支付宝制造这次事件的最终目的。通过引导用户加支付宝好友、互送福卡，打通用户之间在支付宝内的社交关系。

（资料来源：三亿论文网）

（三）淘宝直播营销

淘宝直播是阿里巴巴推出的直播平台，定位是"消费类直播"，利用淘宝本身庞大的用户群，引进直播这样的新式营销形式，让用户可边看边买。淘宝主要分为店铺直播和达人直播，直播方式打破网购的传统模式，通过淘宝直播卖货，享受高成交转化，精准流量。淘宝直播自 2016 年 3 月份试运营开始，就有超千万用户观看过，利用直播取得的成绩也相当惊人。2016 年 4 月 14 日，美宝莲纽约举行新品发布会，其明星代言人进行现场直播，同时还邀请 50 位网红开启化妆间直播，当天该活动使美宝莲整体无线访客比前一天增长了 50.52%，销售转化也成果斐然，实现了 10607 支的销量，刷新了天猫彩妆唇部

彩妆类目下的记录。2018 年淘宝直播月增速达 350%，全年拉动的成交总额破 1000 亿，进店转化率超 65%，共有 81 名淘宝主播年引导销售额过亿元，月收入达百万级的主播数量上百。有多个消费者在淘宝直播间购物额达到千万级，人均"剁手"2400 元。淘宝直播还喊出了"3 年成交总额破 5000 亿"的口号。

随着网络直播的不断发展，作为种新兴的网络媒介平台以其独特的现场感、即时性和直观性的优势，吸引大量受众并迅速崛起形成特有的直播产业链，网络直播营销行业也逐渐兴起。无论是传统的营销方式，还是新式的网络营销方式，营销最重要的根本在于满足消费者的需求，而直播具备的内容创意与互动性，通过网络直播平台进行营销，能够为观众营造一种相对真实的购物场景，使观众能融入其中，在无形中将观众引向消费的位置。电商直播营销是当前新兴的一种营销方法，消费者通过观看直播，与主播互动和交流，从而更好地了解所购商品的材质、颜色、种类等，主播通过试用、试吃、试穿等方式来刺激消费者的购买欲望，不断达成网购销售，大大提高了网购销售的效果和质量，以直播营销方式更高效地达到企业盈利的目的。

直播营销以"随走、随看、随播"的新形式呈现给受众，不受时间地点等客观条件的限制。用户在网站浏览产品图文或在网店翻看产品参数时，需要在大脑中自行构建场景。而直播营销完全可以将主播试吃、试玩、试用等过程直观地展示在观众面前，更快捷地将用户带入营销所需场景。在粉丝经济盛行的时代背景下，守旧传统的营销方式已经无法给受众带来新鲜感、引起他们的关注，更不会试图去消费。与电视媒介等传统媒体让受众被动地接收营销信息的方式不同的是，网络媒体促进了受众享受娱乐性文化，并且拥有更多的自主性，直播平台亦是如此。将营销与直播相结合，采取更多元的营销形式，吸引众多消费者的加入，达到品牌提升或销量增加的目的。在直播间内通过聊天、做游戏等方式营造出一种和谐互动的娱乐化氛围，让消费者深陷直播媒介所塑造的营销场景中，激发受众对直播内容的兴趣，由用户群转变为粉丝群，逐渐在直播平台中形成了碎片化规模不等的粉丝群体，进而促使他们愿意为了自己喜欢的主播和内容来买单和消费。如果出售的产品有问题，创业者能在第一时间通过直播平台获得反馈。综合来看，直播营销的营销成本低，营销形式多元，营销效果明显且反馈性强，适合大学生在网络平台上使用。

案例导读

《中国网络直播行业景气指数及短视频报告》摘要

2019 年 7 月 11 日，2019 中国互联网大会、第五届中国互联网企业发展论坛在北京召开。会上，中国信通院政经所联合网宿科技共同发布 2018 下半年《中国网络直播行业景气指数及短视频报告》。

《报告》显示，2018 下半年，网络直播行业景气指数继续上行，在游戏直播的核心驱动、媒体直播与秀场直播的均衡发展作用下，行业市场空间进一步扩大。同时，短视频行业延续爆发式增长态势，截至 2018 年 12 月，短视频带宽总量同比增长超 250%，观众规模同比翻两番。直播带宽指数同比增长 26.1%，媒体直播迎来突破发展《报告》显示，2018 下半年我国网络直播行业景气指数保持稳定增长，截至 2018 年第四季度，我国网络直播行业景气指数升至 441，同比增长 19.5%。其中，网络直播带宽指数维持高位增长态势，在第四季度创出新高，同比增长 26.1%。带宽持续增长的主要动能来自焦点电竞赛事的游戏直播，以及秀场直播与媒体直播的均衡发展。具体分析来看，2018 下半年游戏直播的核心驱动作用更加显著，带宽占比在 9~12 月创出新高，连续 4 个月保持在 86% 以上。与此同时，借助暑期赛事及政策因素，媒体直播取得突破发展，带宽占比在 7 月份达到了23%，首次超过秀场直播带宽占比，环比涨幅超 130%。主播指数首破千分大关，超分辨率技术加速普及，在各项电竞赛事、黄金周假期、年终购物季以及直播平台整合调整等"多级火箭"助推下，2018 下半年，主播热情持续高涨，截至第四季度，直播主播指数突破千分大关，同比增长 43.9%。与之相对的直播观众指数则呈现波动回升，到第四季度同比下降 10.4%。《报告》指出，面对短视频等多元娱乐内容造成的直播观众分流，直播平台布局热点电竞赛事和自制 IP 内容取得成效，使得观众活跃度回温、流量得以稳固。此外值得注意的是，对比 2018 年第二季度，2018 年第四季度，游戏直播和秀场直播的超清及以上推流的占比分别下降了 31 个百分点和 13.7 个百分点。《报告》分析认为，超分辨率和弱网高清技术的加速普及是主要原因。在其他文娱内容竞争、资本市场风向转变、盈利压力骤增等新形势下，直播平台积极应用流媒体技术，能够平衡用户体验和成本支出，进而提升行业竞争力。

（资料来源：http://www.useit.com.cn）

1. 淘宝直播实施过程

（1）网络直播的前期准备。

虽然观众直接看到的就是网络直播内容，并不会接触到直播前的准备工作，但是如果没有前期完善的准备，直播本身又是实时进行的活动，如果状况百出，就会很难吸引住观众，更别说引导其消费，所以要重视前期准备工作。

①整体筹划。

大学生创业者要进行网络直播，特别是网络直播营销，不同于娱乐性直播，是有营销任务和压力在的，一定要先将直播营销方案撰写完善，理顺整体思路。

a. 要有明确的直播目的，如果是进行直播营销，很多时候不是为了提升产品销量，就是为了扩大品牌影响力，具体哪一项目标是这次最期望达到的，直播前就得确定下来。

b. 要准确分析商品性质，选择合适的平台，另外根据预算和营销规模，确定是否选择名人或直播达人进行直播营销。

c. 确定直播时间，根据时间节点，提前进行活动预热，尽可能利用多种渠道进行直播

活动的宣传。

d. 计算直播所需的全部预算，如果有需要，要预留直播活动中可能用于吸引观众参与和消费的抽奖红包。

②形式选择。

形式多样是直播营销的重要特点之一，在直播前时代，企业需要举办一个线下发布会，在社交媒体获取用户关注，再在商城进行交易，在论坛和贴吧营造社交氛围。现在，这一切都可以在直播上搞定：企业在直播平台开发布会，面向用户进行商品介绍，传播品牌特性；用户可以边看边买，也可与企业或其他消费者进行互动。

a. 发布会直播。

企业直播品牌发布会向来都有，但直接在直播平台上开发布会就鲜有人为。这种纯在线直播发布会除了形式新颖，发布地点也不局限于会场，互动方式更加多样有趣。

b. 企业日常直播。

相比于包装出来的宣传大片，消费者有时反而对企业日常更感兴趣。直播可以让企业放下对宣传成本的顾虑，多角度向消费者展示企业形象，以不一样的方式调动消费者兴趣。

c. 电商平台直播。

在电商平台进行直播，可以使营销变现这块表现得更为直接与实际。直播能更全面地向消费者传递商品信息，降低了售前咨询的负担，促进消费者的购买。

d. 活动直播。

吃饭可以直播，睡觉可以直播，对于品牌来说也是一样。品牌直播可以附着在任何能够引起受众兴趣的事情上，为品牌带来更多经济效益。

e. 采访直播。

直播过程中可以采访名人嘉宾、路人、专家等，以互动的形式，通过他人的立场阐述对产品的看法。采访名人嘉宾，有助于增加观众对产品的好感。而采访路人，有利于拉近他人与观众之间的距离，增强信赖感。

（2）预备直播。

①道具准备。

准备好直播所需场地和道具，一定得先去直播场地踩点，直播过程中的展示产品、商品，周边宣传物料等道具，得先检查确认无误。直播使用的包括电源设备、相机、手机、现场网络状况、补光灯、收音设备、提词器等这些设备要逐一调试检查。

②引流。

直播平台通常有"推送""提醒"或"发布"功能，直播开始时，可以将直播消息直接推送给关注直播间的粉丝。因此，在直播开始之前，企业可以在同一直播平台进行预热，一方面鼓励观众关注直播间，积累原始粉丝；另一方面调试软件与硬件，争取在直播正式开始前达到最佳状态。

2. 网络直播的内容实施

（1）开场。

直播的开始非常重要，要第一时间引起观众兴趣，将其带入直播场景。主播首先可以进行一下介绍，告知观众本次直播的主要内容和流程，介绍商家或商品信息，还可以询问一下观众是否有与直播相关的问题，引导感兴趣的观众留下来。主播可以询问一下在线观众的基本情况，如观众所处地区、爱好、对于本次直播的期待等，更好地配合观众偏好，同时，便于在后续直播中随机应变。另外还可以和观众聊聊最近比较热门的事件，或者使用比较热门的词汇，拉近与观众的心理距离。2016 年 7 月 8 日"保险公众宣传日"，平安车险旗下"平安好车主"APP 联合虎嗅传媒，以直播形式发布最新品牌战略。直播刚开场，主持人就宣布发出 1000 元红包，鼓励观众分享直播间网址、邀请身边的朋友到直播间，并参与抢红包活动。由于本场直播与车相关，主持人在开场时与嘉宾充分互动，引导嘉宾对"加油太烧钱"，"开车成本高"，"上下班开车为钱烦心"等话题进行交流，并简单介绍了"平安好车主"APP 的部分功能。

（2）过程。

在直播过程中，主播需要与观众、粉丝互动，这样能够让直播内容变得更加有趣，而且提升关注以及人气，互动的参与形式或奖励将直接影响互动的效果。

①弹幕互动。

弹幕，指的是在网络上观看视频时弹出的评论性字幕。在直播中多看弹幕，在弹幕中寻找话题、评论、观点、问题来进行互动。可以围绕某个观众、粉丝的留言、评论、所提的问题进行讨论，进行回应。

②参与剧情。

在很多户外直播过程中，主播会邀请网友一起参与策划直播下一步的进展方式，增强观众的参与感。邀请观众参与剧情发展，一方面可以使观众充分发挥创意，令直播更有趣，另一方面可以让被采纳建议者获得足够的尊荣感。

③直播福利。

为了聚集直播间的人气，主播可以利用平台进行福利发放或等价礼品发放，刺激更多的观众进行互动。如淘宝直播间常见的互动方法有：淘宝直播红包雨、淘宝直播截屏抽奖、淘宝直播建议系统抽奖、点赞送礼物发福利、淘宝直播间限时秒杀等。

④礼物打赏。

在直播过程中，可以把握恰当的时机暗示观众、粉丝送礼物，打赏。出于对主播的喜爱，观众会进行礼物赠送或打赏，同时为维护企业形象，主播应在第一时间读出对方昵称，予以感谢。互动过程中语言尽量委婉幽默，不要太过直白，不然容易引起反感。

案例导读 ///

平安车险的热闹直播

2016 年 7 月 8 日"保险公众宣传日"到来之际，平安车险旗下"平安好车主"APP 联合虎嗅传媒，以直播形式发布最新品牌战略。直播活动以车主用车生活为主要场景核心，融合"平安好车主"APP 特色功能及活动介绍，引来了超过 20 万网友观看。

开场前，中国平安发出微博为活动造势，同时为直播引来第一批粉丝；直播刚开场，主持人就宣布发出 1000 元红包，鼓励观众分享直播间网址、邀请身边的朋友到直播间，并参与抢红包活动。由于本场直播与车相关，主持人在开场时与嘉宾充分互动，引导嘉宾对"加油太烧钱""开车成本高""上下班开车为钱烦心"等话题进行交流，并简单介绍了"平安好车主"APP 的部分功能。

在现场红包福利与趣味直播互动的带动下，直播在线观众数量不断攀升，成为同一时段花椒平台最具人气的直播间，获得花椒平台首页推荐，形成了"人气旺→获推荐→观众更多"的正向反馈。

（资料来源：热闹的网红网络直播平台发展中的问题及对策，《新媒体》，2016）

（3）收尾。

直播营销是以结果为导向的，直播最终是为了达到营销目的，实现销售转化或品牌宣传。

①销售转换。

直播过程中吸引到的流量要尽量引导至销售平台，在直播收尾时引导观众进入官方网址或网店，促进购买与转化。通常直到结束还留在直播间的观众，一般都是对直播内容比较感兴趣。对于这部分观众，主播可以充当售前顾问的角色，在结尾时引导观众购买产品。

②引导关注。

流量引导至自媒体平台，从收尾表现上看即引导关注自媒体账号。在直播结束时，主播可将企业的自媒体账号及关注方式告诉观众，以便直播后继续向本次观众传达企业信息。

③邀请人群。

在同一场直播中积极互动的网友，通常更容易与主播或主办单位"玩"起来，也更容易参加后续的直播。对于这类观众，可以在直播收尾时邀请人群，结束后通过运营该群，逐渐将直播观众转化成忠实粉丝。

④经验总结。

统计完直播效果之后，最重要的就是对本次直播营销进行经验总结。数据分析与总结只能体现直播的客观效果，而流程设置、团队协作、主播的台词等主观层面无法用数据获取，需要企业新媒体团队通过自我总结、团队讨论等方式进行总结，提炼出本场直播的经验与教训，并将总结记录，整理成经验手册，做好团队经验备份，便于后续其他营销活动进行参考；并且作为新媒体团队的整体经验，为下一次直播营销提供优化依据。

案例导读

淘宝直播平台管理规则

第一条 ［适用范围］适用于在淘宝直播平台发布内容的所有用户，包括主播和互动参与用户（统称为"用户"）。

第二条 ［效力级别］本规则是《阿里创作平台管理规则》的有效补充，本规则有特殊规定的，根据本规则执行。

第三条 ［准入］

（一）达人主播

1. 已入驻阿里创作平台成为达人，且账户状态正常；

2. 具备一定的主播素质和能力。

（二）商家主播

1. 淘宝网卖家或天猫商家，且店铺状态正常；

2. 具有一定的微淘粉丝量、客户运营能力和主播素质；

3. 除企业店铺外的其他淘宝网卖家，还须符合：

（1）店铺信用等级为 1 钻及以上；

（2）主营类目在线商品数≥5，且近 30 天店铺销量≥3，且近 90 天店铺成交金额≥1000 元；

（3）符合《淘宝网营销活动规范》；

（4）本自然年度内不存在出售假冒商品违规的行为；

（5）本自然年度内未因发布违禁信息或假冒材质成分的严重违规行为扣分满 6 分及以上；

4. 对商家准入有特殊要求的，依据另行制定的准入要求执行。

（三）互动参与用户

所有完成实名认证的淘宝用户均可参与直播互动。

第四条 ［信息发布］

（一）不得发布危害信息，如敏感信息、淫秽色情信息等；

（二）不得发布不实信息，如不实宣传、虚假中奖信息、所推广商品信息与实际信息不一致等；

（三）不得伪造活动信息；

（四）不得发布垃圾广告；

（五）不得发布淘宝直播平台不允许发布的信息。

第五条［行为规范］

（一）主播

1. 不得违规推广，如推广的商品涉嫌出售假冒商品、主播违反阿里妈妈平台相关推广规则等等；

2. 不得存在易导致交易风险的行为，如引导用户进行线下交易、发布外部网站的商品或信息等；；

3. 不得侵犯他人权益，如泄露他人信息、不当使用他人权利、骚扰他人等；

4. 不得扰乱平台秩序，如进行造假或作弊、提供虚假信息等；

5. 不得违背承诺；

6. 直播信息不得与入驻信息不符；

7. 不得违反淘宝直播平台主播要求。

（二）互动参与用户

1. 不得侵犯他人权益，如泄露他人信息、不当使用他人权利、骚扰他人等；

2. 不得扰乱平台秩序。

第六条［违规处理］

（一）主播：违反本规则，淘宝直播平台可采取警告并下线直播、删除直播内容、冻结直播权限、清退账户等措施。

（二）互动参与用户：违反本规则，淘宝直播平台可采取删除违规信息、暂停淘宝直播评论功能、关闭淘宝直播评论功能等措施。具体违规内容及对应违规处理措施详见违规处理一览表。（"一览表"见资料来源网站）

第七条［清退］主播如出现以下任一情形，将被阿里创作平台清退：

（一）不再符合本规则第三条准入条件；

（二）存在违规处理一览表中被清退情形；

（三）违反国家法律规定。

第八条［清退再入驻］

（一）因第七条第（一）项被清退的，可重新申请入驻；

（二）因第七条第（二）项被清退的，依据违规处理一览表中的规定执行；

（三）因第七条第（三）项被清退的，不允许再入驻。

第九条［生效时间］本规则于 2018 年 6 月 7 日首次生效，于 2019 年 3 月 5 日最新修订。

（资料来源：淘宝网）

五、客户关怀与维系

在以"客户为中心"的营销时代，寻找新客户对于网店的重要性不言而喻，可是保持老客户，提高其满意度和忠诚度对网店的发展更为重要。网店卖家要做好客户关系管理工作，具体包括客户关系的建立、维护、提升等，如在网店有新品上架时，可以通过发短信告知客户来增进客户关系；同时还要做好维权管理工作，如随时跟踪包裹去向、交易结束及时联系、认真对待退换货、用平和心态处理投诉等。

网上商店可以通过微信进行客户关系维系。微信的特点主要体现在以安卓系统、苹果系统的手机或平板电脑中的移动客户端进行的区域定位，商家通过微信公众平台，结合会员卡管理系统展示商家微官网、微会员、微推送、微支付、微活动，可以形成一种线上线下互动的服务方式。

网上商店做微信互动时，最重要的一点是要让客户知道关注店铺微信公众号的好处，这一点应体现在网上商店的活动设计上。类似的设计可以有：关注微信公众号可享受全场八折、关注微信公众号送优惠券等，一定要让访客一目了然地看到关注微信公众号的好处。

其次，可以针对微信会员开展优惠活动，让每一位店铺的访客尤其是喜欢商品的但因为价格原因没有立即购买的意向客户，通过关注微信公众号给予优惠，让大家都有一个立即交易的理由。

最后，利用好微信作为交流工具，平时多去分析这些客户的需求，通过关注客户的签名和朋友圈，多与他们互动，以获取更好的销售效果。

案例导读

成功者说"客户管理"

"新增 10 个新客户，不如沉淀一个忠诚、优质的老客户"这是一个成功网上商店的创业者的认识。通过网络推广，现在每天都有客户询问这位创业者，他们来自不同地区、不同行业、不同年龄、不同时间。说起客户管理，他有着自己的认识。

"我觉得，做好产品，沉淀自己的文化并积累意向客户是很重要的事情，新增 10 个客户，不如沉淀一个忠诚、优质的老客户来得重要，而且沟通时间短，效率高，反复下单率高，可以节约很多信任时间。"

吸引新顾客很重要，但将以下几点做好，也是很好的表现。

（1）优化自己的产品，反思自己能够给客户提供什么价位，对比同行，自己什么地方做得好，什么地方做得不够好，在可以保证质量的前提下，价格还能否再低，有什么办法可以提高效率，降低成本。

（2）提高服务，除了公开自己的材料来源外，还要有工作环境、工厂介绍、公司优势

的介绍，以及优质的服务和售后，也能有效提高客户信心。

（3）免费试用、花钱做推广，有时不如直接去做个广告，赠送围巾，能够得到真实的反馈，也是回馈客户的一种方法。

（4）活动赞助一下，不如把好的产品直接送人，一定会有收获的，会让更多人看到你，让更多的采购商喜欢上你。"

（资料来源：百度文库）

能力训练

一、案例分析

案例一：2018 "双 11" 2135 亿收官，淘宝直播立大功！

尽管对天猫破纪录见怪不怪了，但今年的"双 11"还是疯了！

2 分 05 秒：100 亿；

26 分 03 秒：500 亿；

1 小时 47 分：1000 亿；

下午 15 点 49 分 39 秒：1682 亿。

毫无压力突破去年成交额，最终，"双 11"全天的交易额冲到了 2135 亿！

这时我们要重重表扬一下每年的"双 11"的功臣——淘宝直播：纵观去年，"双 11"开场不到 10 分钟，雪梨母公司宸帆的交易额就破亿；前 30 分钟，张大奕的"吾欢喜的衣橱"和雪梨的"钱夫人家雪梨定制"两家红人店冲进全网女装行业热销前 10；红人美妆品牌张沫凡的美沫艾莫尔，不到 2 分钟交易额就超过去年"双 11"全天。今年是"双 11"的第 10 个年头淘宝直播的火爆更是疯狂飙涨。举个例子，"双 11"零点刚过，森马电商全渠道销售额破亿元，只用了 2 分钟！最高峰时，巴拉巴拉官方旗舰店吸引了 30.23 万消费者在线观看。淘宝直播为森马的"双 11"销售带来了诸多亮眼的成绩：累计观看人次超过 182 万，累计进店访客超过 20 万。森马电商负责人表示，通过"双 11"潮流盛典的全网直播，不仅为品牌带来千万级用户关注的同时，更是带动了店铺流量和预售的直接转化，为"双 11"超 10 亿元的业绩达成打下坚实基础。从数据上看，100 万人的观看会带来 32 万的加购（把商品放入购物车），淘宝直播为店铺带来直接可观的购买转化。总而言之，淘宝直播能够为店铺带来可观的转化及销量，因此这也要求越来越多的卖家必须要掌握一套完整的直播策划方案，从前期的预热到导流，到收尾，一个流程都不能落下。

（资料来源：网易）

【问题】

（1）结合案例，谈谈你对我国电商直播的认识？

（2）本案例对大学生创业有何启示？

案例二：江小白的网络营销

众所周知，由于传统广告渠道营销费用高昂。在白酒销售行业中。有的白酒企业甚至要支出每年营业额的 20%~25% 作为广告费。但对于一个新的白酒品牌江小白来说，它却没有投入大多的营销费用，却从 2012 年 3 月正式上市，当年就创下销售额 5000 万的业绩；之后更是以每年 100% 的销售增速发展，短短几年，销售额就达到 3 个亿。那么它是如何做到的呢？答案就在我们的网络营销中。

江小白，是重庆江小白酒业有限公司旗下江记酒庄酿造生产的一种自然发酵并蒸馏的高粱酒品牌。江小白酒业是一家综合性酒业公司，拥有完备的全产业链布局。江小白诞生之初就将消费者定位为年轻人，那么针对年轻人的营销方式应该有什么不同呢？就是要大量的应用网络营销的各种工具，因为年轻人都在互联网上。那么现在的互联网营销方式，哪种方法对品牌宣传帮助最大，那就是非社会化媒体营销莫属了。江小白也认识到这一点，可以说他是现在做社会化媒体营销里面最成功的企业之一。江小白的标语是，我是江小白，生活很简单。从江小白的所有包装，我们都可以感觉到这一点，那就是产品媒体化。产品媒体化的意思就是要让产品传递信息，像媒体一样去设计。随着经济发展，消费升级，很多从事营销的人们都在感叹，现在这个年代，最难球磨的莫过于消费者。以前的企业营销，大部分都是我说你听。然后就能收到很好的效果，比如传统的电视广告树立品牌就是这样。但现在不同了，通过给消费者洗脑的营销方式，效果越来越差。互联网时代，企业营销都在探索。从目前来看，与消费者最有效的沟通模式，莫过于互动营销、场景营销。在这两点上，江小白也能发挥得淋漓尽致。除去地铁广告，江小白基本上没有传统的营销方式。

江小白酒业创始人陶石泉表示，江小白绕开在传统媒体上投放广告。一是因为费用太贵。二是因为传统媒体只是单项传播，它又不能反馈意见，又不能点赞，也不能批评你。陶石泉评价社交媒体说，社交媒体不一样，永远都是互动的。所以是宣传我们品牌最好的一种方式。

江小白自诞生之日起，便将自己的品牌特色延伸到了网络营销层面。为了达到与年轻的消费者沟通，其官方微博除了发布产品和品牌信息外，把更多的精力放在了与用户的交流互动上，展开了各种各样的微博互动活动，这些活动都拉近了产品本身与消费者之间的距离。对于互动性很强的社交媒体来说，江小白的微博营销显示出几个鲜明的特点。首先，善于文案植入。它将有意思的话题与江小白的产品连在一起。比如在当年的 6 月份国足与叙利亚的比赛，江小白的微博营销就植入了它的语录，做自己，哪怕曾被质疑。这就引起了许多消费者的共鸣。其次，利用微博互动作为线上工具，组织线下活动并与线上形成互动，以增强粉丝互动性。比如，有一个活动叫寻找江小白，就是要求粉丝们将在生活中遇到的所有的江小白拍下来，回传给互联网。被粉丝们找到的江小白有餐单上的、有餐

馆里面的，也有单瓶酒上的、地铁广告上的。这样的活动更加增加了江小白的消费者对这个产品的喜爱。除了微博，微信也成为江小白的营销渠道之一。相比微博，微信的私密程度更高。江小白的公关总监舒波表示，除了微信公众账号外。江小白还运营着一个叫小白哥的私人账号，该私人账号有专人负责维护，它可以更有效地拉近消费者和产品之间的关系。

（资料来源：百度文库）

【问题】

（1）江小白搭建了哪些网络营销平台？

（2）江小白使用了哪些网络营销方法，如何使用的？

案例三："拼多多"的社交电商模式

社交电子商务是近几年蓬勃发展的电子商务模式。作为社交电子商务的典型代表之一的"拼多多"以其独特之处获得社会的广泛关注，该平台专注于消费者到企业（C2B）。即用户以拼团的方式低价团购商品，该平台获得成功的商务思维是通过沟通分享形成的社交理念。社交电子商务借助独特的商业思维获得资本市场的青睐，"拼多多"亦是如此。从2018年7月上市至今，截至2020年4月7日收盘，拼多多市值达到472.78亿美元，此时距离拼多多成立还不满四年。2015年9月，"拼多多"正式上线。2016年7月，"拼多多"获得了高榕资本、腾讯、IDG资本等这些顶级投资机构的1.1亿美元融资。2018年，"拼多多"又获得包括腾讯、红杉等投资机构30亿美金的投资。凭借拼团模式、熟人社交，"拼多多"实现了逆袭。"拼多多"花费四年的时间就拥有了4亿活跃用户，而京东创立21年用户仅为3亿。这就意味着"拼多多"在国内电商巨头角逐中拥有了一席之地。

"拼多多"能够发展得如此迅猛离不开其新型电商模式——社交电商。社交电子商务可以定义为一种新的衍生模式，其是一种借助各种传播途径，如社交网站、微博、SNS、社交媒介、网络媒介等，运用社交互动、用户自生内容等手段来辅助购买商品和销售商品的行为。"拼多多"就是利用社交电子商务平台的特性，打开市场并占据市场，通过各种社交媒介走进人们的视野。"拼多多"和传统的电商平台的不同之处在于"拼多多"不会被动地等待消费者有需求后到购物平台去搜索购买，而是通过微信等渠道主动传播自己的产品，其实就是通过消费者为自己的产品做宣传。"拼多多"主动联合腾讯，使其能够利用微信群以及朋友圈无障碍地分享链接，同时，"拼多多"积极开发微信小程序，上线仅两个月日活跃用户数量就超过百万，上线半年就超过千万。微信小程序实际上可以成为"拼多多"平台的入口，吸引微信用户进入其中购买商品，有过良好购买经验的用户可以再次在这里进行购买，从而保证了用户回流，可以说"拼多多"的宣传发展离不开腾讯的扶持。那么如何让消费者主动为自己的产品做宣传呢？也就是需要通过拼团的方式来吸引消费者，消费者在传统的团购平台购买商品时，一个人购买和多数人购买该商品时是没有任何价格差别的，并且消费者也不清楚该商品的价格是否是打折后的最低价。而"拼多多"推出的团购模式则积极调动消费者的购买欲望。在"拼多多"的平台上，每件商品都会显示出单价和团购价，通过两者之间显而易见的差价激励消费者选取团购价购买的方式。如果选取团购，那么需要消费者在一定时间内邀请一定的参团用户才能购买，在这种情况下消费者会产生一定程度的紧迫感来促使他们将链接发送到朋友圈和微信群中。如果消费者在规定时间邀请到足够多的用户购买，那么消费者不仅会兴奋于买到物美价廉的商品，还会产生完成任务的成就感。这种感受同样会激发消费者参与下次团购活动的兴趣。

（资料来源：达达文档网）

【问题】

（1）分析拼多多的盈利模式是什么样的？

（2）拼多多会用什么样的方法来抵御未来消费人群的流失？

二、技能实训

1. 实训项目：学生办一场闲置物品的网络销售直播

2. 任务目标

（1）理解网络营销的重要性。

（2）体验网络营销的过程。

（3）各班级以小组为单位，选择 QQ 直播平台，筹划整套网络直播的流程。

3. 内容要求

学生完成 1000 字的直播总结报告，回顾实训中的角色分工、团队协作、直播效果、销售成绩等内容，并做一个简要的自我能力评估。

三、同步练习

（1）网店如何组织货源？

（2）网络营销的优点和缺点是什么？

（3）请简述网络直播营销的实施流程。

项目六

大学生创业指导

知识目标：

(1) 理解我国大学生目前的就业环境；

(2) 理解国外大学生和我国大学生创业的现状；

(3) 理解我国大学生目前的创业环境。

技能目标：

(1) 正确认识我国给予大学生创业的优惠政策；

(2) 能根据创业模式的特点和适应情况选择正确的创业方式。

情景导入

创业"牛人"罗敬宇

19 岁大学生年收入 1500 万元，14 岁创业捞到第一桶金。19 岁的大学一年级学生，聘用 29 位平均年龄 33 岁的"叔叔阿姨"员工。上午 10 点，在湖北大学大学生活动中心，记者见到了"牛人"罗敬宇。

在湖北大学，他有一个门面，是学校免费给他用的。"请坐，请坐"罗敬宇热情地招呼记者入座。罗敬宇给人的第一印象不像是 19 岁——微胖，穿着成熟，谈吐得体。他递上自己的名片，"我有 8 种名片，分别代表我 8 种不同的身份。"罗敬宇的店里主要经营两种货物：美术画材，如画笔、颜料等；乐器，最醒目的是吉他。2010 年起，罗敬宇和朋友一起注册了一家公司，主要经营上述两类产品。如今，他的公司已经有了 29 位"在编员工"，年销售额达 1500 万元。14 岁贩卖孔明灯"捞到"第一桶金，罗敬宇是湖北十堰市人，父亲经商，母亲是小学老师。"我小时候的零花钱都要自己挣。"罗敬宇说，在他很小的时候，父母就有意地培养他的自立意识。他想要买一件衣服，就得在家里干活，父母"按劳付费"，挣到的钱可以自己支配。14 岁，罗敬宇开始创业了，他的第一个计划是卖孔明灯。"我在十堰大市场进货，2 元钱一个，卖 8 元。"下了晚自习后，他就在十堰市区的六堰广场摆地摊卖孔明灯。

后来，他从网上了解到，"淘宝网"上孔明灯的价钱是 5 角钱一个。这次，他把同学发动起来——从网上购回大量孔明灯，以 5 元钱的价格卖给同学，同学们再以 8 元钱/个卖出去。"一个晚上，我就赚了 1700 元钱。"对自己的"创举"，罗敬宇颇为得意。初中毕业后，罗敬宇考进十堰市十三中，学习美术。在学校，他的时间很自由，便向家人提出要开家服装店，父母一致反对。说不动父母，罗敬宇就自己行动。找同学、找朋友，东拼西凑了 15 万元钱，在十堰市"金三角"服装店开了自己第一家店面，"女人的钱最好赚，十堰市的服装市场很大，应该可以赚到钱。"考虑到自己还在读书，他聘请了两个成年女孩，一个当店长，一个当店员。周末和寒暑假，15 岁的罗敬宇就会跑到武汉汉正街、浙江义乌打探市场行情、进货。

自费"留学"取真经，"叔叔阿姨"都服管。

2010 年 1 月，罗敬宇争取到一位朋友的 100 万元投资，在十堰市茅箭区成立了"佳宇文化用品有限公司"，主要经营美术画材和乐器。为什么要做这两个业务？罗敬宇说："我是学美术的，知道画材市场巨大利润。再说，学艺术的学生都爱玩点乐器，两个业务可以一起做。"罗敬宇的公司最初有 18 个人，全是从社会上招聘的，平均年龄 33 岁左右。其中，年龄最大的今年已经 42 岁了，比他的爸爸只小一岁，他担任总经理。公司创办之初，罗敬宇正在读高中，学习繁忙，无暇管理公司。公司要运转顺利，必须有先进的管理理念。高二暑假期间，经朋友介绍，罗敬宇自费到加拿大的一家企业，学习"积分制"管理方法。所谓积分制，就是我给每个人打分。比如说，我要某个人在两天跑下一个学校，他用了 2 个小时就完成了任务，我就给他加 20 分。如果两天完成不了，就减分。这个人每个月的工资、奖金都和这个分数直接挂钩。"艺考热"升温，美术画材市场的需求很大。在罗敬宇的公司，员工们平均都能拿到 5000 元以上的月薪，最多的员工可以拿到月薪 32000 元。现在，公司员工已经达到 29 名。罗敬宇已经不再具体管理了，他把员工分为四个部门——销售部、人事部、仓储部、财务部，每个部门都设置一名总监，平日由总监管理公司。昨天，销售部总监汤大志在电话里告诉记者："罗总虽然年龄不大，但是执行力很强，有自己的主见，说一不二。我们平时都是按章办事，大家都很服他。"

"遥控"旗下多家公司，年销售额达到 1500 万。

2012 年高考，罗敬宇以美术联考 211 分，文化分 381 分的成绩，考进湖北大学艺术学院视觉传达专业。没来武汉上学前，罗敬宇就把公司的触角伸到了武汉。2010 年，罗敬宇读高二时，就把服装店迁到武汉的虎泉，聘请两位员工经营店面。2011 年 5 月，他在武汉藏龙岛开了一家美术用品店。这个时候，他已经有了 3 家直营店和 4 家加盟店。当他的同学还在十堰准备高考时，他已经成了武汉的老板。罗敬宇做生意，头脑非常精明，在他看来："员工就做员工该做的事情，我是老板，只要把握好方向就行了。"

考进湖北大学后，他的业务量迅速增多，现在除了 8 家实体店，他还和朋友一起开了 3 家网店，还在汉阳开了一家美术培训学校，公司的年销售额达到 1500 万元。记者了解

到，罗敬宇在学校非常低调，吃在食堂、住在宿舍，和同学关系融洽。公司有 6 台车，他从来没有开到学校来过，"没有必要，那些都没有意义。"

（资料来源：武汉晚报）

任务6.1　大学生创业国内外现状

一、我国大学生就业状况

近年来，大学生就业难问题成为社会关注的热点问题。而高校毕业生是宝贵的人力资源，是经济建设的重要智力支持。大学生就业问题受到多方面因素的影响，社会用人单位、高校及大学生本身都是其中的因素，切实解决大学生就业难题是一个系统工程，因此需要用人单位、大学生、高校及社会四方面共同努力。

随着高等教育的迅速发展，大学毕业生数量剧增，大学毕业生与社会需求之间的关系由供不应求转为供需平衡，甚至供大于求，大学生就业基本趋向市场化，价格机制在就业市场中的调节作用越来越大。因此，大学生就业问题也逐渐凸现。

大学生就业成为我国就业问题中带有战略性的核心问题。这种现象，主要表现在如下几个方面：

（一）高校扩招导致供需不平衡

中国高校扩招从 1998 年开始，短短十几年，招生人数不断增长，导致大学生人数急剧膨胀，这样的后果是就业结构出现矛盾、学生素质下降，而且高校的办学质量相对学生人数的增幅明显不相匹配。大学生所学知识与用人单位的要求相差较远，综合能力缺乏引起就业困难。

形成大学生就业难这种现象，高校自身教育和政策体系等也存在一些问题。高校大幅度的扩招，造成师资严重不足，教学幅度太宽，无法做到针对性的教学或课堂讨论。而且，学校对有些课程的设置不合理，对专业前景考虑不全，只注重就形势比较热的专业，忽视了冷门的专业需要，脱离了实际的需要，最终导致人才供需不平衡。

（二）过高的回报期望与下降的市场价格之间差异加大

学校缺乏就业指导，学校应该给予学生系统的就业指导，让学生给自己合适的定位。同时，大学本科毕业生在劳动力市场上已经不再是"稀有人才"了，大学生就业已经步入"大众化"阶段，用人单位则处于主导地位，竞争日趋激烈，工资标准也比以前低了许多。由于信息不对称，大部分在校大学生并不了解市场的实际情况，从经济学的角度上看，由于机会成本（大学期间放弃就业机会而失去的收入加上在校学习期间付出的所有花费）的存在，使得大学生在求职时对月薪有自己的心理价格。两者之间的差异日益增大，是造成大学生就业匹配率低的原因之一。大学生在职业生涯规划过程中，从自我评估、职业定位、计划执行及评估反馈等环节存在很多问题，很多大学生过于追求完美，总想一步到位，从而造成了"隐性"失业。面对日益激烈的就业市场，许多毕业生所能做的仅仅是尽量把自己的简历做得更加美观，在简历后面附上更多的证书复印件，然后在网上海投，或者拼命去挤人山人海的招聘会。即使这样，四处的周旋仍然毫无结果，投出的简历也如石沉大海。

另外，在市场经济条件下，受市场需求不足、经济结构调整，以及技术结构不断提高等因素的影响，有些失业是不可避免的，政府有责任提供财政上的帮助，通过建立健全社会保障制度救济和帮助失业人口。就业部门应大力实施积极的就业政策，开拓就业渠道，加强就业引导。

当高等教育进入大众化阶段，大学毕业生就业的大众化趋势也就不可避免，大学毕业生就业方式也必然走向大众化，这是一种不能抵挡的趋势，我们要做的只能是从根源上改变它的本质，提高它的质量。

第一，适当控制高等教育发展速度及规模，落实科学发展观，重在提高教育质量。

高校教育应充分重视市场需求，把握社会实时经济走势和就业市场的变化情况，按照社会发展方向设置专业，适当控制招生规模，落实科学发展观，提高教育质量，有效地消除结构性失业。

第二，对学生加强就业指导，使大学生正确认识自我，认识社会职业的需求。

高校就业指导是提高毕业生就业率的有效途径，可以协调用人单位和毕业生之间的关系，减少空缺岗位的时间，提高人才资源的配置效率。学校要对学生进行阶段性的就业指导和引导培训。要让学生实事求是地估计和定位自己，树立合理的就业观，努力提升自身的综合素质。大学生要争取做到知识广博，具备合理的知识结构，有一定的科学文化素养，具有创新精神和随机性、灵活性的思维方式，做到因人因时、因事而异。有良好的心理素质面临更加激烈的社会竞争，能视变化为机遇，视困难为坦途，有顽强的自制力、坚定的信念，对生活充满期望，充满热情。

第三，摆正心态，消除盲目性，转变大学生就业观念。

大学毕业生是社会人力资源中最宝贵的一部分，其就业问题已引起了社会的极大关注，激烈的职场竞争所形成的就业难已成为大学毕业生的共识。近几年来，大学生在就业方面的思想观念发生很大变化，一部分学生就业观念滞后、理想与现实错位、创业意识较差，择业观与现实性存在着矛盾，直接影响到就业。因此，如何解决大学生择业观与现实性的矛盾，使学生毕业后能正确地在市场中定位，把市场需求和自身实际情况紧密结合起来，并顺利就业已经成为目前亟待解决的重要问题。也正因为如此，每位大学生都应该正

视就业问题，正确认识就业问题，从而树立正确的就业观。

大学生们要认清新形势下所面临的日趋严峻的就业形势，树立与经济和社会发展相适应的崭新的就业观，从思想观念上真正实现转变。调整就业心态，转变就业观念，关键在于能否正确认识自我，这是最根本的。刚刚毕业的大学生必须从自身的实际情况出发，把眼界打开一点，把眼光放长一些，牢固树立"先就业，后择业，再创业"的意识，这是最为务实的做法。生存是一个人立足社会的首要问题，离开了生存，一切将无从谈起。面对严峻的就业形势，大学生应转变就业观，先就业后择业，求职择业不可再像过去那样追求一步到位，如果斤斤计较眼前的职业岗位是否理想，那就会失去许多起步的机会。我们可以在先就业的过程中积累工作经验，使自我价值得到较大得提升，为以后找到理想的工作奠定基础。

最后，媒体应充分发挥舆论的导向作用，向社会大众正确宣传高等教育大众化条件下所形成的劳动人事制度，向社会大众正确宣传高等教育大众化条件下就业岗位大众化的理念和思维方式，要让大学毕业生明白，大众化的高等教育要以大众化的就业观为必要条件。

尽管大学生就业当前还面临着不少困难，有些困难可能还要持续较长时间，但是，从国家社会经济发展的总趋势来看，大学生就业的前景总体上是向好的。

二、国外大学生创业状况

（一）美国大学生创业现状

美国大学生的创业热情起始于 1983 年，美国德克萨斯州大学奥斯汀分校的两位 MBA 学生举办第一届创业计划竞赛，从此美国许多高校陆续举办创业计划大赛。创业大赛为美国的经济发展做出了重大贡献。据统计，美国表现最优秀的 50 家高新技术公司有 46% 出自 MIT 的创业计划大赛。从某种意义上讲，高校的创业计划大赛已成为美国经济的直接驱动力之一。除创业大赛以外，美国大学生创业成功的案例也屡见不鲜，而且在这些成功者之中也不乏一些对当今世界经济举足轻重的人物，从比尔·盖茨到 DELL 计算机公司的戴尔、Yahoo 的创始人杨致远。在美国仅 MIT 的教师和学生创办的大企业就超过了千家，控制着 3300 亿美元的资产。他们不仅为美国的经济发展做出了巨大贡献，对全球的经济也有着巨大的影响力，同时他们也是全球大学生创业者心中的英雄和楷模。

1. 美国大学生创业的理念

（1）没有不可能。

"Nothing is impossible" 这不仅仅是广告词，这更是一种美国精神。美国大学生创业最大的特点莫过于敢想敢做。谷歌的创始人拉里·佩奇便是在大学期间开始了人生第一步。拉里·佩奇曾这样讲过："我认为，实现雄心勃勃的梦想更为容易，我知道这听起来是一派胡言。既然没有人能疯狂到做这件事情，你也不可能完成。但最优秀的人就希望挑战。"同时他也有一个"发现梦想成真之路"的故事。佩奇在梦中进行了畅想，然而他并没有把它停留在梦想的阶段。佩奇曾说："有伟大的梦想出现时，抓住它。"因此敢于做别人不敢做的精神为他的创业开辟了一条全新的道路。

（2）绝不盲目跟风。

史蒂夫·乔布斯曾这样说过："我宁愿为梦想冒险，也不愿制造跟风的产品。"美国大学生网络创业更愿选择那些未被他人涉及的领域，在创业中独辟蹊径，创新自我。最为典型的例子便是比尔·盖茨。当时的计算机时代主张知识应被共享，但比尔·盖茨在1971年写了一封《致爱好者的公开信》，宣称"计算机爱好者们不应该在不获得原作者同意的情况下随意复制电脑程序。创新应该植入思想。"是他最先把计算机软件产业化，创办了微软公司。他创造出了从系统软件到应用软件，从计算机的简单功能到多媒体技术，从单机应用到信息高速公路等奇迹。他选择创新而非跟风，是一项挑战，但更是成功的决定因素，学会用创新的思想去思考才是首要关键。

（3）从点滴生活出发。

2004年2月，还在哈佛大学的扎克伯格突发奇想，要建立一个网站作为哈佛学生交流的平台，这便是风靡全球的Facebook。建立Facebook仅用了一个星期，但是这个想法的建立却是在生活的点滴中发现和实践的。哈佛时代的扎特伯格本身只是想要建立一个系统来帮助同学们选课，可是后来才发现，使用系统的学生会先去查询身边美女的课程再去选课。这个系统真正的作用反而给予了他灵感。既然大家如此热衷于交友，为何不建立一个网站，让大家认识周围的同学。就是这样对身边生活观察的灵感成就了今天的Facebook，创业来源于灵感，而灵感来源于生活。

（4）敢于迈出第一步。

无论是微软之父比尔·盖茨，苹果之父乔布斯还是扎克伯格，他们都最终为了梦想成了"大学辍学者"，这在中国人眼里不可思议的举动，在他们眼里仅仅是创业第一步。因为知道自己要的是什么，不甘于平静的他们有勇气放弃几十年来坚持的学业，甚至是最好的大学。这不仅仅是勇气，也是挑战，更是对梦想的追寻。或许中国大学生所缺失的正是这种对梦想的追寻，迈不出这关键的一步。

扎克伯格在美国加利福尼亚州门罗帕克的一所中学发表主题为"不要再说我不能"的演讲中这样说过："开设一家像Facebook这样的公司，或是开发一款像Facebook这样的产品，需要决心和信念。所有值得做的事都是十分困难的。"敢于迈出第一步是创业的根本所在。

2. 美国大学生创业的特点

（1）具有良好的社会文化基础。

据美国考夫曼创业领导中心1999年的报告显示，在美国有91%的人认为创业是一项

令人尊敬的工作，而每 12 个人中就有一个人希望开办自己的企业。这为大学生创业打下了很好的基础。

（2）接受了先进的创业教育。

在美国对学生的创业教育从小学就已经开始，从 1919 年创办的青年商社已被纳入中小学的教育计划之中。在小学讲授商业基础知识，初中每周一次商业课，高中开设一个学期的实用经济学，并且从 1998 年起，在全美开始了"金融扫盲 2001 年计划"。目前，在美国已有超过 400 所大学至少开设一门创业学课程，而且开设此类课程的不仅仅是商学院，还有一些专业技术学院。目前全美每年至少有 20000 名大学生接受创业课程的培训。

（3）创业主要集中于高新技术产业。

在美国创业的大学生主要集中在 100 多所理工大学，他们的创业主要是以技术为核心，这一特点也使得大学生创业有了较强的竞争力，为创业成功提供了保障。

（4）有着完善的社会支撑体系。

包括美国小企业管理局（U. S. Small Business Administration，SBA）的支援项目，在大学和民间团体设立的"小企业发展中心"（Small Business Development Center，SBDC），这些支援包括了技术支援、管理咨询、融资援助等等，形成了一套"民、官、学"相结合的社会支撑体系。为大学生的创业提供了坚强的后盾。

（二）法国大学生创业现状

1979 年法国政府通过实行"创业资源援助计划"，1983 年实行"新企业技术革新指导计划"，由国家银行负责实施，对新企业给予资金支持，可提供 20 年的长期固定利率贷款。除此之外，法国政府采取各种措施解决创新创业中的资金困难：按领域设立三个启动基金，每个项目 15 万 ~76 万欧元；税费减免，简化申办手续；每年评选优秀创新项目；发放小企业创业资金贷款；对中小企业技术创新进行投资。

法国政府对待创新创业的开明态度和大力支持，使得法国青年一直保有很高的创业热情，积极投身创新创业。法国的创业培训模式有这样一些特点：重视培养学员的创新创业思维，使他们出校门之前就做好创业的心理准备；精心设计培训内容，扩大学生的视野，增加学生见识，培养学生的综合创业能力及风险意识；成立顾问委员会，组成专家队伍；实施个性化辅导和后续扶持等。

法国有不少青年选择给自己打工，每 5 名创业者中就有一名不满 30 岁的创业者。政府通过这一系列措施有效地减少了失业人数，推动了中小型创新型企业的发展。法国在创业方面的历程可谓坎坷艰难，但是国家政府长期的大力支持取得了很好的成效，现在法国已经成为仅次于英国的欧洲第二大创业投资国家。

（三）韩国大学生创业现状

韩国的大学生创业的发展与美国有很大的区别。韩国的大学生创业兴起于 1998 年，标志是韩国情报通信部在 25 个大学设立了创业支援中心。在每个中心投入了相当于 2 亿~3 亿韩元的电脑设备，还有 5000 万韩元的启动资金，截至 2000 年底，这些中心共支持了 464 个风险企业，这些企业的年总营业额为 2000 万韩元。随后，韩国的中小企业厅又于 2000 年设立了 23 个创业支援中心，共投入资金 10 亿韩元，目前支援了 400 多家大学生企业；韩国的产业资源部下属的产业技术评价院也在 40 个大学建立了创业研究中心，每年在各中心投入 2000 万韩元资金。在政府的大力支持和倡导下，韩国大学生的创业热情迅速高涨，到 2002 年，韩国大学应届毕业生中准备进行创业的大学生比例为 52.4%，而全国青年希望创业的比例为 71%，居全球第一位。而且，在政府促进下，大学生中也成立了自己的创业组织 "全国大学生创业同友会"，并且在全国每一所大学都成立了分会。这个协会成立以后，组织大家学习创业课程，进行经验交流，帮助会员筹集资金，为会员提供技术支持，取得了很好的成绩：2000 年 2 月成立后，一年间共支持创办企业 80 家，而在 2001 年的前三个月里就支持创办了接近 80 家企业。

韩国大学生创业的特点主要有两点：（1）起步较晚。这是因为一直到 20 世纪 80 年代韩国经济处于腾飞阶段，大企业集团迅猛发展，新生的较为弱小的企业很难进入寡头控制的市场，这不仅导致了经济结构的单一化，也导致了韩国的创业观念淡化。直到 1997 年韩国受到经济危机的冲击，才迫使韩国人改变观念。（2）政府起了决定性作用。从 1997 年迫于压力才开始觉醒的韩国人，到 2001 年有创业愿望的青年比例已位于全球第一，这个成果和政府的大力支持、引导是分不开的。政府不仅提供资金、政策支持，还督促学生建立自己的组织，进行创业教育，才使得创业观念在短时间内深入青年心中。

三、我国大学生创业的现状

自 2014 年，李克强总理发出 "大众创业，万众创新" 号召以来，创业热潮席卷全国。其中，强化创业教育、鼓励大学生自主创业，已成为社会共识。自主创业是一种社会行为，一种商业活动，具有风险和不确定性，在这一过程中，包含了追逐利润、获利、创造新事业等内容。通常，人们理解的创业都是指创建新的企业，开创新的事业。哈佛大学斯蒂文森教授给创业的定义是比较贴切的，创业是不拘泥于当前资源条件的限制下对机会的追寻，将不同的资源相组合以利用和开发并创造价值的过程。这一概念集中体现了创业所包含的关键要素，反映了创业的主要特征。

大学生自主创业需要从多方面的因素来考虑，相关政策的出台、良好的社会环境、团队的合作以及自身的能力等都是影响自主创业成功与否的重要因素。因此，大学生创业应该将各种有利因素良好地融合在一起，利用有效资源，结合自身情况，走行之有效的创业道路。

自主创业这一形式的出现，可以说是给大学生就业开辟了一条实现自我价值、发挥自我创新创业能力、开展自主创业的道路。各种各样的创业形式，各种类型的创业资源，都

给大学生自主创业提供了发展的渠道，对创新创业教育产生了深远的影响。从我国大学生创业的整体来看，存在着以下几个明显的特点：

1. 创业意向强烈

近几年的调查研究表明，超过一半的大学生有创业意向。2015 年 3 月，李克强总理在政府工作报告中指出要把"大众创业、万众创新"打造成推动中国经济继续前行的"双引擎"之一。目前我国高校也是将培养学生创业技能和创业精神作为高等教育的基本目标。同时，增强大学生的创业意识，培养大学生创业能力，鼓励自主创业，不仅是高等教育发展的内在需要，更是缓解目前高校学生就业、突破就业困境的有效途径。在大学校园里，创业的概念也越来越为同学所了解和接受，创业意识在高校中不再陌生。在校大学生开一家小店，经营一家学生餐厅，办一间个人工作室的现象也越来越多。

2. 创业领域多选择低风险行业

大学生渴望尝试创业，但在一定程度上，更倾向于选择低风险的行业进行创业。各种行业中，同学们较为倾向与所学专业相关的行业、销售行业和餐饮行业。销售、餐饮等行业一方面消费群体大，风险相对较低，较为稳定；另一方面，这些行业需要的启动资金较少，可实施性较强。大多数学生倾向于选择容易开业、风险相对较低的行业，表明大学生创业心理还不够成熟，对于风险承受能力较差。同时可以看出，创业资金对大学生创业有一定影响。2018 年清华大学发布的《全球创业观察报告》将青年创业者定位为年龄在 18~34 岁之间的创业者。该报告指出，中国青年创业者在中高技术上并没有优势。从调查数据看，不到 20% 的青年创业者是基于中高技术的创业。

3. 创业成功率低

据不完全统计，我国大学生创业比例在不断增高，然而成功率只有 2%~3%。与美国大学生创业成功率 20% 相差超 6 倍，多数创业是雷声大雨点小。虽然大学生的创业热情很高，但由于受各方面条件限制，创业成功率很低。大学生创业比例提高无疑是借力于教育部门和大学的支持政策。但是根据 2018 年《中国大学生就业报告》数据显示，毕业半年后自主创业的应届本科毕业生，3 年后有超过半数的人退出创业。甚至有数据指出，即使在浙江等创业环境较好的省份，大学生创业成功率也只有 5% 左右。大学生创业成功率低，受社会经验、资金、经营能力和人脉等方面条件限制，所以探讨影响大学生创业的因素，对于提出大学生创业培养的建议有很大的必要性。

案例导读

对创业上"瘾"的大学生

范志平是上海海洋大学的计算机技术专业硕士毕业生。在读大学期间他就是一个不愿意"循规蹈矩"的人，他在课余时间卖过电话卡，在新生入学时卖过日用品，还开过餐馆等，虽然每次的业务坚持的时间都不长，但是不仅让他赚了钱，还让他对创业上了"瘾"。

他一直有一个强烈的愿望，就是自己开公司，自己当老板。在他眼里，创业就是最神圣的就业，除了可以养活自己以外，还能以提供工作岗位的方式为社会作贡献，这让他感觉更能体现自身的价值。

读研期间，范志平一边学习，一边四处寻觅合适的创业方向。2007年的一天，他在图书馆的报刊阅览室偶然翻到一张报纸，上边写着：农业部正在全国范围内，推进实施"无公害食品行动计划"。他顿时眼前一亮，农业在上海的比重不大，相对来说，竞争不会很激烈；而服务业又是上海重点发展的领域。多年磨炼出来的"商业直觉"告诉他，如果走"农业服务"路线，很可能有戏。

通过沟通，导师和校方领导都很支持他的想法：成立一个帮助农民实现无公害生产的农业技术服务公司，帮农民增收，又确保消费者吃着放心。接下来的一年，他走访了50家无公害农业生产企业，参加了3次农业展览会、4次食品安全学术会议，发放了2000份市场调研表，结果证明计划可行。

在上海市大学生科技创业基金会的基金扶持下，他的公司——上海齐民信息科技有限公司，在2008年初正式注册成立。公司主要从事农产品品牌策划和推广、食品安全追溯、农业区域性电子商务等服务。

（资料来源：李肖鸣，《大学生创业基础》，清华大学出版社2018年出版）

三、多方创业扶持政策

1998年，全国普通高校毕业生108.6万人，1999年高校扩招，到2005年已增至338万人，而2013年，全国普通高校毕业生规模已达到699万人，比2005年翻了一番。到2016年，毕业生人数已达765万人。至2020年6月止，高校毕业生规模已达到874万人，再创新高。面对如此庞大的毕业生队伍，对就业的需求也就相应地增加了。但是，社会对高校毕业生的需求却是逐年下降，特别是2020年初的新冠疫情造成的经济下滑，高校毕业生供需矛盾空前严峻。于是，自主创业这一理念变成了大学生就业的一种新的导向，这一理念的形成转变了大学生原有的就业观念，以创业带动就业，让学生实现自我价值，体现就业能力，解决就业矛盾，带动大学生发挥创新创业能力，鼓励大学生去创业，实现自主创业，这样能够更好地促进经济发展，实现社会经济发展的良性循环。

同时，培育大学生的自主创业意识、鼓励自主创业也是国家经济发展的一个新的契机、新的机遇和挑战，是国家保持经济活力的源泉，也是扩大就业的途径。那么，为了更好地开展这一工程，为大学生的就业开辟更好的途径，在"十一五"期间，党中央提出了"提高自主创新能力，建设创新型国家""促进以创业带动就业"的战略规划，并且加大力度贯彻实施。从中央到地方，各类有利于创新创业的政策陆续出台。2010年，教育部下发了《关于大力推进高等学校创新教育和大学生自主创业的意见》；2012年，教育部下发

《普通本科学校创业教育教学基本要求（试行）》，对高校开展创新创业活动提出了意见和要求，鼓励各个高校开展学生的自主创业项目，要求各个高校重视创新创业教育，将自主创业放到了就业工作的重要位置，成为就业工作的重要模块。各地方也出台了相应的优惠政策，鼓励大学生自主创业，保障大学生自主创业的顺利进行，并给予了优惠条件，为大学生自主创业铺路，为大学生自主创业提供良好的条件和发展平台，这些都体现了大学生自主创业是就业的一种新的良性化的发展趋势。

大学生创业要了解政府对创业的扶持政策。如今，在校或刚毕业大学生及研究生所创业并注册公司的人越来越多了。新《中华人民共和国公司法》的实施，大大降低了创业及注册公司的门槛，中国经济的高速发展，促进了更多市场机会的出现。

1. 工商部门优惠政策

（1）大中专毕业生毕业后5年内从事个体经营的（国家限制的行业除外），3年内免交登记类、管理类和证照类收费。

（2）高校毕业生创办公司万元即可登记，允许投资人首期注册资本到位10%，其余部分可在三年内全部到位，并允许货币出资低于30%。

（3）高校毕业生办理工商登记时，只需提交有效房屋租赁合同，无须再提交相关产权证明文件，允许用自有或租赁的住房兼作经营场所。

（4）高校毕业生创业开办公司或个体工商户的，凭《毕业证书》《报到证》、个人身份证复印件享受优惠政策。

（5）高校毕业生从事建筑业、娱乐业、销售不动产、转让土地使用权、广告业、房屋中介、桑拿、按摩、网吧、氧吧等10个行业的经营活动，不享受政策减免。

（6）免收有关行政事业性收费：毕业2年以内的普通高校学生从事个体经营（除国家限制的行业外）的，自其在工商部门首次注册登记之日起3年内，免收管理类、登记类和证照类等有关行政事业性收费。

2. 税务部门优惠政策

（1）学生勤工俭学提供劳务取得的收入，免征营业税。

（2）普通高等学校毕业生创办的企业，从事技术转让、技术开发和与之相关的技术咨询、技术服务取得的收入，免征营业税。

（3）普通高等学校毕业生在国家高新技术产业开发区内新创办的高新技术企业，自获利年度起免征企业所得税2年；免税期满后，减按15%的税率征收企业所得税。

（4）新办劳动就业服务企业，当年安置普通高等学校毕业生超过企业总人数60%的，经主管地税机关批准，可免征企业所得税3年；免税期满后，当年新安置普通高等学校毕业生占企业原从业人员总数30%上的，可减半征收企业所得税2年。

（5）普通高等学校毕业生创办的企业，进行技术转让以及在技术转让过程中发生的与技术转让有关的技术咨询、技术服务、技术培训所得，年净收入在30万元以下的暂免征收企业所得税。

（6）地税部门对从事个体经营的高校毕业生，其月营业额在 5000 元以下的，免征营业税。

（7）持人社部门核发《就业创业证》（注"毕业年度内自主创业税收政策"）的高校毕业生在毕业年度内（指毕业所在自然年，即 1 月 1 日至 12 月 31 日）创办个体工商户、个人独资企业的，3 年内按每户每年 8000 元为限额依次扣减其当年实际应缴纳的营业税、城市维护建设税、教育费附加和个人所得税。对高校毕业生创办的小型微利企业，按国家规定享受相关税收支持政策。

3. 小额贷款优惠政策

（1）引导和鼓励高校毕业生面向基层，自谋职业。对其在创业经营过程中自筹资金不足的，凭大中专院校毕业证书申请小额担保贷款。贷款额度一般为 3 ~ 5 万元，期限最长不超过 2 年。到期还款确有困难的，可申请展期，展期期限为一年，展期期间不贴息。对于经营周期较长的项目，可将贷款期限延长至 3 年，不再申请展期。对于创业项目有一定规模和发展前景，贷款额度最高可提高到 8 万元。对于合伙经营与组织起来创业的，贷款人数最高不超过 10 人，贷款金额不超过 50 万元。

（2）对持有劳动保障部门核发的城镇登记的其他失业人员和高校毕业生申请小额担保贷款并从事微利项目的（微利项目是指除国家限制的建筑业、娱乐业以及销售不动产、转让土地使用权、广告业、房屋中介、桑拿、按摩、网吧、氧吧以外的项目），由财政给予100% 贴息，展期期间不贴息。

（3）小额担保贷款还款方式采取灵活方式，可利随本清或分次偿还，也可提前还贷，具体方式由贷款银行和借款人商定并载入合同。贷款本息提前归还的，提前归还的部分按合同的约定利率和实际使用时间计收；贷款本息不能按时归还的，贷款银行可按规定计收罚息。

4. 其他费用优惠政策

（1）享受培训补贴。对大学生创办的小微企业新招用毕业年度高校毕业生，签订 1 年以上劳动合同并交纳社会保险费的，给予 1 年社会保险补贴。对大学生在毕业学年（即从毕业前一年 7 月 1 日起的 12 个月）内参加创业培训的，根据其获得创业培训合格证书或就业、创业情况，按规定给予培训补贴。

（2）免费创业服务。有创业意愿的大学生，可免费获得公共就业和人才服务机构提供的创业指导服务，包括政策咨询、信息服务、项目开发、风险评估、开业指导、融资服务、跟踪扶持等"一条龙"创业服务。

（3）取消高校毕业生落户限制。高校毕业生可在创业地办理落户手续（直辖市按有关规定执行）。

（4）政策支持大学生创业"首违免罚"。工商、城管执法等部门在对大学毕业生在创

业过程中首次出现的情节轻微、没有对社会和他人造成危害后果的一般性违法行为，只给予警示告诫，帮助大学生创业者纠正，不给予行政处罚。

（5）允许大学生休学创业。2014年12月，教育部发布的《关于做好2015年全国普通高等学校毕业生就业创业工作的通知》明确要求高校建立弹性学制，允许在校学生休学创业。这样的制度有利于学生自主灵活地掌握学业进度，选择学习方式，对自己的人生做出更好的安排。

5. 各地方政府给予的优惠政策

（1）西藏大学生创业优惠政策。高校毕业生创业企业或从事个体经营，正常经营在6个月以上，投资额度10万元以上的一次性奖励10000元。从事个体经营可享受扶持政策。

（2）宁夏大学生自主创业优惠政策。对有意创业的高校毕业生，政府出资为其提供规范的创业能力培训。区政府还将实施高校毕业生创业引领计划，由各级公共就业人才服务机构为其提供免费的创业指导，帮助其实现自主创业。

（3）广东省大学生就业创业优惠政策。毕业5年内高校毕业生自主创业，本人及其招收的应届高校毕业生（包括毕业学年高校毕业生及按发证时间计算，获得毕业证书起12个月以内的高校毕业生，下同）可同等享受用人单位招收就业困难人员社会保险补贴政策；在校及毕业5年内的普通高等学校、职业学校、技工院校学生租用经营场地创业（在各类创业孵化基地的除外），给予最长2年、每年最高3000元的租金补贴；毕业5年内的高校毕业生到乡镇、街道、社区等基层岗位就业（含"三支一扶"和大学生村官等大学生服务基层项目），从事社会管理和公共服务工作，可同等享受用人单位招收就业困难人员岗位补贴政策。岗位补贴每人每月400元，补贴期限除对距法定退休年龄不足5年的人员可延长至退休外，其余人员最长不超过3年。

各地政府相继出台了多种大学生创业优惠政策，在此不一一赘述。

案例导读

杭州：大学生创业创新实行"一件事"联办

为了整合创业创新资源要素，构建最优生态，杭州市政府近日决定实施"双创"服务优化工程，推进大学生创业创新"一件事"联办，建立大学生"双创"资源对接平台。

大学生是创业创新的主力军，是人才队伍的重要力量。杭州市政府提出，以"一件事"为标准，通过事项梳理、平台搭建、流程优化、材料精简、数据共享、部门联动，将大学生创业企业生命周期的补贴申请、人才就业公共服务、公租房申请、公积金缴纳、市民卡申领等办事需求和部门间政务办事关联，打造大学生创业创新"一站式"服务平台。

同时，杭州市将建立杭州市创业数据库，搭建资源和对接交流平台，促进产业园区、投资机构、创业孵化器、服务机构与大学生创业人才的互动。

杭州市人力资源和社会保障局有关负责人表示，市政府已将大学生"双创"工作列入各地各有关部门人才工作目标责任制考核和就业创业督查激励内容。

据了解，杭州市确定每年6月13日为大学生"双创日"，组织开展评选"大学生创业之星""双创"论坛、"创业名家说"等活动，进一步营造杭州的创新创业氛围。

（资料来源：新华网）

任务6.2 大学生创业的模式分析

一、我国大学生创业模式的现状

（一）我国大学生对创业模式的认识模糊不清

当大学生创业对于我国大学生而言还是一个陌生名词时，欧美等发达国家的大学生创业活动已经风起云涌。在美国、欧洲等国家已经将大学生创业作为必修或选修课程，列入大学教学计划的一部分，创业教育已经发展成为知识经济的直接驱动力。而在我国大学生对创业的认识才刚刚起步。

（二）我国大学生创业模式中创业教育模式的滞后

在《面向21世纪教育振兴行动计划》中我国政府就提出"加强对教师和学生的创业教育"。《国家中长期教育改革和发展规划纲要（2010-2020年）》中又进一步地强调了在我国高等教育中应当加强实验室、校内外实习基地、课程教材等基本建设，深化教学改革，推进和完善学分制，实行弹性学制，促进文理交融，支持学生参与科学研究，强化实践教学环节，加强就业创业教育和就业指导服务，创立高校与科研院所、行业、企业联合培养人才的新机制。同时职业教育也应当面向人人、面向社会，着力培养学生的职业道德、职业技能和就业创业能力。而我国大学生的创业教育仍处于起步阶段。据统计，我国只有5%的大学生走上创业之路，而美国大学毕业生创业的比例为25%，日本为15%。相比之下，我国创业教育与国外的差距还是比较大的。

（三）我国大学生创业模式中政策法规的不完善

作为大学生创业的首要培养机构，高等学校承担着重要的教育职能。而创业教育是一项涉及面较广、政策性较强的事业，涉及我国政府机构中教育、科技、人事、发改委、财政、税务、金融、外事等相关部门，政府部门在统筹和协调工作的过程中，应当进一步完善相应的指导、扶持、优惠、激励政策与相应的法规，在考证相关政策的连续性、协调性、规范性的基础上，逐步建立起大学生创业的良好政策环境，进而推动我国大学生创业的发展。

（四）我国大学生创业模式的单一化

当前我国大学生的创业模式行业面较窄，创业形式比较单一。在创业所处的行业方面，已经成功创建企业的大学生中，多数人选择了和自身专业相关的行业。例如软件、网络等。而对诸如小规模的餐饮、书报等生活类的行业涉及较少。而有些并不被大学生青睐的行业恰恰具备启动资金少、容易开业且风险相对较低的优势。在创业的形式方面，由于经验的缺乏和对风险的考虑，很多人选择了合伙创业；在选择合伙人的过程中，很多人选择了自己的朋友、同学等进行创业。这些合作者的知识结构、经验等各方面与其相似，创业合作者之间缺乏知识和能力的互补性，在决策中容易出现偏差。可见无论从创业行业方面还是创业形式方面，我国大学生创业的模式结构均不完善，需要重新构建与优化。

二、创业模式分析

创业是复杂的又是灵活的，选项目就该选择能经得起风险又具有创造性的，创业者必备的基本素质就是把握创业的机遇，创业是自身价值的实现，同时又是需要投入必要的时间和精力的。那么当今情况下，都有哪些创业方式呢？哪些创业方式比较适合自己呢？

（一）按照大学生参与创业的时间划分

可划分为三种模式：兼职创业、休学创业和毕业后创业。

1. 兼职创业

兼职创业是指学生不放弃或中断自己的大学学习而采取的在课余时间从事创业活动的创业模式。我国目前的大学生创业者对于这种模式倾向性很高，这种模式要求学生在创业的同时不能影响大学课程的学习，因此选取此种模式的创业者，在创业活动中所涉及的行业通常都是对创业者时间投入要求较灵活的行业，而创业者本人对于学习和创业的时间、精力安排必须合理，否则将会一事无成。

从大学生创业者的角度来看，选择此种模式主要有以下几种情况。（1）创业的目的是为大学学习服务的，即大学生创业是为了更好地完成大学的学习而开展的创业活动，通常可以归纳为两类：一是为了筹集上学费用开展创业，二是为了锻炼自己的实践能力开展创业。（2）创业的风险性太高，即大学生创业者认为创业的风险太高，为了让自己创业万一失败后多一种选择，因此选择了兼职创业。（3）迫于社会、家庭的压力。我国大学生对于家庭、社会的依赖在前述部分已经阐明，所以大学生在对创业模式进行选择时，往往需要征得家庭、社会的同意。

兼职型创业模式的特点：（1）企业经营模式多样性，由于创业者不仅要面对创业的风险和挑战，还要完成繁重的大学课程，因此创业者只能利用课余时间从事创业，而由于我国的教育体制不灵活的原因，企业的运营模式只能根据创业者的实际情况进行调整；（2）企业的组织形式的多样性，一方面这是因为创业资本来源的多样性造成的，另一方面由于大学校园相对于社会的独立性，一些创业者的创业活动仅局限其中，甚至没有正规的法律形式；（3）创业企业的平均科技含量较低，这一方面是由于我国创业大学生的整体现状决定的，另一方面，在校大学生尤其是低年级学生的专业技术知识上不完备也是一个重要的原因。根据大学生创业的影响因素，选择此种模式的原因主要有两个：大学生对于本身的创业缺乏必胜的把握；家庭、社会要求大学生在创业的同时不能影响学业。

2. 休学创业

休学创业是指学生为了创业而申请休学从事创业活动的一种模式。这种模式受教育体制的影响较大。因为我国高校中现在还有很大一部分实行的是学年制或不完全学分制，学生由于创业提出的休学申请很难获得批准。这种现状的改变，还需要社会、学校对大学生创业的认识进一步加强和我国教育体制改革的进一步深化。目前，我国创业的大学生采用此种模式的比例很小，清华大学作为我国大学生创业的发源地和创业氛围最浓的院校之一，作为全国第一家批准选择这种模式的大学，到目前为止只有10人以创业的理由申请了休学，只占清华大学学生总人数的0.04%，在清华大学创业学生中的比例是2%。选择这种模式的大学生不仅要面对创业的风险和挑战，还要应对周围环境的压力。从另外一个角度，由于这部分创业者创业失败后还有另外的选择，即可回到大学继续读书，所以在创业过程中有充分的应对风险和困难的准备，否则容易半途而废。这种模式也可以称之为"缓冲模式"，即创业大学生可以在休学期内，通过自己的实践和创业企业的发展，能更有针对性地对创业模式做出选择。

休学创业模式的特点：（1）创业大学生有较为充裕的时间和精力进行创业，休学可以为大学生创业者提供更为充足的时间和精力，这对于创业的成功是大有裨益的；（2）创业者承受失败能力相对较强，在同等条件下，这种模式又给创业者提供了一种退出机制；（3）可变性，由于休学的时间限制，最终大学生创业者还要根据休学期和创业实际，在其余两种模式之间做出选择，转变为其余两种模式中的一种。从创业的影响因素来看，首先，此种模式要求，大学生对自己的创业计划及自身的能力要有较大的把握；其次，需要得到家庭、学校、社会的认可和支持。

3. 毕业后创业

这种模式是指大学生在结束大学课程之后，走上创业的道路。选择此种模式的大学生其动机通常都是出于自我实现或就业的需要。这种模式对于高等教育的冲击较小。而且，创业者在接受高等教育的过程中实践能力、自身知识水平等各方面素质也会有较大提高。同时由于自身的素质提高，其在创业的过程中可选择的范围也较大。这对创业者的成功都起到了很大的作用。从大学生的从业意义角度来讲，这种模式的大学生创业对于社会经济发展和缓解大学生就业压力的作用都非同一般。因此，这种模式应该是我国大力提倡和引导的。

大学毕业后创业的特点：（1）对高等教育没有冲击；（2）创业企业的组织形式、经

营模式相对稳定，大学生毕业后创业直接面对市场经济的机遇和挑战，正规的企业形式是不可缺少的，因此选用此种模式要求创业者必须提高自己的管理技能；（3）创业企业的平均技术含量较高，大学生在接受完大学教育之后，自身的专业技能、社会实践能力都有很大的提高，使得利用自有技术创业的可能性得以增大。同时，对于相关技术领域的发展也会有更好的把握，这提高了创业企业利用先进技术的可能性。

根据参与创业的时间还有一种模式，即退学创业。但是，考虑到目前我国的高等教育已经开始逐渐转变为一种基础性教育和能力教育，大学生如果放弃这一阶段的学习，对他们的成长来说弊大于利。

（二）根据大学生自身发展的特点划分

可分为以下四种创业模式：打工创业、依托型创业、模拟孵化创业和网络创业。

1. 从打工做起的创业模式

该模式是指大学生以未来个人创业为目标的打工。第一步要做好选择，入行要对路。第二步是有目的地学习和积累，包括管理知识、产品知识和营销知识，而不仅仅是岗位知识。第三步是充分利用好你的平台资源，利用所在企业的平台，广交人脉资源和其他资源。等各方面条件成熟之后再脱离打工，开创自己的事业。其模式的特点是自由灵活，投资较小，稳打稳扎，逐渐积累壮大，成功率高。

2. 依托公司客户关系进行创业的模式

该模式是指大学生借助一些公司的庞大客户关系网进行创业，依托公司客源，从中细分市场作为自己创业公司的客户，壮大自己的业务量，拓展自身市场。学习一些成功民营企业的创业经验和管理模式，要求创业者具备良好的合作、协调能力和集体意识。这是大学生创业最具潜力的创业模式，也是新经济时代主流的创业模式。其特点是创业效率以及创业成功率高、个人风险小；企业成长周期短，销售网络好，资金回收快；但要求创业者具有良好的知识、技术和素质。它又可以分为两种类型：收购创业型和借鸡生蛋型。

（1）收购创业型就是收购现有企业。它有两种方式：一是接手经营别人的公司转让，例如：饭店、发廊、服装店；二是收购公司重组转卖，低价买进，高价卖出。这种创业模式的优点是该种类型的企业具备一定的基础，不用从头开始，节省时间；其缺点是有一定风险。要采用这种模式创业的关键是要有专业的眼光，对企业做全面的了解，并能够做出仔细评估——生意不好的原因是什么？我能不能解决？未来的趋势如何？

（2）借鸡生蛋型又分为代理和加盟两种方式。

代理是一种很常见的创业方式，中关村很多品牌电脑代理，借助别人的品牌发展自己的品牌。但要注意：①选择大款，品牌信誉好、发展潜力大的公司产品；②代理最大的危险是被厂家卸磨杀驴，所以只能依附，不能依赖；③建立自己的品牌，维护自己的渠道。

加盟（特许经营）是懒人开店的好方法，加盟者不必自己探索开创新事业的路子，只需向加盟商支付一定的加盟费，就可以经营一个知名的品牌，并长期得到特许者的业务指导和服务。调查资料显示，在相同的经营领域，个人创业成功率低于20%，而加盟成功率高达80%~90%。优点：分享品牌、分享经营方法、分享资源支持，对于加盟者，风险小，容易管理；对于加盟商，短时间迅速扩大公司规模并获利。加盟成功的关键因素包括：选择适合自己的特许品牌；选址是非常重要的一环，要小心挑选，宁缺毋滥；善用总公司的资源来配合业务的发展，比如广告、印刷品、培训等；合同切勿草率。

3. 模拟孵化创业模式

模拟孵化创业模式是大学生受各种创业大赛的驱动和高校创业园区创业环境的熏陶、自助、催化而进行的创业活动。许多高校举办了各种各样的创业大赛，大学生在创业大赛中熟悉了创业程序、储备了创业知识、积累了创业经验，是对创业模式的模拟实验。其特点是可以得到政府政策的支持和创业园区的帮助，信息来源好，流通较快，风险较小；凭借专业创业，使理论联系实际，加速知识向生产力的转换。

4. 网络创业模式

网络创业是一种比较新的创业模式。互联网是必然的选择，借助互联网现成的网络资源，不用从头开始，相对比较容易。目前的形式很多，但主要的有下列几种。

（1）网上开店：淘宝、拍拍等，提供了完善的平台为你提供服务。

（2）网上加盟：以某个电子商务网站门店的形式经营，利用母体网站的货源和销售渠道。

其实，现在不管做什么生意都可以而且有必要借助互联网。互联网是光速的，可以瞬间完成传统方式花费很多时间都难以完成的事情；需要具备一定的技术基础，熟悉网络基本操作，比如发送邮件、qq聊天、使用营销软件、建立网站等。经营中信誉显得尤为重要。

该模式以互联网为载体，利用网络工具进行创业活动。这种方法能够满足创业者的时间自由度和创业便利性的需要，既可以全职也可以兼职，为实现在家创业、在学校创业提供了可能性。

大学生需要结合不同创业模式的优势来取得创业的成功，比如利用外部客户关系和自身打工所创造的优势，可以采用客户关系的打工模式来进行创业；利用政府所提供的模拟孵化器和自身外部客户关系的积累，可以采用客户关系孵化模式来进行创业；利用网络和政府所提供的模拟孵化器，可以采用网络模拟孵化创业模式来进行创业；通过自身打工和网络的优势，可以采用网络打工创业模式；通过打工的方式借助模拟孵化器的创业手段，可以采用打工模拟孵化创业的模式；通过网络的手段和外部客户关系的资源，可以采用网络客户关系的模式来进行创业。

羊粪卖成"金蛋蛋" 畅销全国

网购衣服、网购化妆品、网购食品……但你听说过网购羊粪吗？今年疫情期间，位于陇东黄土高原的甘肃庆阳环县，三名大学生创业者将深山中的羊粪有机肥，搬进了电商拼多多。不到两个月，销量就超过70吨。

1. 疫情影响，转变思维另辟蹊径

创新电商卖羊粪的人不是什么电商专家，而是三名返乡大学生创业者——庆阳市环县台道镇陈旗塬村的陶毅、苏宝祥、王荻。今年春节过后，受疫情影响，没法出门打工挣钱，可生活还得继续，还得想办法找出路挣钱。

有着几年电商经营经验的陶毅将目光投向了村民的羊粪上。环县是肉羊养殖大县，有几百个养羊专业合作社，还有上千家养殖大户，羊粪不是稀缺资源。这样好的有机肥料，目前只用于本地种庄稼和土炕燃料，何不把羊粪卖到全国让用户当花肥呢？

有了这个想法，陶毅说干就干，他找到了同样待业在家的小伙伴苏宝祥、王荻，说了想法后，三人一拍即合，并共同出资，凑了十多万元添置设备，开始创业。

很快，他们与环县龙头企业中盛羊业达成合作关系，并且签订了长期供应羊粪合同。

货源问题解决了，他们就在网上搜索有机肥加工配方，然后到镇上向化肥经销商请教制作经验，同时自己研究设计包袋。这些问题都解决后，他们三人进行了分工。陶毅还把侄子陶长财叫来，一起负责产品的进货、加工和物流。他们以自家的农家小院为场地，对羊粪进行收集、晾晒、粉碎及包装。

3月中旬，他们便在拼多多上开起了"香佰草集"宠物百草苑两个店铺开始卖羊粪。

2. 产销一条龙，羊娄在新电商卖了

"大家都种田、养花，那我就想着收集这些农家羊粪，制成有机化肥，在拼多多上抱着试一试的态度去开店，结果发现羊粪一下子成了宝贝，大多数客户都是北上广等一线城市的消费人群，这些人有的养花，有的是家中有大型果园或者菜园，所以，我根据消费者不同的需求将产品分类包装，并根据不同需求制定不同规格，将产品制作成粉末状和颗粒状，包装成5斤、10斤和20斤的密封袋。这样制作主要是为了方便土壤吸收和运输。"陶毅向记者说。

"刚开始只有几单，现在订单已经累计超过了3000单，最大一单客户一次要了1吨。"王荻告诉记者。

虽然开店只有1个多月时间，但销量每天都在迅速飙升，目前，销量已超过了70吨，交易额近10万元。陶长财告诉记者："当时因为疫情影响待在家无所事事，想着反正闲着也是闲着，没想到羊粪也成了香饽饽，而拼多多上的这种销售模式，也蛮受消费者欢迎。"

经过近两月的经营，陶毅三人尝到了在新电商卖羊粪带来的"甜头"，也坚定了继续干下去的信心，现在他们分工默契，陶长财负责收羊粪、晾羊粪和加工羊粪，而陶毅、王获和苏宝祥则守在电脑前做推广、看订单和负责发货，并负责一些业务拓展，羊粪成了新的增收渠道，也是他们脱贫攻坚的主要支撑。

"新电商不像传统店铺，拼单模式爆发力惊人，受众客户多，前景无限。像羊粪这些家门口不起眼的东西，经过再加工通过网络渠道卖出去，真正实现了变废为宝。"陶毅说，近期他们正在调整思路，酝酿在拼多多再开几家店铺，销售其他本地特色产品。

（资料来源：中国甘肃网）

任务 6.3　大学生创业存在的问题及对策

一、大学生创业存在的问题

（一）创业能力不足，创业条件有限

1. 启动资金匮乏

足够的创业资金，能够给创业者带来强有力的经济支持，促使创业者将美好的创业想法和具有前景的创业项目变为现实。但是，大学生还没迈入社会或刚迈入社会，根本没有经济基础，加上又很难通过金融机构贷款融资。虽然现在有扶助大学生创业的贷款，但在创业的过程中，除了前期资金投入外，还需要充足的资金来保障项目的运营。因此，许多创业大学生只能选择合伙投资或者最终放弃创业想法。调查显示，大学生创业初期普遍存在资金不足的现象。启动资金匮乏已经成为大学生创业初期面临的最大的困难。

2. 创业项目缺乏技术含量

大学生由于各方面因素的影响，创业大多选择启动资金少、风险低且自己较熟悉的行业，如餐饮、售书等。但是这种行业与其他行业相比，含金量较低，过于大众化，必然缺乏市场潜力，和相对成熟的同行竞争处于劣势，难以生存下去。

很多创业者仅从书本和生活中获取创业信息，很少形成创业计划书，有的即使形成了详细的创业计划书，也只是借鉴书本上的经验，并没有进行实际调研。对于如何领营业执照，如何宣传推广等实际操作缺乏经验。再加上大学生在市场的实践经验少，市场调研不够，不能对市场有清晰的认识，往往会受当时的爱好、社会热点所左右，缺少必要的前瞻性。粗具规模需要时间，当做到成熟的时候，新一轮浪潮又将兴起。大学生创立的企业都处于初创阶段，其项目不仅缺乏市场前景调查，对市场了解片面，也往往不能对市场进行准确的分析，故不能进行正确的市场定位。因此在行业选择时，大学生往往喜欢教育行业。因为，一是成本投入少，市场环境良好；二是我国社会对于教育的重视，具有市场前

景；三是此行业对专业要求相对宽松。这些都使大学生在创业时，将教育培训行业当成一种必要选择。

3. 缺少创业基本知识和能力

大部分大学生认为创业就是租住一个门面，再进点小商品，进行交易买卖，却不知创业涉及了市场营销、财务管理、投资预算等多门学科，大学生只是把学校规定的课程修完，却没有加强创业方面理论知识的系统学习。因而对创业基本知识了解不够，创业能力难以得到提升。

创业需要人脉。投资人在经营公司的过程中，需要各个方面的资源，而这些资源大都来源于长期积累的人脉关系，其中最主要的是产品资源和客户资源。通俗而言就是创业人的公司卖什么、卖给谁，具体做什么项目。刚毕业的大学生由于缺乏社会关系即人脉资源，因此很难赚到钱，从而很容易失败。

（二）高校创业支持体系完善度不够

1. 高校对创业教育重视程度有待提高

尽管"创业教育"一词早在 20 世纪 80 年代末就被提出，但一直以来各高校并未将创业教育放在学术教育和职业教育同等的位置上，对创业教育重视程度不够，没有开展系统性的创业教育课程，现有的高校创业教育不能很好地满足学生创业的需要。创业教育的模式大部分拘泥于"课堂教学"，形式单一，无法引起学生的兴趣。对于有创业意向的学生，其获取创业知识和能力培养的方式通常只是通过参加讲座、培训班、比赛等形式。

2. 缺少专业的教师团队

目前各高校已开设了创业指导理论和实践课，但没有为创业的课程配备专业的老师，师资队伍组成多数是就业中心指导教师，有的高校甚至让毫无创业实践经验的辅导员担任课程教师。由此可见，创业师资队伍专业化水平不高，创业经验缺乏，这样一支师资队伍的授课效果可想而知。因而学生对创业课程缺乏兴趣，教学效果不太明显。

3. 学生创业服务平台不够完善

完善的创业服务平台，有效的创业载体是学生创业的有力保障。但目前我国各高校仍未为学生搭建良好的服务平台，学生在校期间接受创业理论教育和实践教育的机会较少。多数高校提供的创业实践基地规模较小，从而导致部分大学生因没有机会入驻创业孵化基地而放弃创业想法。很多国家及政府的优惠扶持政策"到达率"较低，学生无法通过多渠道的平台去获得更多的创业资源，以致创业激情不高，甚至很多有创意的创业理念只停留在设计层面，由于缺乏良好的培育土壤，最终无法转化为创业成果。此外，部分孵化基地只是提供了场所，却没有将创业过程中常见的问题与风险对在孵企业提供全方位的指导，导致孵化效果不明显。

（三）创业帮扶力度不够

成立公司的第一步是有实体办公地点和一定金额的注册资金，中央财政用于支持中小企业发展的资金与学生创业实际需求的资金相比，相去甚远，在专项资金缺乏的情况下，大部分学生只有通过申请创业资金来完成。但是，大学生在申请小额贷款的过程中困难重重，条件审核很严格，手续很繁琐，等待时间长却最终贷款额度小，这些问题都阻碍了大学生的创业之路。

二、提高大学生创业能力的对策

1. 学生自身

一方面，认真学习专业课知识和创业知识。大学生在校期间要将专业课知识认真学好、学精，提升自己的专业课素质，从而选择创业目标时，就会有更多的选择空间；同时，学生应该关注了解国家创业相关政策，加强对创业知识的学习，为将来创业做好知识准备。另一方面，要不断提高自身的综合实践能力。这对于创业来说是很关键的。大学生在校期间，应积极参加学校组织的各项创业实践活动，如大学生创业计划大赛等。也可通过参加社会实践活动，如兼职打工、实习等，来了解市场，了解社会，并在参与社会实践活动过程中提高自己相关能力。另外，大学生在日常生活中要注重培养自己良好的心理素质，要有敢于挑战困难的勇气和意志。

2. 高校方面

（1）加强大学生创业实践教育。目前我国高校在大学生创业教育管理上注重理论教育，很多学校都开设有《创业指导》课，学生学习了创业及创业管理等理论知识；同时，应加强大学生创业实践活动，积极引导大学生参加创业实践，鼓励学生进行经验交流。通过高校创业孵化基地，为大学生创业提供实践平台，大学生在创业孵化基地进行很好的实战演习。

（2）加强学生创业心理素质培养。学生在创业过程中会遇到很多风险和挑战，创业者要承受很大压力，所以这就要求创业大学生要具备很强的心理素质。创业者除了应具备必要的创业知识外，还应具有较强的责任心，团队意识，承受风险和失败的勇气。高校在日常的管理、学生素质教育及校园文化活动中都应注重对学生心理素质的培养。

（3）积极搭建学生创业平台。目前我国很多高校都建立了大学生创业园，大学生创业孵化器等，对创业者起到帮扶作用。我们应进一步加大这些创意园的功能开发力度，积极搭建创业桥梁，为大学生提供创业基金申请、税务、法律咨询，行业背景研究及项目投资分析服务等一系列服务，真正发挥作用。

（4）加强培养大学生的创业能力。新加坡则采用体验式培训创业的方式，即大学生在政府和高校的支持下自负盈亏地承包经营校内便利店乃至大型购物中心品牌店，作为一名经营者切实体验经营的过程。可见，加强培养大学生的创业能力，不仅要提供大学生作为投资者和经营者的实践机会来提升管理能力，还需要正确引导大学生的创业决策，提高创造力，充分把握市场机遇，从而提高创业成功率。

3. 政府方面

（1）政府加大资金投入。在对大学生创业资金的投入力度方面，通过设立创业资金和创业贷款的方式，为大学生提供贷款时，提高服务效率，简化手续；政府还加大了落实创业补贴等。设立创业专项资金，用于完善、实施大学生扶持政策以及表彰奖励优秀创业者：一是用于大学生创业的小额贷款担保和商业贷款贴息；二是对符合一定条件的优秀项目提供无偿资助；三是大力支持大学生创业计划，鼓励其中优秀项目市场化。

（2）完善创业融资政策，开拓创业融资政策新渠道。融资难这个问题一直是制约大学生创业的关键问题，特别是信贷行业需抵押、重利息以及周期短，因此，政府应逐步完善创业融资政策。开拓融资政策新渠道主要有以下几方面：首先，借鉴欧美经验，通过综合政府、高校与社会各界资源设立支持大学生创业的专项基金，提供无须财产抵押且利率低于银行贷款的债券式创业启动金，根据区域经济分布特点的区别，开辟大学生创立的微小型企业新的资金支持渠道；其次，进一步加大对大学生开放中小企业小额信贷的额度，以创业计划竞赛等形式，既能发现挑选优秀创业计划创造经济价值，又能通过知识技术型创业提升区域创业水平。

任务 6.4　大学生创业的准备

一、大学生创业能力和素质培养

创业能力与素质指人现有的或潜在的素质中最具价值的综合特征，它是促使创业活动顺利完成最重要的内在因素。其对于创业的成功与否起着决定性的作用，不同的创业者面对相同的条件，其结果可能是完全不同的。大学生创业是指大学生中的创业者发现机会、整合资源最终实现自己的创业目的系列创业活动。为了更好地指导大学生在校创业以至将来走上社会创业，必须理清在校大学生创业所必需的能力和素质。

（一）大学生创业应具备的基本素质

1. 创业知识素质

作为创业的特质之一的创业知识结构，大致有四类：一是创业成功所需要的专业技术知识和行业经验；二是创业之后持续发展的经营管理知识，如企业运作的基本知识等；三是与社会各方面交往所需要的知识，如沟通技能、学习能力和执行能力等；四是其他需掌握的基本知识技能。实践证明，一种有利于创业的知识结构，不仅需要具备必要的专业知识、经营管理知识，而且还必须具备综合性知识，如有关政策、法规等知识，以及更广的人文社会科学知识。前两类知识往往是实用性的，一般容易被创业者注意到，而后一类知识则是一项事业可持续性发展的底蕴，应该得到越来越多的关注。

2. 创业意识

创业意识，是指由创业需要、创业动机、创业兴趣、创业理想等要素构成，能驱动人们启动创业活动的个性因素。创业意识所包括的六大因素中，创业需要是创业活动的最初诱因和原始动力，是形成创业动机的基础；创业动机是形成和推动创业行为的内驱力，是产生创业行为的前提和基础；创业需要和动机是创业意识的基本层面。创业兴趣是从事创业活动的积极情绪和态度定向；创业理想是对创业活动未来奋斗目标的持久向往和追求；创业兴趣和创业理想是创业意识的较高层面。创业信念是对创业活动和实践所形成的认识、看法和见解，并坚信其真实性和有效性的心理倾向；创业世界观则是由一系列创业信念所组成的逻辑系统；创业信念和世界观是创业意识的最高层面。

在创业实践活动中，创业意识具体体现为创业者的商机意识（即有足够的商机敏锐度，有意识地判断未来市场形势的走向）、转化意识（即整合各种资源将商机转化为现实生产力的意识）、战略意识、风险意识等。

大学生应培养的创业意识主要有：

（1）创造梦想、发现机遇的意识。任何机会都需要有一双会发现的眼睛。

（2）凝聚梦想、不懈追求的意识。

（3）学习新知、进取提升的意识。任何事业，光有一股狂热激情，哪怕是再持久也不够。还要有不断学习新知识、新经验、新技能，补充自己不足、提高自身水平的强烈意识。

（4）坚持社会公理、科学理性思维的意识。

（5）突破陈规、创新创造的意识。

（6）平和心态、调节情绪的意识。创业是艰苦的，创业者承受的心理压力是外人难以想象的。创业的不同时期，经常要面对发展机遇、陷阱诱惑、市场竞争、经营风险、兴衰、存亡等重要关口。

（7）敢当责任、直面挑战的意识。创业者必须清醒地意识到，你是这个团队的领导人，应对团队最终的结果负全部责任。

（8）居安思危、自省自警的意识。

中国大学生往往在经历完极度疲惫的高中阶段后，在大学里便开始放松自己。不少大学生都错误地认为找工作是大三才需要想的事情。其实从进入大学的第一天起，就应该给自己施加压力，强化危机感，有意识地做好创业的准备，如知识储备、社会经验储备。有意识地培养自己的创业意识，为以后的创业创造条件。

3. 创业精神

创业精神，是指在创业者的主观世界中具有的开创性的思想、观念、个性、意志、作风和品质等。一般来说，目前大家普遍接受的是从创新、自治、风险承担、超前行动和积

极参与竞争五个维度来衡量创业精神的强度。

4. 心理品质

心理品质，是指创业者具有的稳定的、习惯化的思维方式和行为风格。心理学家们在对创业者的心理特征方面做了大量的研究工作后，发现成功的创业者往往具有一些不同于常人的共同心理特征，创业心理品质包括独立性、敢为性、坚韧性、克制性、适应性、使用性六种因素。独立性是对思维和行为受他人影响，能够独立地思考、判断、选择、行动的心理品质的描述；敢为性是对敢于行动、敢冒风险、敢于拼搏，并勇于承担行为后果的心理品质的描述；坚韧性是对为达到某一目标而坚持不懈、不屈不挠、顽强努力的心理品质的描述；克制性是对自觉调节和控制自己的情绪和情感，善于克服盲目冲动和私利欲望的心理品质的描述；适应性是对能及时适应环境和条件变化，善于进行自我调节和角色转换的认同和学习的心理品质的描述；使用性是运用自身的已有的素质和具备的能力，善于交往、合作、共事的心理品质的描述。

大学生未来走上社会进入创业过程，最需要培养的就是这六种个性心理品质，而目前我国较为成功的创业者一般也都具备了这六种个性心理品质。这六种个性心理品质的核心意志特征和情感特征，是从特定角度来反映意志和情感要素的。因此，抓住了创业个性心理品质的总体特征。

（二）大学生创业应具备的能力

能力，指个体在某工作中完成各项任务的可能性。创业者应具备的能力即创业能力，是指在一定条件下，人们发现和捕获商机，将各种资源组合起来并创造出更大价值的能力，即潜在的创业者将自己的创业设想成功变为现实的能力。由于创业者是发现一个好的商业创意并将之转变成现实的人，因此创业者必须具备一定的特定能力，才能完成这项工作。这些特定的创业能力具体表现为：在创业过程中表现出的机会识别、组织协调、风险应对、人际关系、创新等多个方面的能力。

大学生的创业能力决定了创业的总体水平和创业成功，这些能力包括：

1. 识别和捕捉机会的能力

创业需要首先能够发现和捕捉到机会，任何创业活动都始于商机的发现，不能发现商机，创业也就无从谈起。创业者对于市场需求的预测能力、目标市场的熟悉程度、市场变化的警觉性，对其能否迅速掌握商机，启动创业活动并顺利将产品推向市场具有重要影响。因此，识别和捕捉机会的能力，是大学生创业者的基础能力之一。

2. 组织协调能力

组织协调能力，是指根据组织目标，调配、控制、激励和协调群体活动使之相互融合的能力。创业者就是研究、开发、生产、销售等各个环节的协调者、组织者和领导者。组织协调能力是对一个创业者的基本要求。创业是一项系统工程，因此在创业过程中，能否正确、高效地整合各种资源对于创业能否成功是很关键的。而在对资源的整合过程中，最为关键的又是能否与合作者（包括创业团队成员、创业资源掌握者）融洽地协作，这也正是对创业者的组织协调能力的考验。

3. 人际关系能力

困难和挫折在创业过程中不可避免，创业者的人际关系能力直接关系到其能否及时协调、解决新企业内外部的矛盾，获取资源拥有者的支持，进而实现新企业内外高效协作。在各种传播媒体日益发达、社会联系日益紧密的今天，创业者的人际关系能力越来越重要。具有良好的人际关系能力，善于与不同的机构和不同的人员打交道，能够帮助新企业顺利排除各种障碍，顺利创业。

4. 专业能力

21世纪是知识经济时代，知识成为最宝贵的资源、最重要的资本。在这个时代，知识在很大程度上决定了一切，它也向一切拥有知识与智慧的创业者提供了前所未有的机遇。大学生创业者要具备专业能力，专业能力是大学生在专业培养目标领域内获得的知识、技能并用于解决应用性和实践性问题的能力。

5. 学习能力

创业充满了风险，对于我国的大学生创业者来说尤其如此。由于我国的传统观念、教育体制的因素的影响，我国大学生的一个突出缺点，就是实践能力差，对社会缺乏了解。而创业必须面对许多现实的社会问题，因此，在创业过程中大学生创业者会遇到许多自己从未接触却不能回避的知识领域和现实中的问题。比如，技术型创业企业成立后创业者的角色转换问题。这些问题中的一部分可以借助社会咨询或援助机构解决，但是也有一部分需要他们自己去面对，所以，创业大学生是否愿意接受新知识、新事物及接受的速度和程度对于创业企业的适应性和竞争力都非常关键。

6. 创新能力

创新能力，即创业者对现有产品和技术的继续改进、创新的能力以及对相应技术市场发展方向的把握程度。新企业提高竞争力的关键在于发挥创业者的创新能力。只有不断地用新的思想、新的产品、新的技术、新的制度和新的工作方法来替代原来的做法，企业才能在竞争中立于不败之地。

7. 风险应对能力

创业过程，风险与机会并存，新企业时刻都面临着市场变化所带来的各种风险，这就要求创业者必须具有一定的胆识和能力来及时制定出相应的风险对策，并能够利用其中可能的机会。

（三）大学生创业能力的培养路径

培养良好的创业能力和素质是从事创业活动的基本条件，也是创业成功的基本保证。在校大学生如何通过学校创业方面的教育，使自身具备基本创业素质和能力，形成开创型个性，获得自谋职业、创业致富、创业成才的能力和本领？高校大学生塑造自身的创业特

质可以从以下几个方面入手：

1. 选修创业素质教育课程，建构创业知识结构

首先，有针对性地选择创业课程，整合所学内容。创业素质中所需要的创业知识往往更注重针对性而非系统化。在校大学生在学习创业知识时必须注重针对性，除了学习专业知识外，还要学习社会知识、法律知识、财务知识、营销知识等其他方面的知识，培养良好的学习能力，更好地针对创业做好知识上的准备。

其次，积极参与实践教学课堂的活动，提升实际操作能力。学校的实践教学一般以自主创业中各项知识及技能的要求为主线进行教学与实践，采取实践—理论—再实践的分段式教学或完全以实训替代理论教学。创设和运营"模拟公司"或自组学生创业团队。

再者，适时参加创业方案设计和答辩。根据学习安排，抓住有利时机，参加学校开展的"创业设计大奖赛"活动。例如，学生可以"我的创业设想"为设计主题，充分运用所学的创业知识，展开丰富的想象力，以一个创业者的身份开展创业设计。学生在对自己的"创业方案"进行设计时，要从资金来源、经营场所、雇员分工、广告设计、经营特色、营销策略、成本核算和利润指标等方面进行反复论证，力求科学合理并有较强的可操作性。学生在参与"创业方案"的设计过程中，扩大了知识面，培养了丰富的想象力，培育了敢想敢干的创新精神，真实地感受强烈的创业意识的冲动。

2. 参加创业心理训练活动，培养自身完善的个性心理品质

首先，选修学校开设的相关心理课程，如《大学生创业心理品质的陶冶》等，丰富心理知识。其次，定期登录学校创业心理评价测试系统，测试自己的心理品质是否适合创业，并适当地进行创业心理训练，以内隐的方式培养坚韧、乐观的创业意志和情感。这实质上是一种特殊的教育过程，主要是通过心理测试来引导大学生了解并塑造他们的创业个性。

再者，适时参加学校开展的创业心理咨询活动，借助专业老师或指导专家的经验来分析自身创业过程中出现的或者可能出现的心理问题，并在平时生活、工作引起重视，时时审视自己，这样持之以恒地坚持下去，终会形成良好的创业心理品质。

3. 加强自身创业实践体验，增强创业意识

通过创业实践的体验，学生普遍认识到了创业意识在创业中的重要作用，而渴望能够得到帮助，希望自身能够在这些方面得到增强和完善。良好创业意识的形成重在实践训练，积极的实践能带来及时的反馈和成就感，也能带来创业收获的喜悦，只有经受创业实践的锻炼，创业目标才会更加明晰，创业信念才会更强烈，才会形成良好的创业习惯和意识。创业实践的途径可以通过如下方法来实现：

（1）实地考察。跟随老师到实习基地，在企业里实习，联系实际考察企业经营的原则，应考虑的因素：跟随老师考察劳动力市场，现场了解招聘的方法和程序；根据老师安排到工商局、税务局、银行现场了解有关业务的处理程序。

（2）社会调查。在寒暑假时，参加"身边的创业者访谈"活动。在校大学生可以利用假期深入各种类型的小餐馆、个体商店了解业主创业的过程和经营状况，并写出有数据有见解的调查报告。通过调查，体会创业的艰难，同时也学到了不少创业的技巧。从创业者执着的追求中感受到创业的乐趣，激发了创业的兴趣，增强了创业的积极性和主动性。

4. 利用学校良好的外部环境，锻炼基本的创业能力

想要创业的学生可以抓住学校不定期地请来创业成功人士、投资者到学校演讲的机会，经常与投资、管理领域的专业人士接触，长而久之，自然而然培养起创业的自信以及长远的眼光。同时，还要在学校注重对自己综合素质能力的培养。

以下为几个基本能力。

（1）项目专家力——注重提高对创业项目行业的熟悉度。一个成功的创业者，一定要时刻注意提高自己在创业项目上的专业程度，让自己成为创业项目的专家。因此，这就要求学生在平时课余活动中，多体验社会，熟悉各个行业的特点和变化情况，同时也通过校企合作的方式，努力了解企业在创业初期的一些情况，以备以后自己创业可以借鉴。

（2）营销力——注重对企业销售能力的培养。企业的盈利是在商品或服务的交换中得来的，如果商品不能实现有效的交换，再好的企业也不能盈利。所以，对创业者来说，要时刻注意培养自己的商业营销力。因为营销是创办一个企业的生命线，不能实现流畅营销的企业是没有投资价值的企业，而能实现有效营销的企业，即营销力强大的企业具有很大的成长性。所以在学习"市场营销"课程时，应转变自身的学习方法，采取项目的方式，努力完成推销或促销某项商品的作业，以求在实践中得到实际的锻炼。

（3）行动力——注重提高风险的承受力。研究发现，许多创业者喜欢规划，他们的脑子里有着各种宏伟的创业蓝图，但是不见行动。大学生在创业初期尤其该注重行动力的培养，不只规划各种各样的创业方案，更应该在平时的工作学习中注重培养自己的行动力，做事果断敢为，勇于承受风险。有了创业的梦想后还必须要有行动力。

（4）情商——注重提高与人交往的能力。情商是个体的重要的生存能力，是一种发掘情感潜能、运用情感能力影响生活各个层面和人生未来的关键品质因素，是一种控制自己不良情绪的能力。创业者在创业过程中不仅要注重企业主营业务的运作，而且要注重自身情商的培养，在企业管理中运用情商的力量。很难想象，一个不具备与人进行有效沟通能力的创业者能够管理好自己的企业。情商是可以通过后天的训练培养的。所以，学生在校期间，可以通过参加各种社团活动，或是参与暑期实践，培养自己的情商，学会与人和谐交流与沟通的能力。

二、大学生创业准备

大学生在创业之前应做好以下几项准备工作。

（一）做好充分的市场调研

创业者必须对创业方向和创业项目进行深入、细致、认真的市场调查。只凭创业者自己的经验、兴趣、阅历和对社会的笼统认识而做出的决策，往往存在较大的风险。市场调查包括对市场现状、市场进入门槛、客户群体、市场规模、成长性等因素的调查分析，只有掌握真实、充分的资料，市场定位和营销战略才能有的放矢。在创业前期，创业者要对创业领域做好充分的了解，在发现创业机会后，还需要考虑一下相关产业是否适合创业，具体体现在以下五个维度的因素上。

1. 产业的知识因素

产业的知识因素是指一个产业生产产品或提供服务所需要的知识情况，主要是指生产过程的复杂程度、产业创造新知识的水平、创新单位的规模和不确定性的程度。例如，把制药工业与纺织工业进行比较，显然制药工业的生产过程更复杂，需要更多的投资才能产生新知识，需要更大的企业规模才能实施创新，并且不确定性也更高。

2. 产业的需求因素

影响创业企业生存情况的产业需求因素主要有三个。一是市场规模。有研究表明，新企业在市场规模大的产业表现得更好。原因在于市场规模大的产业，新企业更容易获得利润。二是市场成长性。在快速成长的产业里的新企业相比成长缓慢或萎缩的产业里的新企业更容易获得赢利。原因很简单，在快速成长的产业里，原有企业的生产服务能力不能完全满足市场的需要，新企业的发展空间比较大。三是市场细分情况。在市场细分明确的产业，新企业容易生存。因为新企业容易在细分后的市场中找到现有企业没有满足的"缝隙"，并以此为目标市场，使自身得到发展。

3. 产业生命周期

任何一个产业都和人一样，存在产生、发展、成熟和衰亡的周期过程，了解产业生命周期的情况有利于我们了解创业企业适应生存的阶段。产业成长期比衰退期更适合创业企业的生存。越是在产业发展初期，新企业越容易进入。产业进入成熟期的标志是出现了通行标准，通行标准出现前比通行标准出现后更适合创业企业的生存。

4. 产业结构

产业不同，其结构也不同。有的产业比另一些产业更适合新企业的生存：资本密集程度、规模经济效应不显著、产业集中程度低、以中小企业为主的产业更适合创业企业的生存。

创业是个系统工程，它要求创业者在企业定位、战略策划、产权关系、市场营销、生产组织、团队组建、财务体系等一系列领域有一定的知识积累。大学生有好的项目或想法，只是代表其在"创业的长征路"上刚跨出了一步。但在大学生创业者中，认为凭一个好的想法与创意就一定能创业成功的人不在少数，创业者在创业准备时由于对可能遇到的问题准备不充分或根本就没有设计好退出机制，对各种负面因素浑然不知，而导致创业一开始便遇到各种各样的难题，使自己还没有走出多远，即以失败告终。所以创业者虽不是全才，但要着眼于全面调研。

（二）财务分析

财务分析是对创业者筹集和使用资金的规划。资金是创业最重要的资源之一，由于创业型的企业没有足够的信用，筹资问题在创业初期总是困扰创业者的难题，创业者面对一个创业机会，对创业机会进行财务分析，有利于制订出未来筹资的规划，使创业者能有条不紊地完成创业的每个步骤，避免由于缺少资金影响创业初期的发展。

创业者在选择创业机会时如果没有进行财务分析。往往很容易低估创业对于资金的需求和融资的难度。创业过程中不断出现的新情况使粗略规划的资金需求大大增加，而不同阶段的不当融资行为可能增加融资成本。就创业机会本身来说，低估一个创业机会所需的资金可能使创业者投资一些超过自身融资能力的项目，造成不必要的时间和资源的浪费。

成功企业的发展必然会经历一个从创建的初期到逐渐发展成熟的过程，而处于初创期的企业，必然要面临诸多问题，例如资金短缺、管理经验不足，又要经受外界市场风险和政策变化的考验等，尚未形成核心竞争力。

大学生在创业时首先遇到的问题是创业资金问题，即创业的钱从何而来，在有了创业资金后，又必须解决钱如何用的问题。要想成功融资，大学生必须能够开发出一种赢利模式，而要想用好创业资本，大学生必须学会分析几种基本的财务报表。财务报表是公司的财务状况、经营业绩和发展趋势的综合反映，是投资者了解公司、决定投资行为的最全面、最翔实，往往也是最可靠的第一手资料。财务报表分析又简称财务分析，大学生在创业时，不能回避的几张财务报表是成本费用表、资产负债表、利润表和现金流量表。

（三）人力资源管理

人力资源管理首先是创业者对创业机会所需具有相关能力的人才的分析，也就是从创业者和创业团队的角度分析创业机会价值。创业者及其团队是否具有所需的能力并发挥出相关能力是决定创业机会选择的主观因素。创业者在评估创业机会时，必须把所需人才的使用成本计算在内，企业外雇人员需要考虑相关支付等，创业者自身也要考虑劳动力的付出程度和创业行为的机会成本。

好的创业机会能够充分发挥每个创业团队成员的竞争优势，包括创业者的从业经验、相关技能、性格特点等。很多大学生在创业过程中经常会遇到一个共性的问题——创业团队的分裂。以下介绍人力资源管理及防止创业团队分裂的五条建议，仅供创业者参考。

1. 理念上要正确

创业者要坚信创业组织能够健康地发展下去，不要一开始就想着失败，尤其不要用经典的理论"只能共苦，不能共甘""天下没有不散的宴席""过河拆桥"等来支配自己的思想。如果创业者的精力集中于失败，那么其必然会失败。

2. 持续不断地沟通

创业团队开始要沟通，遇到问题时也要沟通，解决问题时也要沟通，有矛盾时更要沟通，多想有利于组织发展的事情。创业领导者有不同的看法时，不要在公开场合辩论，不要把矛盾展示给下属。

3. 发现有人钻空子，坚决开除

创业团队之间的矛盾，不要让下属来评论和解决。如果双方沟通有困难，就主动寻找外部的力量，尤其是找双方都信得过的好朋友来解决。在解决问题时，要就事论事，不要就人来讨论。如果创业者发现组织中有人利用创业团队之间的矛盾分歧来达到个人的目的并损害组织的利益，就要毫不犹豫地将其开除。

4. 及时协调立据

最初时期就计划周全，随时都有可能发生变化。创业团队在合作运营过程中，遇到新问题新矛盾时一定要先说清楚，立下字据再行动，千万不要先做再说，因为事情发生后每个人都是朝着对自己有利的一面考虑。先做再说，看似速度快，其实容易为企业埋下隐患，将来就不是速度快慢的问题，而是会成为企业组织发生颠覆性运动的根源。

5. 不在小事上计较

创业团队在创业合作过程中，遇到问题和矛盾时应向前看，向前看才能保证事业成功，只有事业取得成功才会给合作者带来丰厚的利润回报。另外，难得糊涂对创业合作的各方来说，都是慰藉自己心灵的鸡汤和企业组织的润滑剂。

(四) 团队精神

团队精神也许是最平常易懂的管理概念了，但由于大学生这一特定的创业群体，一般年龄在 25 岁以下，他们的社会与人生经验都不足，而且处于热血沸腾的感情阶段，个性化、自信力等都较强，所以在团队组建、团队分工、团队规则制度等诸多体现"人与人合作"的工作中，大学生创业者往往会出现"一人是龙，二人是虫"的情形。在实际工作中，大学生常常会出现以己为主、刚愎自用等不利于合作创业的情形。

对于创业者来说，一个人想独自创业是很难的，但若找到志同道合、富有创业激情的人并组建成创业团队则是明智之举。能力再强的人也做不了全部的事，因此找到合适的创业伙伴并做好合理的分工，逐步形成团队精神则是企业创业成功的核心。对于优秀的企业来说，确立未来企业的核心领导人，同时确定未来企业各个部门的负责人员，在职权分配的过程中要职责明晰，职务明确责任到人，通过激励的方法与手段才能形成富有竞争力的团队。

在风险投资商看来，再出色的创业计划也具有可复制性，而团队的整体实力是难以复制的。因此，他们在投资时往往更看重有合作能力的创业团队，而非那些徒有想法的单干者。对打算创业的大学生来说，强强合作，取长补短，要比单枪匹马更容易聚集创业优势。

能力训练

一、案例分析

案例一：沈阳大学生创业当"擦鞋哥" 月赚1.5万元

大学毕业后当擦鞋匠，这样的选择您能接受吗？沈阳80后大男孩李洪福不但接受了，而且还乐享其中。"大学生擦鞋不是啥磕碜事儿，靠自己的本事赚钱，现在的幸福感无与伦比。"昨日，"擦鞋哥"李洪福再次同店里的会员分享了自己的创业感悟。

缘起：大城市打拼发现擦鞋商机

绿色T恤、腰系黑色围裙，一脸笑容地坐在小板凳上。熟练地拿起鞋刷，一边仔细地打着鞋油，一边与面前"高高在上"的顾客聊着天………这样的画面，李洪福每天不知要重复多少次。

两年前，沈阳人李洪福从天津轻工学院本科毕业，学电子商务专业的他也和多数怀揣梦想的同学们一样，将人生的落脚点选在了大城市。从天津到杭州，再到青岛，他整天穿着职业装和皮鞋穿梭在各个知名企业中。"工资不高，压力极大，每天拖着疲惫的身体行走在大城市的灯火辉煌中，总感觉这样的城市不属于我，我也不属于这样的城市。"严重缺乏归属感，让李洪福对自己的人生开始了认真的思考。"之所以留在大城市继续那个看似体面实则痛苦的梦，就是因为自己放不下上过大学这个事实。"

一个偶然的机会，李洪福发现擦鞋这个领域很有潜力。在进一步做了考察后，他发现了里面的商机。"现在的90后多数自理能力都很差，穿的高档鞋根本不会或没时间去打理，而且现在奢侈品的需求加大，许多高档鞋、包、衣服的后续保养都是个空白。"李洪福说，这个发现让他产生了回老家创业的冲动，并开始去一些擦鞋店考察，并四处偷师学艺。

抉择：回乡创业做个快乐"擦鞋哥"

2012年12月，李洪福的"大学生香薰洗鞋店"在于洪区松山路低调开张。近30平方米的小店，他既是擦鞋工，又是老板，每天忙得团团转。最辛苦的一次，是除夕前的一天，他从上午5时起床擦鞋，一直干到24时。"在小店打烊的那一刻，我的身体累得像散了架，但望着地上那些已经光鲜亮丽的鞋，我的心里有了极大的满足感和成就感。"李洪福说，他之所以将"大学生"三个字加到店名中，就是想告诉所有顾客，他这个擦鞋工是个大学生，大学生没什么了不起，也可以为别人擦鞋。

刚开始，也有顾客好奇李洪福的选择，觉得一个大学生当擦鞋工有些可惜。"大学毕业当擦鞋工，那上大学还有啥意义？"每到这时，李洪福都会微微一笑："千万不要把大学生的身份看得如何高，其实这个身份什么都不是，可偏有人把它当成一件虚荣的外衣。我坚信只有放得下才能站得起，许多大学生埋怨工作不好找，其实就是这个身份把他们害了。"

自信：大学生能把鞋擦出技术含量

经历了刚开店时的辛苦，如今李洪福的擦鞋店已经做得风生水起。"每个月的纯收入能有15000元左右。"李洪福说，擦鞋这个行业在多数人的眼里还是个不起眼的工作，一

般人都会把擦鞋和低文化者或残疾人联系在一起。"其实大家都 OUT 了。现在的擦鞋行业已经与时俱进了，不仅仅是个辛苦活儿，还包含高科技的元素，所以更需要大学生的参与。除了擦鞋，现在还有改色、改码、旧鞋翻新，还有奢侈品清洗、增香，这些项目的技术含量都挺高。"

李洪福说，大学生涯给了他更多的灵感，他利用网络第一个推出团购擦鞋，并使用微信向会员即时传递优惠活动。"上大学时，导师告诉我们，上大学的意义并不是那一纸学历，而是学会分析问题、解决问题的能力。我想我做到了。"李洪福说，大学生当擦鞋工并不屈才，因为可以把鞋擦出技术含量，可以帮你把这行做得更好。

展望：希望未来成为擦鞋领域的 No. 1

"两把刷子一块布，擦亮我的人生路"，这是李洪福的"自我解嘲"，也是他的真实写照。"擦鞋这个工作看似卑微，却让我收获了前所未有的自信和成就感。"李洪福相信，目前的发展仅仅是个开始。"我现在特别热爱这个工作，并决定将它做大做强。"李洪福说，他希望自己也能像那些有着类似创业经历的成功人士一样，在擦鞋这个领域做成 No. 1。

"我现在已经看到了高校对擦鞋市场的需求，已经准备在一些大学旁边开分店，并逐步发展成连锁店。"李洪福说，他对大学生就业难的现状非常关注，也希望能有更多的大学生能放下身段加入自己的行列。

（资料来源：李爱华，《大学生创新创业教育》，上海交通大学出版社 2018 年出版）

【问题】

你如何看待李洪福这名大学毕业生开办擦鞋店这种创业行为的？如果你是李洪福你会选择就业还是创业？为什么？

二、技能实训

1. 实训项目：大学生创业政策及环境分析

根据所学大学生环境及政策相关知识，对自己所在的省份和城市给予大学生创业的优惠政策进行搜集、分析，同时通过学习大学生创业时间的模式，分析自身情况适合于哪种类型。将以上两项内容形成报告，并与同学分享。

2. 任务目标

（1）了解大学生创业的政策支持内容及运用范围。

（2）了解大学生创业的基本模式及其优缺点。

（3）提升线上线下搜集材料的能力。

3. 内容要求

每位同学根据自己所搜集到的优惠政策资料以及对个人情况分析，编写成报告。报告分为三个部分。第一部分写自己所在省份和城市的优惠政策信息，第二部分写个人特征（与哪种创业模式较为接近），第三部分写创业模式的选择。

要求报告全文不少于 800 字。

参考文献

[1] 黄薇著. 大学生网络创业理论与制度 [M]. 北京：人民出版社，2015.

[2] 冯林. 大学生创新基础 [M]. 北京：高等教育出版社，2017.

[3] 李肖鸣. 创新创业实训 [M]. 北京：清华大学出版社，2018.

[4] 方志远. 商业模式创新战略 [M]. 北京：清华大学出版社，2018.

[5] 托马斯·H. 拜尔斯，等. 技术创业从创意到企业 [M]. 北京：北京大学出版社，2017.

[6] 苗苗，沈火明. 创新创业创青春 [M]. 北京：机械工业出版社，2019.

[7] 孙喜. 创新与创业管理 [M]. 北京：中国人民大学出版社，2019.

[8] 马林. 大学生创新创业拓展与训练 [M]. 北京：科学出版社，2016.

[9] Make Dodgson，Roy Rothwel. 创新聚集——产业创新手册 [M]. 陈劲，译. 北京：清华大学出版社，2015.

[10] 何建湘. 创业者实战手册 [M]. 北京：中国人民大学出版社，2015.

[11] 罗伯特·库伯. 新产品开发流程管理 [M]. 北京：电子工业出版社，2019.

[12] 陈劲，郑刚. 创新管理：赢得持续竞争优势（第3版）[M]. 北京：北京大学出版社，2016.

[13] 缪莹莹，孙辛欣. 产品创新设计思维与方法 [M]. 北京：国防工业出版社，2017.

[14] 威廉·D. 拜格雷夫，安德鲁·查克阿拉基斯. 创业学 [M]. 北京：北京大学出版社，2017.

[15] 刘霞，宋卫. 大学生创业指导 [M]. 天津：南开大学出版社，2016.

[16] 史达. 网上创业实务 [M]. 大连：东北财经大学出版社，2017.

[17] 帕蒂·约翰逊. 创变者 [M]. 北京：中国人民大学出版社，2019.

[18] 王丹. 现代企业管理教程（第3版）[M]. 北京：清华大学出版社，2016.

[20] 孙国忠，陆婷. 市场营销实务（第2版）[M]. 北京：北京师范大学出版社，2015.

[21] 王清海. 中小微企业财务管理一本就够 [M]. 北京：中国纺织出版社，2018.

[22] Brad，Feld. 创业机会 [M]. 北京：机械工业出版社，2018.

[23] 孟凡婷. 大学生创业胜任力提升途径研究 [J]. 教育现代化，2019（9）：2-14.

[24] 赵妮娜. 基于创业胜任力提升的大学生创业教育研究 [J]. 创新创业理论研究与实践，2019（9）：186-188.

[25] 大学生创业网. http：//chuangye. yjbys. com/zlio/chuangyejihuashu/513102. html

[26] 青年创业实训平台. http：//ey. chinact. org. cn/InnovationClassRoomArticlePage. aspx？Id＝212.